Stephan Drucks | Dirk Bruland (Hrsg.)
Kritische Lebensereignisse und die Herausforderungen für die Schule

D1665870

Stephan Drucks | Dirk Bruland (Hrsg.)

Kritische Lebensereignisse und die Herausforderungen für die Schule

Dieses Buch ist erhältlich als:
ISBN 978-3-7799-3822-4 Print
ISBN 978-3-7799-4909-1 E-Book (PDF)

1. Auflage 2020

© 2020 Beltz Juventa
in der Verlagsgruppe Beltz · Weinheim Basel
Werderstraße 10, 69469 Weinheim
Alle Rechte vorbehalten

Herstellung und Satz: Ulrike Poppel
Druck und Bindung: Beltz Grafische Betriebe GmbH, Bad Langensalza
Printed in Germany

Weitere Informationen zu unseren Autor_innen und Titeln finden Sie unter: www.beltz.de

Vorwort

Das zentrale Anliegen des vorliegenden Sammelbandes ist es, die sich aus familialen Lebensereignissen für Schule und Lehrkräfte ergebenden Herausforderungen verständlich zu machen. Was bedeuten familiale kritische Lebensereignisse für Lehrkräfte in Schulen, wo Kinder einen Großteil ihrer Zeit verbringen? Welche Herausforderungen bringen solche Lebensereignisse für die Schule mit sich? Wo sind Handlungsressourcen, wo Barrieren? Das Buch beinhaltet recht verschiedene Zugänge zum Thema. Die Beiträge entfalten Erfahrungen, Dispositionen (Einstellungen und soziale Wirklichkeiten) und Rahmenbedingungen zum Umgang mit Krisen. Nach einer Einführung in das Thema und einem kritischen Blick auf aktuelle Diskurse rücken im Wechsel die Perspektiven von Lehrkräften, von Schüler*innen[1] und von Eltern sowie von Schulsozialarbeiter*innen in den Mittelpunkt. Dabei wird auf theoretisch-konzeptionelle Zugänge zu Lehrerkräfteprofessionalität rekurriert.

Der Band soll praxisnah sein, indem Erfahrungen aller am Schulgeschehen Beteiligten sichtbar werden, und wissenschaftlich, indem schulische Herausforderungen mit unterschiedlichen Methoden und Zugängen formuliert und interpretiert werden. Es geht also um eine Zusammenführung verschiedener Perspektiven, die hoffentlich Anregungspotenzial hat. Perspektivisches Ziel eines solchen Unternehmens ist, die Erweiterung von Handlungsspielräumen zu erarbeiten. In einer Schlussbetrachtung wollen wir besprechen, welche Ansätze sich dahingehend ausmachen lassen.

Für hilfreiche Ratschläge und interessante Diskussionen bedanken wir uns bei Sandra Schlupp und bei Kathi Bolgen. Ein großer Dank gilt allen Autorinnen und Autoren, die den Sammelband durch ihre Mitwirkung und die Bereitstellung ihrer Expertisen möglich gemacht haben.

Bielefeld und Essen, Mai 2019
Dirk Bruland und Stephan Drucks

---

[1] Wir verwenden eine gendersensible Schreibweise, weil sprachliche Sensibilität keine Nebensache ist und dabei das oft bemühte Lesbarkeits-Argument inzwischen doch überholt erscheint. Wir nutzen den Genderstern aufgrund der Assoziation mit Diversität.

Inhalt

Zum Diskurs um familiäre kritische Lebensereignisse und Schule: Begriffe, Forschungskonzepte, Wissensstand, Ansätze

Eine Einleitung

Stephan Drucks und Dirk Bruland

„Kritische Lebensereignisse durchkreuzen Pläne, verschließen Handlungspfade und erzeugen Einschränkungen des Handlungsraums, und zwar subjektiv [...] wie auch objektiv im Zuge dessen, was mit dem Ergebnis verloren ging." (Filipp/Aymanns 2010, S. 48)

1 Schulische Aufgaben und familiale Krisen – Der allgemeine Blick auf das Besondere im Leben

Schule hat die Aufgabe, so die Kultusministerkonferenz auf ihrer Internetseite, Kinder individuell zu fördern[1] und so „die bestmöglichen Zukunftschancen zu eröffnen, [...] entsprechend [...] Begabungen und Möglichkeiten". Außer unterschiedlichen Lerntempi, Interessen und Begabungen ist dabei auch benannt, „Lernschwierigkeiten verschiedener Ursachen" gerecht zu werden. Hier ist im Allgemeinen mit Zustimmung zu rechnen, während Wege (und Gründe) zur Schaffung entsprechender Bedingungen in Schule, Gesellschaft, Politik und Wissenschaft Gegenstand von Debatten und Auseinandersetzungen und dauerhaft im Gespräch sind.

Bei Kindern und Jugendlichen spielt die nahe soziale Umwelt und vor allem die Familie[2] eine herausragende Rolle. Besondere Belastungen der Familie können Ursachen von Lernschwierigkeiten sein. Aber über schulische Leistungsmaßstäbe hinaus haben elterliche Konflikte, die Geburt eines Geschwisterkindes, ein Leben in Armut oder eine chronische Erkrankung eines Elternteils, für Kinder jeweils eigene Bedeutungen und Dringlichkeit. Das Konstrukt „Kriti-

---

1 https://www.kmk.org/themen/allgemeinbildende-schulen/individuelle-foerderung.html
2 Hiermit ist eine Lebensgemeinschaft gemeint, die mindestens ein Kind und einen Erziehungsberechtigten umfasst, also alles, was an Erscheinungsformen von Familie besteht.

sches Lebensereignis" hat das Potenzial, Konflikte der Kinder gerade nicht auf Determinanten von Schulleistung zu reduzieren, sich vielmehr auf die Kinderperspektive einlassen zu können und auf dieser Basis Zukunftschancen zu verbessern. Es bringt unterschiedlichste Dinge auf einen gemeinsamen konzeptionellen Nenner, der sich wiederum auf die Schulsituation vielfach beziehen lässt. „Kritisches Lebensereignis" ist ein zugleich abstrakter und praxisnaher Begriff. Wir wollen darlegen, inwiefern kritische Lebensereignisse mehr sind als schicksalhafte singuläre Geschehnisse und welchen Einfluss sie auf den Schulalltag haben.

Wir nehmen zunächst eine Schärfung der Begriffe *Krise* (2) und *Kritisches Lebensereignis* (3) vor. Anschließend nennen wir kursorisch empirische Ergebnisse zu familialen kritischen Lebensereignissen (4). Um die Alltäglichkeit schulischer Herausforderungen zu konzeptionieren betrachten wir den Begriff *Alltag* in unterschiedlichen Bedeutungsfacetten: Alltag als Kontrast zum Kritischen Ereignis, empirischer Alltag des Krisenhaften sowie Alltag als normative Vorstellungen von schulischer Alltäglichkeit (5). Schließlich blicken wir über die folgenden Artikel des Sammelbands (6).

2 Krisen

Assoziationen

Kritische Lebensereignisse werden assoziiert mit außergewöhnlichen Belastungen, die mit zuvor funktionierenden Alltagsroutinen nicht zu bewältigen sind. Das ‚auf dem Kopf' stehende Leben ist ein anschauliches Bild dafür. Im wissenschaftlichen Bild ist die vom Ereignis ausgelöste Krise ein Verlust des Passungsgefüges zwischen Individuum und Umwelt. Erfolgreiche Krisenbewältigung (*Coping*) schafft ein neues Passungsgefüge (vgl. Filipp 1995), nicht als Wiedererlangen des Ausgangszustandes, sondern als Entwicklungsschritt. Die zunächst negativ besetzte Krise bekommt dann, aber eben nur dann, im versöhnlichen Rückblick einen guten Sinn.

Familiale kritische Lebensereignisse erzeugen in der Schule nicht nur zusätzlichen Stress für alle Beteiligten, sondern sie forcieren und verdeutlichen fundamentale Antinomien bzw. Gegensätze schulischen Handelns (Helsper 1996), etwa Qualifikations- vs. Selektionsauftrag (Fend 1980; s. a. Drucks/Bruland i. d. Band), theoretisches Wissen vs. konkreter Einzelfall, Bedürfnisse von Lerngruppe vs. Individuum oder rollenspezifische vs. diffuse Beziehungsaspekte (Helsper 2007). Dies ist aufzuarbeiten, weil kritische Lebensereignisse jedes Kind betreffen können, mindestens in Form biographischer (Bildungs-)Übergänge (Filipp 1990), die in ganz unterschiedlicher Weise Weltsichten, Selbstbilder und Handlungssicherheit erschüttern können (Kramer u. a. 2009). Umso mehr erzeugen regelrechte Familienkatastrophen Ungleichgewichte, emotionalen Aufruhr und Stress, außerdem Risiken für Gesundheit, soziales Ansehen, Zugehörigkeit und/oder Selbstwertgefühl (vgl. Filipp/Aymanns 2010, S. 13ff.). Und schließlich wohnt jeder Krise das Potenzial zur Verfestigung und Nicht-Versöhnlichkeit inne.

Was heißt „kritisch"? Der Krisenbegriff in Stress- und Ereignisforschung

Ereignisforschung befasst sich mit dem Auftreten von Ereignissen im Lebensverlauf, mit Folgen ihres Auftretens und dem Umgang damit, sowie mit den Voraussetzungen, unter denen eine Person ggf. ein Ereignis und dessen unmittelbare Folgen zu bewältigen hat. Diese Perspektive ist auch sozialisationstheoretisch ausgearbeitet (Hurrelmann 2006). Die Qualifizierung eines Ereignisses als „kritisch" ist weder an das Auftreten bestimmter Folgen, noch an misslingende Bewältigung gebunden (z. B. Hohrlacher 2000). Das ‚Kritische' hat vielmehr die Aspekte der *Passungskrise* infolge eines Ereignisses, der ggf. bei aufschaukelnd misslingender Ereignisfolgenbewältigung *verfestigten Krise* sowie der *Krise als Chance* hinsichtlich angelegter Entwicklungsaufgaben und -möglichkeiten.

Ereignisse als Auslöser der Passungskrise

Ein Ereignis ist ggf. Auslöser für „ein Ungleichgewicht […] zwischen den Anforderungen an ein Individuum und seinen Fähigkeiten, diese Anforderungen zu bewältigen" (Filipp/Aymanns 2010, S. 16). Klinische Psychologie platziert kritische Ereignisse als Stressoren in Vulnerabilitäts- bzw. Diathese-Stress-Modellen (Wittchen/Heuer 2011; Hartmann 2017). Der Umschlag von Normalität zur Krise wird hier vorgestellt wie Bergsteigen in dünner Luft. Auf welcher Höhe Krisenreaktionen auftreten, hängt einerseits ab von der Summe der Belastungen (Verletzbarkeiten und Stressoren), andererseits von verfügbaren Bewältigungsressourcen. Ereignisforschung modelliert (Filipp/Aymanns 2010, S. 54) relevante *Kontextmerkmale*, etwa die individuelle und familiale Ereignis- und Bewältigungsgeschichte (Appleyard u. a. 2005), Handlungskompetenzen und Persönlichkeitsvariablen, sowie sozialer Status und Netzwerke (Appleyard u. a. 2007). Das Zusammenspiel dieser Faktoren vorstrukturiert Eintretenswahrscheinlichkeit, subjektive Bedeutungszuschreibung und Bewältigung von Ereignissen.

Erst in Erleben und Einschätzung de/r/s „Betroffenen" bekommen die genannten Faktoren krisenauslösende Bedeutung. Hartmann (2017) illustriert dies am Beispiel beharrlichen Schweigens eines Kindes als Reaktion auf das Verhältnis schulischer Erwartungen (gleichbleibend starke Performanz) zu verfügbaren Ressourcen (aktueller Wissensstand, erwartbare Reaktionen auf Sprechbeiträge, erwartbare Unterstützung). Fremddeutungen des Schweigens als inadäquates Coping oder als Leistungsverweigerung verfehlen hier die eigentlichen Motive. „Kritisch" wird ein Ereignis bei subjektiver Wahrnehmung von Kontrollverlust (vgl. Große 2008, S. 22ff.), von Beschämung und von zwingendem Druck zu selbstreflexiver Neuorientierung. Dies kann – muss aber nicht – einhergehen mit Desillusionierung über eigene Stärke, über Mitmenschen und über soziale Sicherheiten sowie mit Traumatisierungen.

Misslingende Bearbeitung und Verfestigung der Krise

Mit Blick auf die Lebensspanne werden kritische Lebensereignisse als Zäsuren im Sinne „natürlicher Entwicklungsinterventionen" betrachtet, die zu subjektiven Neubewertungen des eigenen Lebens und der möglichen Zukunft führen. Die ereignisinduzierte Krise – Verlust des Person-Umwelt-Passungsgefüges mit seinen Problemlöseroutinen sowie Druck zu Reorganisation und Kontrolle negativer Emotionen –, ist zunächst ein *Wendepunkt* mit unsicherem Ausgang (vgl. Filipp/Aymanns 2010, S. 15).

Bei andauerndem Misslingen der Bewältigung führt eine *Krise im engeren Sinne* in tiefe Verunsicherung über eigene Motive und Ziele, Handlungs- und Neuorientierungsoptionen, was sich (brisant für den schulischen Alltag) in vordergründig irrationalen Verhaltensmustern und Haltungen spiegelt. Im Teufelskreis der Chronifizierung von Belastungsreaktionen und maladaptiver Bewältigung durch Rückzug in Destruktivität, Hilf- und Hoffnungslosigkeit, geht die Kapazität zu Orientierung, Problemlösung und Affektregulation immer weiter verloren (vgl. Filipp/Aymanns 2010, S. 15).

Krise als Chance

Insofern Krisen immer Lern- und Entwicklungsanlässe sein können (Filipp 1995; Oerter 2002, S. 209ff.; Appleyard u. a. 2005, S. 235ff.; Hetze u. a. 2005), können auch kritische Ereignisse wie chronische Erkrankungen Anstöße zu Bildungsprozessen mit dem Ergebnis von mehr Lebenszufriedenheit sein (Kilb 2006). Das Verhältnis von Risiken und Chancen hängt nicht vom Ereignistyp ab, sondern von Voraussetzungen und Verlauf der Krisenbewältigung, insbesondere Kontrollüberzeugungen, Handlungsressourcen und Coping-Strategien. Sind entsprechende Ressourcen verfügbar, gelingt ggf. eine Bewältigung unmittelbar (*primäre Bewältigung*) oder nach einer Phase von Kopflosigkeit und Verunsicherung (*sekundäre Bewältigung*). Dies eröffnet neue Handlungsspielräume, Einsichten und Entwicklungen.

Entwicklung gilt für das Kindesalter sowohl als natürlich als auch als Ziel von Erziehung und professioneller schulischer Arbeit. Zumal ‚echte' Bildung im Sinne personaler Transformationsprozesse ist immer provoziert durch Irritation und Krise – bei Kindern, wie auch bei Erwachsenen und Pädagog*innen (Kosinar 2014; Pachner 2013). Aufgabe der Lehrer*innen-Profession ist nicht das Vermeiden von Krisen, sondern deren didaktische Gestaltung und Begleitung (Koller 2012; Combe/Gerhard 2009; Bähr u. a. 2019). Spannend ist, was dies für belastende familiengebundene Ereignisse bedeutet.

3   Ereignisse

Das Soziale am individuellen Ereignis – Sozial konstruierte Krisenwirklichkeiten

Der Krisengehalt bestimmter Ereignisse wurde in den 1960er Jahren versachlicht in Form aggregierter subjektiver Einschätzungen. Um psychologische Phänomene ebenso zu quantifizieren wie naturwissenschaftliche, wurde eine große Zahl von Personen mit dem Instrument der Social Readjustment Rating Scale (Holmes/Rahe 1967) aufgefordert, Ereignistypen entlang jeweiliger Stressraten zu vergleichen. Einbezogen waren fraglos schlimme Ereignissen wie Verluste in der Familie, Krankheiten oder private ökonomische Katastrophen, aber auch vordergründig neutrale Änderungen z. B. von Gewohnheiten oder des Arbeitsplatzes, sowie vermeintlich freudige Anlässe wie Urlaub, Weihnachten oder persönliche Erfolge. Im Stressranking rangierten u. a. Heirat und Pensionierung deutlich vor dem Tod eines guten Freundes und sehr deutlich vor Ärger mit dem Chef. Die Stresszuschreibung an Ereignistypen zeigt einen hohen Grad an individuellen Abweichungen, zugleich aber eindrucksvolle Übereinstimmungen zwischen unterschiedlichen Bevölkerungsteilen. Die Studien zeigen also, dass es gesellschaftlich geteilte Annahmen über Ereignistypen gibt, die weder mit Schicksalhaftigkeit, noch mit offensichtlichem Schadenspotenzial erklärbar sind. Kritische Lebensereignisse sind offenbar soziale Konstruktionen. Auch erwartete und angestrebte Ereignisse haben Stresspotenzial und fordern Bewältigungshandeln (*Coping*).

Das Rankingverfahren wurde häufig adaptiert. Sein Potenzial, konkrete Auswirkungen kritischer Lebensereignisse in unterschiedlichen Lebensbereichen wie Familie und Schule vorherzusagen, gilt jedoch als begrenzt.

Merkmalsdimensionen kritischer Lebensereignisse

Im Hintergrund neuerer Ereignisforschung steht die Qualifizierung von Stress nach mehreren Dimensionen: *Stresssituationen* werden unterschieden nach Bekanntheitsgrad, Vorhersehbarkeit und Kontrollierbarkeit. *Stressoren* werden in physikalische, soziale, ökologische und berufliche Bereiche, sowie nach individueller und/oder kollektiver Betroffenheit unterteilt. Konstruktiver (*Eustress*) und belastender (*Distress*) Stress werden unterschieden. Wichtig sind *Zeitdimensionen*, etwa akuter vs. chronischer Stress oder die Stressgeschichte eines Menschen (Filipp/Aymanns 2010).

Über ähnliche Merkmalsdimensionen werden Kritische Lebensereignisse beschrieben. Neben dem affektiven Gehalt geht es um den *Bedrohungsgehalt*: Ist die Erreichung eigener Ziele, der Selbstwert, das eigene Weltbild und/oder die soziale Integration gefährdet? (ebd.)

Ursachen und Kontexte kritischer Ereignisse reichen von soziohistorischen Verhältnissen (etwa ein Börsencrash oder Naturkatastrophen) über institutionelle Entscheidungen (Bildungsübergänge oder Sozialgesetzgebung) bis zu persönlichen Beziehungen, biologischen Übergängen oder Unglücken (etwa Unfälle).

Menschen sind von kritischen Lebensereignissen *individuell und/oder kollektiv betroffen*. Ein Krieg etwa betrifft Menschen zeitgleich, hat aber je nach Generation, Lebenskontext und sozialem Status unterschiedliche Bedeutung. So betrifft etwa die Bildungsexpansion seit den 1960er Jahren ganze Generationen. Dieses Ereignis verpflichtet alle Familien – bei freilich sozial sehr ungleichen Voraussetzungen – auf maximales Bildungsstreben und darauf, aus Bildungserfolg Kapital zu schlagen (siehe Beitrag Drucks/Bruland i. d. B.).

Die *Zeitlichkeit* kritischer Ereignisse ist vielschichtig. Unterschieden werden akute Ereignisse (Schicksalsschlag, Bildungsübergang, Migrationsereignis) von chronischen Ereignissen (Armut, psychische Erkrankung). Biographische Risikofaktoren und Bewältigungsressourcen variieren entlang der Lebensphase des Ereigniseintritts, der Anzahl bis dahin aufgetretener Ereignisse, der Beeinträchtigungskumulation, der Bewältigungsgeschichte und der entsprechenden Selbstwirksamkeitsüberzeugungen (z. B. Wolf/Reimer 2008; Klumb/Baltes 2004).

Hilfreich zum Verständnis Kritischer Lebensereignisse ist wiederum das variierende Verhältnis zu *Normalitätserwartungen resp. sozialen Normierungen*.

Schuleintritt und Bildungsübergänge, ebenso wie die Ablösung vom Elternhaus, Heirat, Elternschaft, oder Pensionierung, sind kulturell und sozial normierte kritische Ereignisse. Ihr Auftreten in bestimmten Lebensphasen wird gesellschaftlich ebenso vorausgesetzt, wie *präventives Coping* (Altersvorsorge oder auch mentale Vorbereitung).

Im Gegensatz dazu schicksalhaft auftretende Ereignisse werden als *non-normativ* bezeichnet. Oft aber geschehen Ereignisse weder normentsprechend, noch unerwartet, sondern gemessen an Lebensverlaufsnormen zum falschen Zeitpunkt bzw. *off-time*. Beispiele sind frühe Schwangerschaft oder dauerhafte Arbeitslosigkeit. Die Stressbelastung ist nicht vom Ereignis an sich abhängig, sondern vom Bezug zu sozialen Normierungen. Gleiches gilt für *Non-Events*, etwa das Ausbleiben ‚normalerwerbsbiographischer' Stationen oder des Überganges auf die im Herkunftsmilieu vorausgesetzte Schulform (siehe Beitrag Drucks und Bruland sowie Drucks i. d. B.).

4 Familiäre kritische Lebensereignisse

Die für diesen Band zentralen kritischen Lebensereignisse entstehen im Kontext der Familie und belasten alle ihre Mitglieder. Dazu zählen so unterschiedliche Ereignisse wie ein Umzug, die (psychische) Erkrankung eines Elternteiles, der Tod eines Elternteils oder ein Schwangerschaftsabbruch.

Schul- und Entwicklungspsychologische Forschungen belegen Auswirkungen kritischer Lebensereignisse auf die schulische Performance (Oerter/Montada 2008; Eikenbusch 2007; Petzold 1999). Dahinterstehende Beeinträchtigungen der kognitiven Entwicklung (Sameroff 1998; Bartels u. a. 2002; Bjorklund/Schneider 2006) zeigen sich v.a. bei einer Häufung kritischer Ereignisse im Lebensverlauf (Laucht u. a. 2006). Insbesondere Gewalt- und Vernachlässigungserfahrungen provozieren alle Arten von Entwicklungsstörungen und damit von erheblichen Beeinträchtigungen schulischer Leistungsfähigkeit und Motivation (Wolff 2002)

Oben genannte Ereignisdimensionen sollen hier beispielhaft mit Blick auf die Ereignisse Trennung der Eltern, chronische Erkrankungen und Missbrauchserfahrungen angerissen sein.

Scheidung resp. Trennung der Eltern und andere Veränderungen der Familienkonstellation gehören zu den am häufigsten erfahrenen belastenden Lebensereignissen (Barkmann u. a. 2006) und sind ein paradigmatisches Beispiel für „forcierte Ambivalenzen" in den Generationenbeziehungen (Lüscher/Pajung-Bilger 1993). Je nach Beziehungsgeschichte ist das Trennungsereignis für Kinder verstörend, aber ggf. auch erleichternd, und sein subjektiver Stellenwert verändert sich im Zeitverlauf (Watzlawik 2012). Ein verallgemeinerbarer empirischer Effekt von Trennungen auf den Schulerfolg wird inzwischen bestritten. Die Auswirkungen gelten als abhängig von der Dauer der Ehe, von sozialer Kompetenz, von Ressourcen der Eltern und Konfliktpotenzial zwischen diesen, aber auch von schulischen Selektionseffekten und politischen Rahmenbedingungen. Solche Befunde drängen zur Verantwortungsübernahme durch Institutionen (Bohrhardt 2000).

Jedenfalls entstehen diverse Bewältigungsaufgaben für Eltern, etwa die Bewältigung emotionaler Befindlichkeiten, altersadäquates Sprechen mit den Kindern, durchgehende Betreuung, Förderung und Erziehung, Wiedererlangung von Alltag sowie Einsicht in die spezifische Belastung der Kinder. Diese wiederum müssen sich zur Einsicht in die Sinnhaftigkeit der Veränderung durchringen und ggf. existenzielle Verunsicherung hinsichtlich Zuneigung, Versorgung und Beziehungskontinuität bearbeiten (Oberndorfer 1996). Beziehung zu Eltern sowie zu neuen Familienmitgliedern, Peergroups und Betreuungspersonen wollen neu definiert und organisiert sein, ggf. in zwei Haushalten. Temporär übernehmen Kinder ggf. zusätzliche Verantwortung für familiale Entscheidungen und Alltagsorganisation, während sie weiter schulische Leistungsanforderungen erfüllen müssen. Mit Trennungen sind sozial ungleiche Verarmungsrisiken verbunden, insbesondere für verlassene und zuvor abhänge Elternteile (Fthenakis u. a. 2008)

Für Chronische Erkrankungen von Elternteilen werden hohe Prävalenzraten und wenige Behandlungsarrangements verzeichnet. Zum Beispiel mehrere Millionen Kinder psychisch erkrankter Eltern tragen ein erhöhtes Risiko, im Le-

bensverlauf selbst zu erkranken, u. a. aufgrund einer Vielzahl krankheitsindu-
zierter Veränderungen des elterlichen Verhaltens und des Alltags. Familiale
Rollenverteilungen verschieben sich bis hin zu Parentifizierung, wobei die Kinder elterliche Verantwortung für Aufgaben übernehmen. Wiederum entstehen
Bildungsrisiken in Zusammenhängen mit ungleich verteilten Ressourcen und
schulischen Selektionseffekten. Die Perspektive der betroffenen Kinder gilt als
in Forschung und Praxis unterbelichtet (Bauer u. a. 2013) (siehe auch die Beiträge von Graf/Lenz und Kirchhoff/Bruland i. d. B.).

Formen von Misshandlungen, Missbrauch und Vernachlässigung sind schwer-
wiegende Angriffe auf die körperliche und personale Integrität des Kindes, mit
manifesten körperlichen und – oft unterschätzten – psychischen Folgen (Meuwese 1992), etwa Vertrauensverlust, Sprachlosigkeit aus Schuld-, Scham- und
Ohnmachtsgefühlen, sowie Zweifel an der eigenen Wahrnehmung. Die Rolle
des Sozialen Hintergrunds ist nicht eindeutig. So wird in gehobenen Schichten
mehr Verdunklung sexuellen Missbrauchs (Brockhaus/Kolshorn 1993), Vernachlässigung aber eher als Phänomen durch Armut und Deklassierung über-
forderter Familien gesehen (Wolf 2002; Blum-Maurice 2002). Folgeschäden
gelten wiederum als abhängig von Beziehungsdynamiken und Belastungsku-
mulation in (Pflege-)Familien.

Alle genannten Ereignisse können (großen) Einfluss haben für Konzentrati-
onsstörungen und Leistungseinbrüche, für Rückzug oder auffälliges Verhalten.
Es besteht die Gefahr, den Kindern unzutreffende Motive zu unterstellen, Notlagen, „acting-out" und Hilferufe zu verkennen oder gar durch unangebrachte
Reaktionen dem Kind zu schaden (Schone u. a. 1997; Brockhaus/Kolshorn
1993; Bange 1995; Rensen 1992). Schulische Präventionsmaßnahmen haben
wiederum eigene Fallstricke, die in diesem Sammelband in den verschiedenen
Beiträgen näher dargestellt werden.

5 Die alltägliche Herausforderung des Außeralltäglichen in der Schule

Das wichtige Verhältnis von Kritischem Ereignis und Alltag ist in individual-
psychologischen Modellen eindeutig. Wird es aber auf mehrere Institutionen
abgebildet, in unserem Fall auf Familie und Schule, ist dieses Verhältnis auf
mehreren Dimensionen zu besprechen. Individualpsychologisch kann ein *kritisches Ereignis als Störung, ja Gegensatz zum Alltag* verstanden werden. Durch
die bildungssoziologische Brille stellt sich in bestimmten Lebenslagen der *Alltag
als Dauerkrise* dar, der zudem in der Institution Schule zum Bildungsrisiko
schlechthin wird. Zudem ist die *schulische Alltagsrealität herausgefordert durch
familiale Krisen.* Und schließlich ist das *Vermögen zu alltäglicher Krisenbewältigung Maßstab für Schulqualität.*

16

Alltag vs. Kritisches Ereignis

Das kritische Lebensereignis wird definiert über den Kontrast zum Alltag. Insofern zeichnet sich Alltag aus durch *Passung* zwischen subjektiven Theorien über die Welt, eigene Ressourcen und Handlungsstrategien auf der einen, und den Anforderungen lebensrelevanter Umwelten auf der anderen Seite. Alltag bedeutet, sich seiner Ziele, Handlungsoptionen und der Folgen des eigenen Handelns sicher, und durch funktionierende Handlungsroutinen entlastet zu sein. Absehbarkeit des Alltäglichen gibt Sicherheit und Identität. Ausbrüche aus dem Alltag sind als kontrollierte Ergänzungen willkommen. Kritische Ereignisse aber attackieren den Alltag. Sie setzen die Identität von Opportunitätsstrukturen, Normen und Absichten außer Kraft. Sie erschüttern Gewissheiten, Vertrautheit, Ordnung, Vorhersagbarkeit, Sinnhaftigkeit, Erklärungsmuster und Kontrollierbarkeit (Filipp/Aymanns 2010, S. 11f.).

Alltag der Krise als Bildungsrisiko

Ein weniger konzeptioneller, mehr empirisch orientierter Begriff von Alltag erfasst die Organisation des Lebens in der Krise. Jede Katastrophe hat ihren Alltag. Dabei ergänzen sich alltägliche „Daily Hassels" und Kritische Lebensereignisse in sehr unterschiedlicher Weise (Horlacher 2000, S. 474).

Wenig bildungserfolgreiche Personen berichten im Zusammenhang mit gescheiterten Bildungsübergängen häufig von andauernden, z. T. mehrfachen familialen Belastungen. So etwa dokumentieren Interessent*innen für Erwachsenenalphabetisierungskurse Gewalt- und Suchtproblematiken in der Familie, Vernachlässigung und/oder Armut (Drucks/Bauer 2014), junge Frauen in sogenannten Maßnahmen erzählen von in ihren Familien übernommenen Pflege-, Betreuungs- und Hilfeleistungen (Behrmann/Hollstein 2012), Schulverweigerer von suchtbelasteten Familien, entsprechenden Sorgen und Versagensängsten (BAJ 2018, S. 1).

Familien mit chronisch erkrankten Elternteilen finden Arrangements, die gemessen an geltenden Normalitätsvorstellungen unangemessen erscheinen („Parentifizierung" bzw. „Rollenumkehr"), aber zugleich neue Verlässlichkeit und Wirksamkeitserfahrungen schaffen. Der Alltag in dauerhafter Armut bzw. Krise lebender Familien kann wiederum Normalitätsfolien schulischer Akteure irritieren und also zu Bildungsrisiken führen, wenn Armutsbewältigungskompetenzen nicht als Bewältigungskompetenzen (an-)erkannt werden. Riskant für den Bildungserfolg familial belasteter Kinder sind also eine Verkennung kritischer Lebensereignisse und die Ablehnung von Bewältigungsstrategien und damit der Alltäglichkeit der Kinder.

Herausforderungen für den schulischen Alltag

Schulische Herausforderungen durch kritische Lebensereignisse in Familien von Schüler*innen sind schulalltägliche, dabei mehrdimensionale und strukturelle Herausforderungen.

Lehrkräfte müssen familiale Krisen erkennen, um adäquat reagieren zu können. Die Literatur kennt eine große Bandbreite von Anzeichen für psychische Belastungen: Aufmerksamkeitsprobleme und Unruhe, Kopf- und Bauchschmerzen, Aggressivität gegenüber Gleichaltrigen, oppositionelles Verhalten, ängstlicher Rückzug vor Leistungssituationen, vor anderen Kindern und vor Erwachsenen, Psychosomatiken, heftige emotionale Ausschläge, Depressionen, Schlafstörungen und Erschöpfung, selbstaggressives, jedenfalls verändertes und/oder Peergroup-untypisches Verhalten (vgl. Döpfner/Petermann 2008; Buthaina u. a. 1998; Lohaus 2008; Loades/Mastroyannopoulou 2010). Alltäglich sind Beobachtungen zu reflektieren und einzuordnen, Handlungsbedarf, eigene Möglichkeiten und Belastungen einzuschätzen, weitere Ressourcen zu mobilisieren und über die Zuständigkeit als Schulvertreter*in zu entscheiden. Viele Lehrkräfte sind bereits durch z. B. Lärm, fehlende Erholungspausen und Reibungen mit Schüler*innen sowie durch das Erleben neuer Zusatzbelastungen erschöpft und permanent gesundheitlich belastet (DAK 2016).

Disposition zur Krisenbewältigung als Maßstab für Schulqualität

Der Umgang mit familialen Belastungen betrifft darüber hinaus Selbstverständnis, Entwicklung und Lernfähigkeit einer Schule als Organisation. Hier erschließt sich eine organisationstheoretische Dimension kritischer Lebensereignisse, als Irritation und Überforderung von Alltäglichkeit und Auslöser von Entwicklung in Organisationen. Nach dem zweiten Weltkrieg wurde an einer methodischen Nutzung dieses Aspekts gearbeitet (Flanagan 1954). Später bekamen Kritische Ereignisse den Stellenwert von Irritationen, die kollektive Handlungsfähigkeit gefährden und Entwicklungsepisoden anstoßen, die ein neues Gleichgewicht von organisationaler Ressourcen und Aufgaben herstellen. Schulentwicklung wurde als in Phasen ablaufendes und planbares Geschehen konzipiert (vgl. Röhrich 2013). Als auslösende Krisen können nicht zuletzt Veränderungen der Schüler*innenschaft im Zusammenhang mit neuen Erwartungen an den Umgang mit Heterogenität gelten (Drucks u. a. i. E.). Neuere Ansätze betonen eine Notwendigkeit zu kontinuierlicher und systematischer Veränderung von Strukturen, Arbeitsweisen und Einstellungen in auf Herausforderungen immer eingestellten *lernenden Organisationen* (vgl. Röhrich ebd.).

In der unserer Problemstellung eigenen Mehrdimensionalität verschwimmt eine nur vordergründig klare Differenz zwischen Kritischem Ereignis und Alltag zwischen konzeptionellen, empirischen und normativen Perspektiven. In dieser Komplexität erscheinen die hier besprochenen Herausforderungen nicht als familienseitig in die Schule eingebrachte Störung schulischer Alltäglichkeit, sondern vielmehr als berechtigte alltägliche Beanspruchung der Schule. In diesem Sinne gilt die von Hecker und Kremers (2017) formulierte Maxime:

> „Der kompetente Umgang mit psychischen Belastungen gehört damit zum Schulalltag und Erziehungsauftrag in jeder Schulklasse",

genauso mit Blick auf den Umgang mit bildungsbenachteiligten und anderweitig belasteten Kindern. Dies scheint in irgendeiner Weise in jedem der folgenden Beiträge auf.

6 Die Beiträge im Buch – Übersicht

Die Beiträge des Bandes bringen jeweils bestimmte *Perspektiven* auf Familien mit kritischen Lebensereignissen und auf tägliche schulische Herausforderungen. Einerseits werden Perspektiven interviewter Lehrkräfte, Schüler*innen und/oder Eltern fokussiert. Über Einblicke in Forschungsprojekte wird jeweils die Brille von ‚Betroffenen' bzw. von herausgeforderten Akteur*innen aufgesetzt. Andererseits finden sich Forschungsüberblicke und theoretisch-konzeptionelle Zugänge, etwa zur Schulabsentismus-Forschung, zur Sozialraum- und Habitustheorie, zu Bildungsgerechtigkeitsfragen oder zur Organisationssoziologie, wodurch die verschiedenen Perspektiven – oder ‚Brillen – systematisch aufeinander bezogen werden. So nähern wir uns der Thematik kritische Lebensereignisse und Schule im Geiste von Pierre Bourdieus Idee, „den Überblick des Generals und die einzelne Wahrnehmung des Soldaten im Getümmel [...]" (Bourdieu 1993, S. 42f.) miteinander zu verbinden. Bourdieu wollte auf eine theorie- und empiriegeleitete Weltbetrachtung hinaus, die als Praxis*theorie* (praxeologisch) und in der Praxis selbst relevant ist. Wir zielen auf eine mehrperspektivische Betrachtung, die Lehrkräften, deren Ausbilder*innen sowie anderen Professionellen und Entscheidungsträger*innen im Schulkontext Orientierung gibt. Alle Beiträge verweisen auf Herausforderungen für die Lehrer*innenprofession, Lehrer*innenbildung und Schulentwicklung. Auf dieser Grundlage sollten die Herausforderungen, die sich aus familialen Krisen für die Schule ergeben, herausgearbeitet und deutlich gemacht werden können.

Zu den Beiträgen im Einzelnen: *Petra Bollweg* betrachtet aktuelle Lesarten der Problematik des Schulabsentismus. Dabei eröffnet sie mit der Dekonstruktion von Vorannahmen und Scheingewissheiten neue Reflexionsmöglichkeiten. Bollweg spannt einen Bogen von individualisierenden, Schulabwesenheit pathologisierenden und kriminalisierenden Zugängen bis zur Begründung von Schulabsentismus als „strukturell verankertes gesellschaftliches Problem, das nicht als privates oder individuelles zu lösen ist, sondern als soziales Problem, das über die Nichteinhaltung der Schulpflicht überhaupt erst sichtbar wird". Der Beitrag informiert zum Forschungsstand zu multiplen Einflussfaktoren für die Verweigerung vom Schulbesuch im Zusammenhang mit familiären Lebenslagen. Darüber hinaus entwickelt Bollweg mit theoretischen und historisierenden Zugängen eine Perspektive, aus der nicht zuerst schulabsente Kinder kritisch problematisiert werden, sondern die ggf. nicht befolgten Normen und institutionalisierten Erwartungen. Komplementär wird deutlich, dass Kinder nicht nur besondere familial bedingte Krisen zu bewältigen, sondern auch gute Gründe zur Nicht-Kommunikation ihrer Probleme in der Schule, ja sogar zum Nicht-Einlassen auf Schule haben, und dass diese Gründe letztlich in systemseitigen Antinomien und Passungsproblemen liegen.

Stephan Drucks und *Dirk Bruland* stellen die schulische Herausforderung familialer Krisen in den Kontext institutionalisierter Bildungsselektion in einer Gesellschaft sozial ungleicher Chancen. Der Beitrag zielt auf die Nutzung der Bourdieu'schen Gesellschafts- und Handlungstheorie zur Verbindung von ,Überblick' mit Wahrnehmungen im ,Getümmel des Schulalltags' als Handlungsressource für Lehrkräfte. Vor dem Problemdruck struktureller Reproduktion sozialer Ungleichheit durch Lehrer*innenhandeln, wird eine – versuchsweise als „Sozioanalysekompetenz" bezeichnete – Facette von Professionalisierung und Lehrer*innenhabitus verhandelt. Vorgestellt werden Denkwerkzeuge für die von Bourdieu sogenannte „Sozioanalyse". Gemeint ist ein Verständnis eigener, persönlicher Denk-, Bewertungs- und Handlungsschemata als Ausdruck milieutypischer Perspektiven (von „oben" oder „unten"; von „rechts" oder „links") auf das gesamte gesellschaftliche Kräftefeld. Dies bedeutet, die Sozialraum- und Habitustheorie auf sich selbst, als sozialisierte und lehrende, also mit Macht ausgestatte Person, zu beziehen, die in gesellschaftliche Machtkämpfe verstrickt ist.

Patricia Graf und *Albert Lenz* eröffnen die Perspektive von Familien mit einem psychisch erkrankten Elternteil. Anhand qualitativer Daten zeigen sie, welche Bedürfnisse und Ansprüche diese an die Schule richten. Im Mittelpunkt des Beitrags steht die Frage, inwieweit Lehrkräfte von den Betroffenen überhaupt als potentielle Hilfequelle für die Kinder im Zusammenhang mit der Erkrankung in Betracht gezogen werden. Die Untersuchung erfolgt vor dem Hintergrund, dass Schule als fordernde und helfende Institution in einem Dilemma steht, zwischen einem Bedarf nach Information – dabei nicht zuletzt „Offenmachen" von Problemen durch Kinder und Familien – einerseits, und dem Versuch, betroffene Kinder nicht unangenehm hervorzuheben, andererseits. Während der Interviewanalyse treten Gründe von Kindern zutage, ,verschwiegen' zu sein, und diese Gründe sind nicht unbedingt als Tabuisierung zu beschreiben. Graf und Lenz fragen schließlich, inwiefern ein den Familien gerecht werdender Umgang mit kritischen Lebensereignissen in der Schule – der doch immerhin eine Schutz- und Lotsenfunktion zugerechnet wird – denkbar ist.

Sandra Kirchhoff und *Dirk Bruland* setzen an den vorherigen Beitrag an und nehmen einen Perspektivwechsel vor. Sie untersuchen anhand einer inhaltsanalytischen Interviewstudie, wie Lehrkräfte die mit kritischen Familienereignissen verbundenen Herausforderungen für sich und ihre Berufsrolle einschätzen. Die interviewten Lehrkräfte thematisieren institutionelle Handlungsmöglichkeiten und -barrieren sowie Belastungen und Unsicherheiten, etwa institutionelle Rahmenbedingungen ihres Handelns oder die Wahrnehmung familiärer Problemlagen betreffend. Die sichtbar werdenden Schlüsselaspekte werden diskutiert im Kontext rechtlicher Vorgaben für die Profession und mit Blick auf mögliche Verbesserungen.

Anhand von Fallbeispielen aus zwei Forschungsprojekten zeigen *Mai-Anh Boger und Jan Störtländer* Grenzen institutionell gebundenen pädagogischen Handels in der Schule auf. Sie verdeutlichen Dilemmata und Fallstricke beim Zugang zu Schüler*innen in familiären Lebenskrisen durch Einblicke in deren Wahrnehmungen und Argumentationen. Ein empirisch sichtbar werdendes Spannungsfeld „zwischen falschem Mitleid und falscher Härte" wird in der an Werner Helsper angelehnten professionstheoretischen Rahmung auch zu einer Frage der Gewichtung von spezifischer Schüler*innenrolle und Persönlichkeit in der Schüler*in-Lehrer*in-Beziehung und also auch von Verständnis und Akzeptanz der tatsächlichen Schüler*innenperspektive. Den Bogen zur Praxisrelevanz schlagen Störtländer und Boger durch einen fallkontrastiv und theoretisch begründeten ‚best case' von Lehrer*innenhandeln.

Nina Bremm erschließt Aspekte der Thematik, die für Schulen in benachteiligten Einzugsgebieten spezifisch sind. Dazu gehört nicht zuletzt die in diesem Bereich evident gesteigerte Bedeutung guter Lehrkräfte und guter Schulen für die Bildungschancen der Schüler*innen. Umso bedeutsamer ist es, den Schüler*innen und Familien nicht mit Defizitzuschreibungen gegenüber zu treten. Bremm vergleicht anhand quantitativer Daten die Defizitorientierungen und Urteile über Klientele von Lehrkräften sowie Zufriedenheiten von Eltern in Einzugsgebieten mit unterschiedlichen Sozialindizes. Bremm regt eine habitus- und machttheoretische Interpretation der Ergebnisse an.

Dorle Mesch und Wolfgang Foltin illustrieren, wie Fachkräfte der Schulsozialarbeit mit großer Spannbreite von präventiven, intervenierenden und strukturbildenden Angeboten und mit zunehmender Anerkennung, dafür aber noch keineswegs flächendeckend, an der Verbesserung von Krisenprävention und Krisenmanagement in der Schule arbeiten. Sie verdeutlichen aus Sicht der Profession entscheidende Aspekte der Rahmenbedingungen und der multiprofessionellen Zusammenarbeit an Schulen zur Bewältigung von familiären Krisen. Gemeinsam seien nicht nur einzelne Fälle, sondern Bildungsverständnis, Stellenwert von Schulsozialarbeit und Schulentwicklung zu verhandeln. Als weitere Handlungsempfehlung drängt sich eine flächendeckend gesteigerte Einstellung von Schulsozialarbeiter*innen auf.

Im abschließend synthetisierenden und ausblickenden Beitrag fassen die Herausgeber Verweisungszusammenhänge zwischen den herausgearbeiteten Perspektiven zusammen.

Literatur

Appleyard, K./Egeland, B./van Dulmen, MHM./Sroufe, LA. (2005): When more is not better: The role of cumulative risk in child behavior outcomes. In: Journal of Child Psychology and Psychiatry. 2005; 46(3), S. 235-245.

Appleyard, K./Egeland, B./Sroufe, L. A. (2007): Early childhood social support relationships for young high risk children: Relations with behavioral and emotional outcomes. In: Journal of Abnormal Child Psychology. 2007;35, S. 443-457.

Bähr, I./Gebhard, U./Krieger, C./Lübke, B./Pfeiffer, M./Regenbrecht, T./Sabisch, A./Sting, W. (Hrsg.) (2019): Irritation als Chance. Bildung fachdidaktisch denken. Wiesbaden: VS.

BAJ (Bundesarbeitsgemeinschaft Kinder- und Jugendschutz) (2018): Dossier 2/2018 „Kinder suchtkranker Eltern" URL: https://www.bag-jugendschutz.de/PDF/Dossier_2-2018_Kinder-sucht kranker-Eltern_web.pdf [Zugriffsdatum: 01.01.2019]

Bange, D. (1995): Sexueller Missbrauch an Mädchen und Jungen. In: Marquardt-Mau, B. (Hrsg.): Schulische Prävention gegen sexuelle Kindesmisshandlung. Grundlagen, Rahmenbedingungen, Bausteine und Modelle. Weinheim/München: Juventa, S. 31-54.

Bauer, U./Driessen, M./Heitmann, D./Leggemann, M. (2013): Psychische Erkrankungen in der Familie. Das Kanu-Manual für die Präventionsarbeit. Köln: Psychiatrie-Verlag.

Barkmann, C./Schulte-Marktwort, M. (2006): Psychosoziale Lebenssituation und Gesundheitsprobleme bei Kindern und Jugendlichen in der Bundesrepublik Deutschland. In: Praxis der Kinderpsychologie und Kinderpsychiatrie 55 (2006) 6, S. 444-458.

Bartels, M./Rietveld, M. J./van Baal, G. C./Boomsma, D. I. (2002): Genetic and environmental influences on the development of intelligence. In: Behavior Genetics, 32, S. 237-249.

Bjorklund, D. F./Schneider, W. (2006): Ursprung, Veränderung und Stabilität der Intelligenz im Kindesalter: Entwicklungspsychologische Perspektiven. In: Schneider, W./Sodian, B. (Hrsg.): Enzyklopädie der Psychologie. Serie V, Entwicklungspsychologie: Band 2: Kognitive Entwicklung. Göttingen: Hogrefe, S. 770-821.

Blum-Maurice, R. (2002): Die Wirkungen von Vernachlässigung auf Kinder und der „Kreislauf der Gewalt". In: Zenz, W. M./Bächer, K./Blum-Maurice, R. (Hrsg.): Die vergessenen Kinder. Köln: Papy Rossa, S. 112-128.

Behrmann, L.,/Hollstein, B. (2012): Starthilfe oder Hemmschuh? Arbeitsmarkteinstieg und soziale Netzwerke gering qualifizierter junger Erwachsener. In: Mansel, J./Speck, C. (Hrsg.): Jugend und Arbeit. Empirische Bestandsaufnahmen und Analysen. Weinheim/Basel: Beltz Juventa, S. 79-99.

Bjorklund, D. F./Schneider, W. (2006): Ursprung, Veränderung und Stabilität der Intelligenz im Kindesalter: Entwicklungspsychologische Perspektiven. In: Schneider, W./Sodian, B. (Hrsg.): Enzyklopädie der Psychologie. Serie V, Entwicklungspsychologie: Band 2: Kognitive Entwicklung. Göttingen: Hogrefe, S. 770-821.

Bohrhardt, R. (2000): Familienstruktur und Bildungserfolg. Stimmen die alten Bilder. Zeitschrift für Erziehungswissenschaft (ZfE) 2000/3, S. 189-207.

Brockhaus, U./Kolshorn, M. (1993): Sexuelle Gewalt gegen Mädchen und Jungen. Mythen, Fakten, Theorien. Frankfurt a. M./New York: Campus.

Combe, A./Gebhard, U. (2009): Irritation und Phantasie: Zur Möglichkeit von Erfahrungen in schulischen Lernprozessen. In: Zeitschrift für Erziehungswissenschaft, S. 12, 549-571.

DAK (2016): Gesundheitsfalle Schule – Probleme und Auswege. Studie zur Gesundheit von Grundschülern und Lehrern. URL: https://www.dak.de/dak/download/dak-studie-2016-gesundheits-falle-schule--probleme-und-auswege-1798974.pptx [Zugriffsdatum: 01.01.2018].

Döpfner, M./Petermann, F. (2008): Diagnostik psychischer Störungen im Kindes- und Jugendalter. Göttingen: Hogrefe.

Drucks, S./Bremm, N./van Ackeren, I./Klein, E. D. (i. E.): Recognizing the Strengths of 'Failing Schools' – An Evidence-based Way to Sustainable Change? In: Meyers, C./Darwin, M. (2019): School Turnaround in Secondary Schools. Possibilities, Complexities & Sustainability. Scottsdale: Information Age Publishing.

Drucks, S./Bauer, U. (2014): Schulfunktionaler Analphabetismus oder schulische Behinderung? Empirische Kontexte und Folgen geringer Rechtschreibkompetenzen bildungsbenachteiligter Schüler/innen. In: Hagedorn, J. (Hrsg.): Jugend, Schule und Identität. Selbstwerdung und Identitätskonstruktion im Kontext Schule, S. 585-603.

Eikenbusch, G. (Hrsg.) (2007): Jugendkrisen und Krisenintervention in der Schule. Hamburg: Bergmann + Helbig.

Filipp, S.-H. (1995): Ein allgemeines Modell zur Erforschung kritischer Lebensereignisse. In: dies. (Hrsg.): Kritische Lebensereignisse. 3. Aufl. Weinheim: Psychologie Verlags Union, S. 3-52.

Filipp, S.-H. (Hrsg.) (1990): Kritische Lebensereignisse. München: Psychologie-Verl.-Union.

Filipp, S.-H./Aymanns, P. (2010): Kritische Lebensereignisse und Lebenskrisen. Vom Umgang mit den Schattenseiten des Lebens. Stuttgart: Kolhammer.

Flanagan, J. C. (1954): The critical incident technique. Psychological Bulletin, 51, S. 327-358.

Fthenakis, W./Griebel, W./Niesel, R./Oberdorfer, R./Walbiner, W. (2008): Die Familie nach der Familie. Wissen und Hilfe bei Elterntrennung und neuen Beziehungen. München: Beck.

Ghazali, B. M./Al-Wabel H. M./Farghaly, N. F./Samy, M. A. (1998): Promotion of mental health as a function of different service agencies. Journal of Family & Community Medicine 1998;5(1), S. 21-9.

Große, S. (2008): Lebensbrüche als Chance? Lern- und Bildungsprozesse im Umgang mit kritischen Lebensereignissen – eine biographieanalytische Studie. Münster: Waxmann.

Hartmann, B. (2017): Das Diathese-Stress-Modell in der Mutismus-Therapie – Ein Ansatz auf dem Prüfstand aktueller Sichtweisen. In: Mutismus.de 9/18, 4-12.

Helsper, W. (2007): Eine Antwort auf Jürgen Baumerts und Mareike Kunters Kritik am strukturtheoretischen Professionsansatz. In: Zeitschrift für Erziehungswissenschaft, Jg. 10, S. 567-579.

Helsper, W. (1996): Antinomien des Lehrerhandelns in modernisierten pädagogischen Kulturen. In: Combe, A./Helsper, W. (Hrsg.): Pädagogische Professionalität. Weinheim/München: Juventa, S. 521-570.

Hecker, U./Kremers, H. (2017): Kinder, die Probleme machen, haben welche. Verhalten verstehen – Verhalten verändern. URL: https://grundschulverband.de/wp-content/uploads/2017/03/GS_120_Lesehappen.pdf [Zugriffsdatum: 01.01.2019]

Hetze, A. Maria/Schmidt-Wenzel, A./Sperber, M. (2005): Kritische Lebensereignisse. als Chance zur Kompetenzentwicklung /Technische Universität Dresden. http://www.forschungsnetzwerk.at/downloadpub/kritischer_lebenszusammenhang_kompetenzen_TUDRESDEN_2005.pdf, Zugriffsdatum: 01.01.2018.

Hohrlacher. K. D. (2000): Kritische Lebensereignisse. In: Amelang, M. (Hrsg.): Determinanten individueller Unterschiede. Enzyklopädie der Psychologie, Themenbereich C, Theorie und Forschung, Serie VIII, Differentielle Psychologie und Persönlichkeitsforschung, Band 4. Göttingen: Hogrefe, S. 455-486.

Holmes, T. H./Rahe, H. R. (1967): The social Readjustment Rating Scale. In: Journal of Psychosomatic Research, Vol. 11. Pergamon Press, S. 213-218.

Hurrelmann, K. (2006): Einführung in die Sozialisationstheorie. Weinheim: Beltz.

Ihle, W./Löffler, W./Esser, G./Laucht, M./Schmidt, M. H. (1992): Die Wirkung von Lebensereignissen auf die kognitive und sozial-emotionale Entwicklung im frühen Kindesalter. In: Zeitschrift für Kinder- und Jugendpsychiatrie und Psychotherapie, 20, S. 77-84.

Kilb, B. (2006): Bildungsprozesse durch kritische Lebensereignisse und Krankheitserfahrungen. Mainz: Logophon.

Koller, H.-C. (2012): Bildung anders denken. Einführung in die Theorie transformatorischer Bildungsprozesse. Stuttgart: Kohlhammer.

Košinár, J. (2014): Professionalisierung in der Lehrerausbildung. Anforderungsbearbeitung und Kompetenzentwicklung im Referendariat. Opladen: Barbara Budrich. Studien zur Bildungsgangforschung, Band 38.

Kramer, R.-T./Helsper, W./Thiersch, S./Ziems, C. (2009): Selektion und Schulkarriere. Kindliche Orientierungsrahmen beim Übergang in die Sekundarstufe I. Wiesbaden: VS.

Laucht, M./Esser, G./Schmidt, M. H. (2000): Entwicklung von Risikokindern im Schulalter: Die langfristigen Folgen frühkindlicher Belastungen. In: Zeitschrift für Entwicklungspsychologie und Pädagogische Psychologie, 32, S. 59-69.

Loades, M. E./Mastroyannopoulou, K. (2010). Teachers' recognition of children's mental health problems. In: Child and Adolescent Mental Health, 15(3), 150-156. URL: https://onlinelibrary.wiley.com/doi/full/10.1111/j.1475-3588.2009.00551.x [Zugriffsdatum: 01.01.2019]

Lohaus, A. (2008): Psychosoziale Belastungen von Kindern und Jugendlichen im Lebensraum Schule. Vortrag an der Universität Bielefeld anlässlich des Bildungsforums zum Saarländischen Schulpreis, 15. November 2008. URL: http://www.eltern-fuer-bildung.de/fileadmin/downloads/pdf/bildungsforum/Bild.forum_2008-11-15_-_Lohaus_Praesentation.pdf [Zugriffsdatum: 01.01.2019]

Lüscher, K./Pajung-Bilger, B. (1998): Forcierte Ambivalenzen. Ehescheidung als Herausforderung an die Generationenbeziehungen unter Erwachsenen. Konstanz: UVK.

Meuwese, S. (1992): Vorrede. In: Rensen, B.: Fürs Leben geschädigt. Sexueller Missbrauch und seelische Verwahrlosung von Kindern. Stuttgart: Thieme, S. 9-10.

Oberndorfer, R. (1996): Trennung und Scheidung und wie Kinder darauf reagieren. In: LBS-Initiative Junge Familie (Hrsg.): Trennung, Scheidung und Wiederheirat. Wer hilft dem Kind? Weinheim: Beltz, S. 35-46.

Oerter, R. (2002): Kindheit. In: Oerter, R./Montada, L. (Hrsg.): Entwicklungspsychologie. 5. vollständig überarbeitete Aufl. Weinheim: Beltz, S. 209-255.

Pachner, A. (2013): Selbstreflexionskompetenz. Voraussetzung für Lernen und Veränderung in der Erwachsenenbildung? Magazin Erwachsenenbildung.at (2013) 20, S. 1-9. URL: https://erwachsenenbildung.at/magazin/13-20/meb13-20.pdf, Zugriffsdatum: 29.12.2018.

Petzold, M. (1999): Entwicklung und Erziehung in der Familie. Familienentwicklungspsychologie im Überblick. Baltmannsweiler: Schneider Hohengehren.

Rensen, B. (1992): Fürs Leben geschädigt. Sexueller Missbrauch und seelische Verwahrlosung von Kindern. Stuttgart: Thieme.

Röhrich, T. (2013): Wege der Schulentwicklung. Zur Theorie und Praxis lernender Schulen. Bad Heilbrunn: Klinkhardt.

Sameroff, A. J. (1998): Environmental risk factors in infancy. In: Pediatrics, 102, S. 1287-1292.

Schone, R./Gintzel, U./Jordan, E. (1997): Kinder in Not. Vernachlässigung im frühen Kindesalter und Perspektiven sozialer Arbeit. Münster: Votum.

Watzlawik, M. (2012): Meine Eltern trennen sich! Erlösung oder Katastrophe? Retrospektive Beurteilungen eines kritischen Lebensereignisses. ZQF 12. Jg., Heft 1/2011, S. 47-64.

Wittchen, H.-U./Heuer, J. (2011): Was ist Klinische Psychologie? Definitionen, Konzepte und Modelle. In: Dies. (Hrsg.): Klinische Psychologie & Psychotherapie. Berlin: Springer, S. 3-25.

Wolf, K./Reimer, D. (2008): Belastungen und Ressourcen im biografischen Verlauf: Zur Entwicklung von Pflegekindern. In: Zeitschrift für Sozialpädagogik 03/2008, 6. Jg., S. 226-257.

Wolff, R. (2002): Kindesvernachlässigung – Entwicklungsbedürfnisse und die fachlichen Aufgabe der Jugendhilfe. In: Zenz, W. M./Bächer, K./Blum-Maurice, R. (Hrsg.): Die vergessenen Kinder. Vernachlässigung, Armut und Unterversorgung in Deutschland. 2., durchges. Aufl. Köln: PapyRossa, S. 70-87.

Familiäre Konstellationen und Erwartungen bei Schulabsentismus

Petra Bollweg

Einleitung

Der regelmäßige Schulbesuch ist über seine gesetzliche Verankerung eine gesellschaftliche Norm, die umgangssprachlich im Begriff „Schulpflicht" ausgedrückt wird. Eine Norm ist „eine mehr oder weniger stark generalisierte Handlungsanweisung oder Vorschrift", die „an bestimmten Raum-Zeit-Stellen von bestimmten Gruppen faktisch akzeptiert wird (oder aber nicht)" und bemessen werden kann an „ihrer transsubjektiven Begründbarkeit" (Ott 2006, S. 474). Manche Eltern und Sorgeberechtigte halten ihre schulpflichtigen Kinder partiell oder vollends von der Teilnahme an spezifischen schulischen bzw. unterrichtlichen und außerschulischen sowie -unterrichtlichen Angeboten (wie Schwimm- oder allgemein Sportunterricht, spezifische Unterrichtsinhalte und/oder Klassenfahrten) ab (vgl. Rademacker 2018).[1] Die „grundsätzliche Schulkritik, die die Bildungswirksamkeit der Schule im Vergleich zu Unterricht und Lernen in der Familie … als gering oder gar negativ bewertet" führt bisweilen zu rechtlichen Aushandlungsprozessen (vgl. ebd., S. 28), in denen sich die Eltern „in der Regel auf das ihnen nach Art. 6 Abs. 2 des Grundgesetzes … zustehende Recht der Pflege und Erziehung ihrer Kinder" (ebd.) berufen, während damit zugleich das staatliche Wächteramt resp. „die Rechte des Staates gegenüber denen der Eltern bezogen auf die Bildung und Erziehung von Kindern und Jugendlichen" (ebd.) angesprochen wird. In der jeweiligen Rechtsprechung wird dann versucht, neben der Zurückweisung der Nicht-Einhaltung der Schulpflicht, sowohl die Elternrechte als auch das Recht der Kinder und Jugendlichen auf Erziehung und Bildung zu beachten (vgl. ebd.; Albers/Ricking 2018; Sünker/Braches-Chyrek 2009). Das „Recht auf Bildung eines jeden Menschen, unabhängig von der Einstellung der Eltern zur Schule" ist dabei deutlich besser zu vermitteln als

---

1 Zu benennen wären hier auch die Familien, die aus ökonomischen Gründen den Beginn und/oder das Ende der rechtlich geregelten Schulferienzeiten individualisieren bzw. flexibilisieren, um ‚günstiger' Urlaub machen zu können. Ebenfalls sei hier auf die Eltern verwiesen, die das Schuleintrittsalter verzögern, indem sie mögliche Zeitfenster für den Schuleintritt maximal verzögern bzw. das schulpflichte Kind auf Antrag ‚zurückstellen' lassen.

das „Interesse der Allgemeinheit, von den Folgekosten einer mangelnden Elementarbildung, z. B. durch Arbeitslosigkeit, verschont zu bleiben und das Bedürfnis nach öffentlicher Sicherheit und Ordnung", das im Hintergrund der Rechtsprechung mitläuft (vgl. Rademacker 2018, S. 12; Ricking u. a. 2009). Schulpflicht, so scheint es, ist immer weniger transsubjektiv begründbar und konstituiert sich immer weniger als „handelndes Zusammenwirken" in einer Sozialität (vgl. Schimank 2000, S. 35). Fehlende Konsensualität zwischen Familie und Schule wird eine auszuhandelnde Leistung zwischen Staat und Eltern bzw. Sorgeberechtigten, die über „praktische Konkordanz" (Rademacker 2018, S. 31; Füssel 2013) künstlich herzustellen ist. Positiv formuliert nehmen bei diesen Rechtsstreitigkeiten Eltern und Sorgeberechtigte als „Bildungsbeteiligte" (Autorengruppe Bildungsberichterstattung 2018) aktiv an der Gestaltung des Bildungswesens teil. Ihnen kann unterstellt werden, dass das Interesse am Wohlergehen der (eigenen) Kinder hoch, Lernen und Bildung, als individuelle Grundvoraussetzung und Möglichkeit sein Leben zu bewältigen, anerkannt ist. Nicht Lernen und Bildung stehen hier zur Disposition, sondern die *pädagogische Institution Schule*. In Abgrenzung zu diesen (schul-)oppositionellen Haltungen und exklusiven Versuchen, die Schulpflicht entlang der eigenen Vorstellungen zu gestalten, lassen sich zudem Herangehensweisen aufzeigen, innerhalb derer Eltern bzw. Sorgeberechtigte auf „dysfunktionale Weise" mit Schulpflicht umgehen und bspw. das Kind „trotz eines Mangels an entschuldigenden Gründen …als krankgemeldet [wird]" (vgl. Albers/Ricking 2017, S. 10). Aktuell wird dies unter dem Begriff der „elterlichen Zurückhaltung" bearbeitet, wobei „diverse Bedingungskonstellationen, z. B. Gleichgültigkeit oder Ablehnung der Erziehungsberechtigten gegenüber der Schule, … dazu führen, dass eine weitere Beschulung des Kindes nicht für notwendig erachtet wird" (ebd.) und/oder dazu dient, Vernachlässigung zu verschleiern.[2] Grundlegend dabei ist die Erkenntnis, dass „die Initiative zum Fernbleiben [von Schule; Anmerk. P.B.] nicht vom Kind, sondern mit dem Einverständnis der Erziehungsberechtigten geschieht oder das Versäumnis von ihnen ausgeht" (ebd.).

In diesem Beitrag wird zunächst gefragt, was das Verhältnis zwischen Schule und Familie und umgekehrt seit der Einführung der Schulpflicht im 19. Jahr-

---

2   Ein eindrucksvolles literarisches Beispiel dafür hat Antonia Baum (2017) mit ihrem Roman „Ich wuchs auf einem Schrottplatz auf, wo ich lernte, mich von Radkappen und Stoßstangen zu ernähren" vorgelegt. Ein alleinerziehender Vater von drei Kindern, „der sich weder für gesellschaftliche Regeln noch für Gesetze interessiert" kommt als „Arzt, Künstler, Autoverkäufer und Wettbüro-Gründer … kaum dazu, seine Kinder zu erziehen", so die Kurzbeschreibung auf dem Einband. Wie die Familie zusammenhält und die Kinder, die sehr wohl ob der Bedeutung der Schulpflicht wissen, mit der Zurückhaltung des Vaters von Schule umgehen, ist nicht nur lesenswert wenn es um das hier zu entfaltende Thema geht, sondern auch im Hinblick auf familiale (Verschleierungs-)Praktiken und Strategien bei Vernachlässigung und Kindeswohlgefährdung.

hundert prägt (Kap. 1). Entlang des Usurpations-, des Substitutions- und des Differenztheorems (Herrmann 2009) werden die (über gesellschaftliche Bereiche wie Staat, Wirtschaft und Schule zugewiesenen) schulbezogenen Aufgaben einer Familie sowie Vorstellungen und Erwartungen skizziert, die das Verhältnis von Schule zu Familie und umgekehrt nachhaltig prägen (vgl. Becklas/ Klocke 2012, S. 125). Im Anschluss daran wird (Schul-)Absentismus vor dem Hintergrund der Schulpflicht erörtert (Kap. 2). Zentrale Ansätze und Begriffe werden dann systematisiert (Kap. 3), um den Weg von Schulabsentismus als (individualisierendes) Phänomen zu Schulabsentismus als (soziales) Problem nachzuzeichnen (Kap. 4). Was Schulabsentismus mit Blick auf Familie als Einflussfaktor auf das ‚Sich-nicht-Einlassen‘ bedeutet (Kap. 5) und inwieweit Schulabsentismus als Indikator für familiäre Probleme auftritt (Kap. 6) wird entlang von ‚schweigen‘ und ‚Codes‘ als *Grenzpraktiken* gedeutet, die als *funktionaler Absentismus* diskutiert werden. Abschließend (Kap. 7) wird gefragt, für wen und warum Schulabsentismus ein Problem ist.

1 Schule und Familie / Familie und Schule

Mit der Einführung der allgemeinen Schulpflicht im 19. Jahrhundert entwickelt sich das Verhältnis zwischen den für Kinder prägenden Lebensbereichen Familie und Schule unterschiedlich:

> „Große Distanz und Machtasymmetrien, konflikthafte Konkurrenz zwischen Schule und Familie um das Kind oder starke Kooperation und Nähe, verbunden mit konsensueller Unterstützung sind die idealtypischen Ausprägungen dieses Verhältnisses" (Busse/ Helsper 2007, S. 485).

Ulrich G. Herrmann (2009) hat die Entwicklung dieses Verhältnisses u. a. aus bildungssystemischer (Machtposition des Elternhauses als Instanz der Schulwahl) und diskursiver Perspektive (Kontinuitätslinien im Diskurs über das Verhältnis von Schule und Elternhaus) herausgestellt. Aus diskursiver Perspektive ergeben sich für ihn drei zentrale Verhältnisse, die als *Usurpations-, Substitutions- und Differenztheorem* das „Diskursfeld zum Verhältnis von Familie und öffentlicher Erziehung, von Elternhaus und Schule ...bedienen" (S. 143). Diese Theoreme, die im Folgenden kurz und schlaglichtartig vorgestellt werden, bieten eine Möglichkeit, das Verhältnis von Schule und Familie und vice versa vor dem Hintergrund des Themenfeldes Schulabsentismus zu ordnen, das im Anschluss in den Blick genommen wird. Zudem wird es so möglich, aktuelle Diskussionen zu Zusammenhängen von familiären Einflussfaktoren als Indikator für Schulabsentismus einzubinden.

Das *Usurpationstheorem* bringt zum Ausdruck, dass „Familie durch die Schule ... im Kern von der Vorstellung getragen [wird], die öffentliche Schule sei eine staatliche Zwangsinstitution", die das Elternhaus als Erziehungsstätte entweder völlig ausschalte oder „zumindest in unbilliger Weise das natürliche Erziehungsrecht der Familie einschränke" (Herrmann 2009, S. 143). Während Schule als Kaserne bzw. Fabrik und normierende Organisation „kontrollieren, beaufsichtigen und einengen muss", wird mit Familie ein Bild des durch Schule bedrohten „pädagogischen Freiraums" gegenübergestellt, innerhalb dessen „Familien das für die Entwicklung von Heranwachsenden unabdingbare Maß an Freiheit und Ungebundenheit gewähren" und in dem sich das Elternhaus „zugleich als Schutzraum für die Intimität des Lernens bewährt" und „Raum für Kreativität und Spontanität" bietet (ebd., S. 144).

Im Rahmen dieses Usurpationskonstrukts, so Herrmann, „verliert das Elternhaus im Verlauf des 19. Jahrhunderts ... seinen Patentanspruch auf lebensnahe Erziehungsleistungen" (ebd., S. 145). Begründet werden kann die Aufhebung des familiären Monopols für den „Lernort ‚Leben'" mit zunehmender sozialer und räumlicher Mobilität, mit der deutlich wird, dass sich das „wie auch immer definierte ‚wirkliche Leben'" sowohl „am häuslichen Tisch" wie auch außerhalb davon, bspw. in der Natur oder in pädagogischen Institutionen, „entdecken lässt" (ebd.). Das im Wesentlichen von der Sozialpädagogik als Reaktion auf die ersten PISA-Veröffentlichungen im Jahr 2002, vorgetragene Plädoyer für ein „weites Bildungsverständnis" (vgl. Rauschenbach 2005) spiegelt dies wider. Zentral wurde mit der terminologischen Unterscheidung zwischen formellem, non-formellem und informellem Lernen bzw. formeller, non-formeller und informeller Bildung argumentiert, die (nur) in Kombination die „Räume flexibler Bildung" (Bollweg/Otto 2011) bereitstellen, um „Bildung als Projekt der Moderne" umzusetzen (vgl. Thiersch 2008; Bollweg 2008). Insofern kann dem Usurpations- das *Substitutionstheorem* als positiv gewendetes Gegenstück gegenübergestellt werden, mit dem an die Stelle der „Warnung vor einer übermächtigen Staatsschule ... die Forderung nach weitreichenden Einflussmöglichkeiten der Schule gegenüber der Familie bis hin zur Substitution des Elternhauses" tritt (Herrmann 2009, S. 145). Dafür charakteristisch sind „Defizitdiagnosen zur je ‚heutigen' Familie" (ebd.). Damit wird ein Bild von Familien gezeichnet, die „in ihren Erziehungs- und Sozialisationsleistungen" nachlassen bzw. ihre pädagogischen Funktionen nur mangelhaft erfüllen. Die Bandbreite der Erklärungen dafür reicht von Armut bis hin zu „milieuspezifischer Dekadenz":

„In den ärmeren Bevölkerungsschichten ergeben sich Erziehungsdefizite aus wirtschaftlichen Notlagen, aus der Berufstätigkeit beider Eltern, dadurch bedingten Mängeln und Überlastungen, nicht zuletzt aus der Heranziehung der Kinder zum Familienerwerb. In den gut situierten Bevölkerungskreisen entstehen die pädagogischen Versäumnisse durch Delegation der Erziehung…, durch die ‚Affenliebe' verwöhnender Eltern und durch die Einbeziehung der Kinder in das gesellige und öffentliche Leben" (Herrmann 2009, S. 146).

Aus diesen Defizitdiagnosen heraus entstanden bspw. familienergänzende und -ersetzende (sozial-)pädagogische Handlungsfelder, die bis heute die wohlfahrtsstaatlichen Leistungen ausmachen, die mit dem SGB VIII gesetzlich verankert sind und entlang des Slogans „Bildung ist mehr als Schule" (Bundesjugendkuratorium 2002) einen eigenen Anspruch auf Erziehung, Bildung und Betreuung formulieren. Darüber hinaus lassen sich hier auch die Diskurse verorten, mit denen auf die „reduzierte Selbstverständlichkeit" (vgl. Rauschenbach 2005) familialer Lern- und Bildungsmöglichkeiten hingewiesen wird. Davon ausgehend, dass sich kulturelle Reproduktion nicht mehr selbstverständlich über lebensweltliche, informelle und besonders intergenerativ-private Verhältnisse – somit in und über Familie – ergibt, wird die Forderung abgeleitet, die Rolle der Schule anders zu beachten und neu zu formulieren (vgl. ebd.).

Die These der „neuen Familialität" (vgl. Richter u. a. 2009) lässt sich in diesem Zusammenhang als Kritik an der mit der bürgerlichen Gesellschaft im 19. Jahrhundert entstandenen Vorstellung „des ‚natürlich Gegebenen'" (S. 1) lesen. Das gesteigerte (politische) Interesse an Familie und privaten Reproduktionsleistungen verliert über die „Problematisierung, Politisierung und damit ‚Ver-Öffentlichung'" zunehmend den „Nimbus seiner scheinbaren Natürlichkeit" und löst die „wirkmächtige Grenzziehung von ‚öffentlich/privat' und damit auch von Familie und öffentlicher Erziehung" auf (vgl. Richter u. a. 2009, S. 1f.; Jurczyk/Oechsle 2008). Auch ist davon auszugehen, dass „soziale Risiken an familiale und auch andere informelle Netzwerke" (Richter u. a. 2009, S. 2) überantwortet werden, was zu einer Verhältnis-, Aufgaben- und Anforderungsverschiebung von Staat auf Familie führt (vgl. ebd.; Böllert 2008):

> „Im Sinne einer individualisierten Problemzuschreibung wird die ‚Leistungsfähigkeit' mit Blick auf kindliche Bildung von Familien in prekären Lebenslagen als defizitär klassifiziert und die Konsequenzen beschränkter Bildungszugänge, Lebenschancen und Machtpotentiale werden ihren Mitgliedern individuell überantwortet" (Richter u. a. 2009, S. 5).

Daran lässt sich direkt mit dem *Differenztheorem* anschließen, mit dem Schule als Vermittlungsinstanz zwischen Familie und bürgerlicher Gesellschaft bestimmt und das Verhältnis über die Einführung der Schulpflicht festgeschrieben wird. Während dabei Familie (nur) die Aufgabe der Erziehung zugeschrieben wird, wird mit der staatlichen Institution Schule versucht, die nachwachsende Generation „dem unmittelbaren Einfluss des Elternhauses schrittweise" zu entziehen, sie „auf den Eintritt in die bürgerliche Gesellschaft" vorzubereiten und das zwischen Familie und bürgerlicher Gesellschaft bestehende

Qualifizierungs- und Integrationsdefizit zu schließen, wozu zentral der Unterricht dienen soll (vgl. Herrmann 2009, S. 152).[3]

Als Quintessenz daraus sei nur auf die mit Susann Busse und Werner Helsper (2007) anfänglich vorgetragene Verhältnisbestimmung zwischen Schule und Familie verwiesen. Verblüffend ist, wie gut sich aktuelle Diskurse zum Verhältnis von Familie und Schule hier einordnen lassen, besonders die mit der These der „neuen Familialität" aufgeworfene Perspektive auf die Aufweichung der Grenze zwischen privat vs. öffentlich, die als solche nie absolut war. Kinder und Jugendliche als ‚Grenzgänger*innen' (er)lernen erst mit dem Wechsel von familialer Lebenswelt zu non-formaler Lernwelt, was es heißt, ‚privat' oder ‚öffentlich' zu ‚sein'. Was bedeutet es, wenn in Schulprogrammen oder Arbeitshilfen dazu aufgefordert wird, an Ganztagsschulen eine familiäre Atmosphäre zu schaffen (vgl. Thimm 2006)? Im Folgenden wird geprüft, inwieweit die Praktiken des ‚Sich-nicht-Einlassens' auf Schule – somit Schulabsentismus, als Abwehr von „‚schuldiktierten' Umgangsweisen" (Richter 2008, S. 43) zu verstehen sind.

2   Schulpflicht und Absentismus

Die Mehrheit aller im Jahr 2016 ca. 8,2 Mio. Schüler*innen in Deutschland besuchten die Schule (Autorengruppe Bildungsberichterstattung 2018) – regelmäßig. Die Autorengruppe Bildungsberichterstattung (2018) weist entlang der mit PISA G gewonnenen Daten für die Sekundarstufe I und II zwischen 82 und 87% der Schüler*innen aus, die keine tage- oder stundenweisen „Versäumnisse" angeben (vgl. S. 107). Schüler*innen, die nicht regelmäßig zur Schule gehen oder sich der Schule verweigern, sind bundesweit statistisch nicht einheitlich erfasst, so dass Aussagen über Prävalenzen nicht verlässlich, widersprüchlich, z. T. sogar irreführend sind. Die Quoten schwanken von 4 bis zu 17%, je nach Erkenntnisinteresse, Erhebungszusammenhang und Grundgesamtheit (vgl. bspw. Weiß 2007, S. 53; Weckel 2017). Im Vergleich dazu gibt es eine hohe Dichte an Veröffentlichungen, die sich mit den verschiedenen Formen des unentschuldigten und entschuldigten Fernbleibens von Schule befassen. Unter dem wissenschaftlichen Terminus *Schulabsentismus* subsumieren sich all die vielfältigen Erscheinungsformen, mit denen im Wesentlichen junge Menschen gegen die Schulpflicht verstoßen bzw. diese „verletzen" (vgl. Rogge/Koglin 2018; Rademacker 2008). Dabei wird der Begriff Absentismus für eine Vielzahl von schulischen Akteur*innen verwendet, bspw. auch für Lehrer-

---

3   Was dies im Hinblick auf eine kapitalistisch-bürgerliche Gesellschaft bedeutet, sei an dieser Stelle nur als Frage in den Raum gestellt.

kräfte. Lehrkräfte werden jedoch nur vereinzelt als Absentist*innen bezeichnet und das, obwohl der Begriff für sie wohl am angemessensten erscheint. Die ursprüngliche Bedeutung des Terminus „Absentismus" verweist nämlich zunächst (nur) auf ein motivational bedingtes, häufiges und gewohnheitsmäßiges Fernbleiben vom Arbeitsplatz, obwohl die Anwesenheit objektiv zumutbar ist (vgl. van Dick 2006; Stamm u. a. 2009) und lässt sich als Gegenbegriff zum „Präsentismus" lesen, also dem „Arbeiten bis der Arzt kommt" (Steinke/Badura 2011). Die (Norm-)Abweichung bezieht sich in ihrer ursprünglichen Bedeutung somit auf Formen von Erwerbstätigkeit mit vertraglich geregelter Arbeits- bzw. Anwesenheitszeit und damit entweder auf eine Unter- oder Übererfüllung eines zweiseitig akzeptierten Vertrages. Für Kinder und Jugendliche stimmen stellvertretend Eltern bzw. Sorgeberechtigte dem Eintritt in das föderal geregelte Schulpflichtalter zu und sind verantwortlich für die Schulpflichtdauer (zwischen 9 und 10 Jahren) für die Einhaltung der regelmäßigen Teilnahme am Unterricht (und an den sonstigen schulisch verbindlichen Veranstaltungen) (vgl. § 41, GV. NRW. 18/2018, S. 406). Die Umgehung dieser Verantwortung führt zu ordnungspolitischen Sanktionsmaßnahmen, wie Kürzung des Elterngeldes, Bußgeldverfahren bis hin zum Freiheitsentzug und wird mit dem Begriff „Schulzwang" umschrieben (vgl. Ricking/Hagen 2016, S. 17). Die Überwachung der Teilnahme am Unterricht bzw. Überprüfung der Anwesenheit gehört zu den „weiteren Aufgaben" für Lehrkräfte und fungiert als ein Beispiel für „übliche", mit Unterricht und Erziehung zusammenhängende Arbeiten, wozu bspw. auch die Hausaufgabenkontrolle zählt (vgl. § 10 Abs. 1 der allgemeinen Dienstordnung 2012). So, um mit Ulrich Oevermann (2006) zu sprechen, verhindert die gesetzliche Schulpflicht strukturell die Einrichtung eines pädagogischen Arbeitsbündnisses, bspw. zwischen Lehrperson und Familie, und macht Schüler*innen zu lernunwilligen Monstern, die „sich durch Tricks und Schliche dem Anforderungsdruck des pädagogischen Auftrags permanent zu entziehen [trachten]. Sie kehrt damit den Grenzfall des gestörten oder zumindest schwierigen Schülers in den Normalfall um. Dadurch raubt sie dem eigentlichen Normalfall die für seine Entwicklung angemessene pädagogische Umgebung" (S. 86f.). Zusammenfassend wird mit diesem Zitat deutlich, worum es bei Schulpflicht bzw. ihrer Nichteinhaltung im Kern geht:

Es geht zum einen um Schule als pädagogische Institution, die Prozesse der Erziehung und Bildung initiiert, absichert und strukturiert. Erziehung und Bildung dienen als, wie es Armin Bernhard (2017) ausgedrückt hat, „Entwicklungsgestalterinnen", dem Erwerb der zum Überleben erforderlichen Fertigkeiten und Fähigkeiten der Menschen" (ebd.). Zum anderen geht es um die bewusste und geregelte Gestaltung von Kindheit durch Erziehung und Bildung als fundamentale Voraussetzung für gesellschaftliche Reproduktion und Weiterentwicklung (vgl. ebd., S. 12). Mit Blick auf Schulabsentismus scheint jedoch die Prämisse, das Ziel von Schule sei, „dass die [ihr] anvertrauten jungen Menschen möglichst viel lernen und sich möglichst optimal entwickeln" (Fend 2006, S. 17), nicht mehr unhinterfragt zu bleiben. Nicht nur die Vorstellungen von optimaler Entwicklung sind durchaus unterschiedlich, sondern auch die (materiellen und immateriellen) Ressourcen und Kompetenzen zur Stabilisierung und Förderung sind – mit Blick auf Familie und sozialen Nahraum – als schulexterne Faktoren unterschiedlich verteilt (vgl. Rauschenbach 2005). Als solches geht es mit Schulabsentismus um ein strukturell verankertes gesellschaftliches Problem, das nicht als privates oder individuelles zu lösen ist, sondern als soziales Problem, das über die Nichteinhaltung der Schulpflicht überhaupt erst sichtbar wird. Davon ausgehend, dass „soziale Probleme als kollektiv interpretiert und über ihre Thematisierung eine kollektive Verantwortung" (Gronemeyer 2018, S. 1492) eingefordert werden kann, macht die Relevanz deutlich, dass es sich bei Schulabsentismus nicht um eine nur „bildungsbürgerliche Erscheinung", eine „ordnungspolitische Bagatelle" oder „pädagogisch relevante Angelegenheit" handelt (vgl. Stamm u. a. 2009, S. 22). Vielmehr wäre zu fragen, warum Schüler*innen überhaupt regelmäßig in die Schule gehen, wenn die damit verbundene „Pädagogik [nicht hält], was man sich von ihr verspricht" (Bernfeld 1973 [1925], S. 9).

3   Schulabsentismus: Diskurse, Phänomene und Probleme

Der Begriff Schulabsentismus rekurriert auf die vielfältigen und beobachtbaren Erscheinungsformen „des Sich-Nicht-Einlassens auf Schule und ihre Erwartungen oder auch der Ablehnung oder Abkehr von Schule, schulischem Lernen und schulischen Anforderungen" (Rademacker 2008, S. 232). Diese werden zumeist über Dichotomien geordnet, wie z. B.: ist die Abwesenheit bzw. das Fernbleiben von Schule entschuldigt oder unentschuldigt; sind die Gründe legitim oder illegitim; sind die Versäumnisse persistent (anhaltend) oder temporär (einzelne Unterrichtsstunden) usw. Aber: Fehlende Einlassungen sind nicht nur rein körperlich zu fassen (anwesend vs. nichtanwesend) sondern verweisen auch auf Formen mentaler Abwesenheit von Unterricht (konzentriert vs. unkonzentriert). Diese wird dann als individuelle Ausdrucksform graduell erfasst und bildet die diagnostische Grundlage für die Bearbeitung von Unterrichtsstörung, fehlender Beteiligung an (außer-)unterrichtlichen Aktivitäten, zu spät kommen etc. (vgl. ebd.). Um es pointiert zu formulieren: Wenn ‚körperliche Anwesenheit bei geistiger Abwesenheit' als Form des ‚Sich-nicht-Einlassens' auf schuldiktierte Verhaltensweisen wie ‚aufmerksam' ‚interessiert' und ‚motiviert' sein (*arbeitet mit*) unter Schulabsentismus thematisiert würde, dann würden die Absentismusquoten ansteigen, wenn nicht sogar explodieren.

Die Befassung mit Schulabsentismus ist – mit Blick auf die theoretische Einbettung und empirische Bearbeitung – nicht nur ausbaufähig, sondern in sich problematisch (vgl. Dunkake 2010). Diesem Umstand wird Rechnung getragen, indem zunächst die zentralen Diskursstränge vorgestellt werden. Daran schließt sich dann eine kurze, überblicksartige Darstellung der verschiedenen Begriffe an, die sich unter dem wissenschaftlichen Terminus Schulabsentismus subsummieren lassen.

Historisch lassen sich vier zentrale Perspektiven bzw. Diskursstränge benennen: der psychoanalytische, der institutionelle, der kriminologische und der multifaktorielle Ansatz (ausführlich dazu Imke Dunkake 2007).

Der *psychoanalytische Ansatz* (Sälzer 2009) basierte im Wesentlichen auf der Vorstellung, dass Schulabsentismus ein pathologisches Verhalten sei, das auf Störungen der Persönlichkeit zurückzuführen sei. Neben individuellen, mentalen wie genetischen Dispositionen, wurde Schulschwänzen auch als Reaktion auf Verwahrlosung durchleuchtet. Darüber hinaus ging es um die das Schwänzverhalten beeinflussenden Faktoren wie soziales Milieu und familiale Merkmale, wobei auch versucht wurde, Schulschwänzen als Indikator für Delinquenz und Kriminalität herauszuarbeiten (vgl. Sälzer 2009; Dunkake 2007). Davon abzugrenzen ist der *institutionelle Ansatz* mit dem die Rolle der Schule in den Fokus rückte. Dabei ging es bspw. um Schulklima, „Sanktionsethos" (Sälzer 2010), Qualität der Lehrkräfte-Schüler*innen-Beziehung und die Qualität des Unterrichtsinhaltes (vgl. Dunkake 2007). Der *kriminologische Ansatz* verweist auf die Dominanz kriminalsoziologischer Analysen, bei denen im Wesentlichen Theorien abweichenden Verhaltens (Labeling Approach & Anomietheorie) herangezogen wurden, um Schulschwänzen als Form abweichenden Verhaltens zu erklären. Davon ausgehend, dass Schule über die Schulpflicht die Grundvoraussetzung für das Phänomen Schulabsentismus erst schafft und Abweichungen erst darüber sichtbar werden, wurde von Helga Cremer-Schäfer (2008) als „kriminologischer Blick" bezeichnet. Damit weist sie darauf hin, dass die sozialwissenschaftliche „Dauerbeobachtung von Abweichungstrends und dem psychologischen Monitoring von Risikofaktoren und Risikogruppen" charakteristisch sind für ein Monitoring, das unterstellt, „,letztlich' seien Norm-Abweichungen und Non-Konformität eben eine Qualität des Verhaltens bzw. ein Merkmal der Person" (S. 176).

Der vierte, seit den 80er Jahren etablierte, *multifaktorielle Ansatz* untersucht Schulabsentismus entlang der zentralen Sozialisationsagenten Familie und Schule sowie Peers und sozialem Nahraum bzw. Wohnumfeld. Er ist international anerkannt und weitestgehend als (Forschungs-)Paradigma etabliert.

4 Vom Phänomen zum Problem

Das *Phänomen* Schulabsentismus verweist als „deskriptiver Klammerbegriff" (Ricking/Hagen 2016, S. 18; Döpfner/Walter 2006) auf heterogene und unübersichtliche Erscheinungen, deren Bearbeitung zwischen Praxis (Wirkfaktoren) und Wissenschaft (Wirkrichtung) anzusiedeln ist (vgl. Herz u. a. 2004). Christine Sälzer (2010) bspw. schlägt vor, das Phänomen nach Kausalität und Kontextualität zu unterscheiden (ebd., S. 14; Rogge/Koglin 2018). Kausale Lesarten rekurrieren sowohl auf die Motive als auch auf im Hintergrund liegende Probleme. Beim sogenannten Schul*schwänzen* findet sich das Motiv des genüsslichen Aufbegehrens „gegen die Autoritäten, welche die Regeln gesetzt haben" (Stamm u. a. 2009, S. 17) und wird nur solange als „Kavaliersdelikt" akzeptiert, wie es vereinzelt unerlaubt und „im Ausmaß begrenzt" bleibt. Es gehört quasi ins „Repertoire adoleszenztypischer Regelverstöße" (Dunkake 2007, S. 17). Wenn davon auszugehen ist, dass es im Hintergrund einer Verdichtung der Schwänzhäufigkeit „enorme" emotionale Verhaltensprobleme gibt, die dazu führen, dass Schüler*innen „mit Wissen der Eltern – nicht mehr imstande sind, zur Schule zu gehen", wird zumeist der Begriff Schul*verweigerung* herangezogen (vgl. Stamm u. a. 2009, S. 17; Stamm 2006). Damit wird herausgestellt, dass „tatsächlich eine bewusste Entscheidung des schulpflichtigen jungen Menschen oder seiner Sorgeberechtigten gegen den Schulbesuch vorliegt" (Rademacker 2008, S. 232). Kontextabhängige Lesarten greifen Schulversäumnisse als Schul*pflichtverletzung* auf und heben verschiedene Erscheinungsformen hervor, die als Schul*müdigkeit*, Schul*phobie*, Schul*angst*, Schul*abgewandtheit*, Schul*unlust*, Schul*aversion* und Schul*distanzierung* umschrieben werden (vgl. Sälzer 2010, S. 14; Stamm u. a. 2009; Wagner 2007). *Schulabsentismus als Problem* rekurriert auf persistente schul*meidende* Verhaltensmuster, die sich als illegitime Schulversäumnisse mit multikausaler und langfristiger Genese zeigen und kumulieren „mit weiteren emotionalen und sozialen Entwicklungsrisiken, geringer Bildungspartizipation sowie einer erschwerten beruflichen und gesellschaftlichen Integration" (Ricking/Hagen 2016, S. 18). Schulabsentismus wird zu einem individuellen *und* sozialen Problem, weil der Zugang zu und Erwerb von Bildung(-szertifikaten) auf meritokratische Prinzipien (Leistungsgerechtigkeit) ausgerichtet ist (vgl. Allmendinger 2013). Daran knüpften sich (schul-)pädagogische Vorstellungen, dass nur über (aktive) Teilnahme an Schule und Unterricht (Substitutionstheorem) individuelle Leistungserbringung rationalisiert, stabilisiert, kontrolliert und akkreditiert werden kann (formale Bildung). Mit der (Nicht-)Einlassung darauf entsteht ein institutionelles (Legitimations-)Problem mit zeit-räumlichem Aufenthaltszwang (Differenztheorem), was umschrieben wird mit dem positiv besetzten Begriff Schulbesuch. Schulabsentismus ist somit ein Problem der (Nicht-)Passung zwischen Schule und Familie und Variante institutioneller Diskriminierungsprozesse; Schulabsentismus ist auch kein Problem individualisierender Zugänge oder/und kriminologischer ‚Brillen‘, die das verschleiern. Nicht zuletzt durch die „PISA-Schmach" (Rauschenbach 2005) wird deutlich, dass „[d]as deutsche Bildungssystem … nach wie vor in seiner Funktion, Bildungs- und damit Lebenschancen ungleich zu verteilen [, verharrt]. Kinder aus sozial schwächeren Familien werden im Verlauf ihrer Bildungskarriere in ‚Plätze‘ eingewiesen, die denen ihrer Eltern ähnlich sind. Auch heute noch verfehlt das Bildungssystem das Erreichen des im Grundgesetz formulierten Auftrages, niemanden aufgrund seiner Herkunft zu benachteiligen" (Klemm 2016, S. 22). Was das für Kinder und Jugendliche bedeutet und welcher Zusammenhang zwischen Schulabsentismus und Familie bzw. familiären Konstellationen besteht, wird im Folgenden skizziert.[4]

Dabei ist mit Heinrich Ricking (2014) davon auszugehen, dass tendenziell alle sozialen Schichten von Schulabsentismus betroffen sind. Jedoch gibt es Einigkeit darüber, dass eine Verdichtung der Problematik mit hohen Versäumnisfrequenzen in sozial benachteiligten Milieus zu konstatieren ist. Psychosoziale Belastungen, wie sie mit Armut, Arbeitslosigkeit, psychischen Störungen und chronischen Erkrankungen der Eltern für familiale Lebenswelten entstehen, markieren den Referenzrahmen, die mit Blick auf die (Nicht-)Einhaltung der Schulpflicht zu diskutieren sind. Auch hier eine Anmerkung vorab: Christine Wiezorek und Margaret Pardo-Puhlmann (2013) weisen darauf hin, dass die Trias „Armut, Bildungsferne und Erziehungsunfähigkeit" Produkte sich gegenseitig bedingender pädagogischer und sozialwissenschaftlicher „Normalitätsvorstellungen" (S. 198) sind. Als solche orientieren sich diese „an akademisch bürgerlichen Bildungsansprüchen" (ebd.). Die Abwertung und Missachtung familialer Sozialisations- und Erziehungspraxen, das „Bemühen Erziehungsverantwortung zu tragen, als auch in Bezug auf spezifische Muster der Selbstverwirklichung" (ebd.). Damit reproduzieren sich soziale Ungleichheitsprozesse auch in der (pädagogischen wie wissenschaftlichen) Bearbeitung: „Denn zum einen geht damit potentiell die Missachtung von Eltern aus bestimmten gesellschaftlichen Gruppen als den zuvorderst Erziehungsberechtigten einher; zum anderen hat die Vorenthaltung von Anerkennung gegenüber diesen Eltern zur Folge, dass die Kinder und Jugendlichen, die bei ihnen aufwachsen, sich nur schwer auf ihre Familie als einen Ort beziehen können, dem durch die Gesellschaft eine positive Bedeutung beigemessen wird" (ebd.).

---

4 Die mit dem multikausalen Ansatz vorliegenden Ergebnisse zu den Einflussfaktoren Peers und sozialer Nahraum bleiben weitestgehend ausgeblendet, werden aber an anderer Stelle zu diskutieren sein. An dieser Stelle sei nur auf die Veröffentlichungen von Dunkake (2010; 2007), Sälzer (2010) und Samjeske (2007) verwiesen, die sich in ihren Untersuchungen mit den Zusammenhängen mit Schulabsentismus und Peers, Delinquenz etc. auseinandergesetzt haben.

5 Familie und Familiäre Konstellationen

Mit dem Begriff Familie wird ein „zentrales Referenzsystem mit spezifisch habitusformender Wirkung" adressiert und damit Transmissionsprozesse hervorgehoben, die sich innerfamilial und intergenerational zeigen, bspw. als Weitergabe von Wissen, Routinen, Kompetenzen, Einstellungen, Haltungen bis hin zu Wertvorstellungen und Traditionen (vgl. Büchner/Brake 2006, S. 263). Der Begriff familiäre Konstellation wird in Anlehnung an Martina Richter (2008) für familiale Lebenswelten verwendet, in denen Kinder und Jugendliche mit Eltern bzw. Sorgeberechtigten aufwachsen, Gelegenheitsstrukturen für „kulturell-gesellschaftliche Teilhabe und soziale Anerkennung" konstituiert und „Erfahrungs- und Gestaltungszusammenhänge" bereitgestellt werden (vgl. Ecarius/ Schierbaum 2018, S. 374).

Die permanenten Herstellungsleistungen (doing family) von Familie als einem gemeinschaftlichen Ganzen sind eingelassen in den Alltagsvollzug als konkrete, vielfältige und voraussetzungsvolle Praktiken. Diese sind in sich vulnerabel und können psycho-sozial belastend wirken (vgl. Schier/Jurczyk 2008, S. 9), was bspw. Ronald Lutz (2012) mit „erschöpfte Familien" umschreibt. Zugang zu sozialen, ökonomischen und kulturellen Ressourcen tragen wesentlich zur Gestaltung familialer Lebenswelten bei, wobei familiäre Konstellationen sowohl entwicklungsförderlich als auch benachteiligend auf alle Familienmitglieder einwirken. Familienkonstellationen, wie Aufwachsen mit einem alleinerziehenden Elternteil und/oder Aufwachsen mit Geschwistern, sind hier ebenso bedeutsam wie ökonomische Bedingungen (Arbeitslosigkeit) und kulturelle Praxen (prävalente Erziehungsstile) (vgl. Baier 2018, S. 98). Unterschieden werden kann, wie bspw. Dirk Baier (2018) herausgearbeitet hat, zwischen direkten und indirekten Einflussfaktoren auf den (nicht-)regelmäßigen Schulbesuch. Zu den direkten Einflussfaktoren (familiale Strukturmerkmale) zählen bspw. Trennung der Eltern, Scheidung, Tod eines Elternteils und sozioökonomischer Status der Herkunftsfamilie.

Als solches lassen sich diese als wesentlich herausstellen, weil sie emotionale wie soziale Krisen auslösen und existenzbelastend bzw. -bedrohend wirken. Bspw. wird der Tod eines Menschen (sowohl innerhalb als auch außerhalb der Familie) als „Zersplitterung der Persönlichkeit" erlebt, wobei dem Trauerprozess die Funktion der Entwicklung eines neuen Welt- und Selbstverständnisses zugeschrieben wird (vgl. Winkel 2006, S. 289; Kast 1982). Der Tod bzw. Verlust einer nahestehenden Person gilt als ein objektiv anerkannter nachvollziehbarer somit legitimer Grund, nicht zur Schule zu gehen. Jedoch wird der Trauerprozess individualisiert und dessen Bearbeitung in familiale Lebenswelten (rück-) adressiert.

Zu den indirekten Einflüssen (familiale Prozessmerkmale) zählen nach Baier (2018) innerfamiliale Faktoren wie emotionale Bindung, elterliche Ablehnung, physische Gewalt, elterliche Kontrolle, Kenntnis der Eltern über Freundeskreis und Aufenthaltsort des Kindes, Ausgehzeiten unterhalb der Woche und Austausch über Schulprobleme (vgl. ebd.; dazu auch Dunkake 2010; 2007).

Als solches sind diese direkten und indirekten Einflussfaktoren nicht (wirklich) neu und hoch anschlussfähig zu den Befunden, die die familiären Einflüsse auf Schulerfolg belegen wollen (so bspw. Zimmermann 2001). Der regelmäßige Schulbesuch (und letztlich auch Schulerfolg) wird zum Indikator für eine durch die Familie getragene, stabile und anregende Lernwelt, die auf umfassendem gegenseitigen Interesse, achtsamen Umgang und Sicherheit gründet und zur Befriedigung der Primärbedürfnisse eines jungen Menschen beiträgt (vgl. ebd.). Dem wird ein Bild von Familien gegenübergestellt, die einen besonders „ungünstigen" Entwicklungsrahmen „schaffen" (vgl. Ricking 2014, S. 4). Mangelndes Erleben von Gemeinsamkeit, Unterversorgung, negativem Beziehungsangebot etc. werden hier herangezogen, um Schulabsentismus zum „Marker für soziale Problemlagen zu werten, die in den Familien vielfach nur wenig Raum lassen für eine angemessene Aufsicht und Unterstützung des Kindes in „schulischen Belangen" (ebd.; Dunkake 2007). Hieraus lassen sich (bildungsbürgerlich) Erwartungen, Zuschreibungen und Zumutungen ableiten: Familie hat eine anregende und unterstützende Lernwelt zu sein, die schulische(-n) Interessen (be-)dient (bspw. privates Fördern und Fordern; Frühstück; Betreuung von Hausaufgaben; Kontrolle der Unterrichtsmaterialen oder eben Überwachung des regelmäßigen Schulbesuches). Dabei wird ignoriert, dass ‚Familie-sein' eine (eigene) Herstellungsleistung ist: Elternschaft muss ständig neu definiert und verantwortet werden (vgl. Ecarius/Schierbaum 2018); individuelle Flexibilitäts- und Unabhängigkeitsbedürfnisse sind zurückzustellen (ebd.); Vereinbarkeit von Familie und Erwerbstätigkeit ist auszubalancieren (vgl. Böllert 2019). Die steigenden Ansprüche, „Familie als Bildungswelt für ihre Kinder zu gestalten, machen Familienerziehung über Anrufung einer steten Optimierung zur verantworteten Elternschaft" (Ecarius/Schierbaum 2018, S. 379). Das dabei „elterliches Wohlbefinden" und „das stete Bemühen um Wohlbefinden" (ebd.) vorausgesetzt wird, ist zynisch, erklärt aber, warum Eltern auf „dysfunktionale Weise" mit Schulpflicht umgehen (vgl. Albers/Ricking 2017, S. 10; Ricking/ Speck 2018).

6 Schulabsentismus als Indikator für familiäre Probleme

Familien stehen unter Dauerbeobachtung: Die Aufrechterhaltung und aktive Gestaltung von Familie als Lebens- und Lernwelt jenseits bürgerlicher Normalitätsvorstellung erzeugt (zusätzlichen und subjektiv unterschiedlich empfundenen) Rechtfertigungsdruck und Abwehrmechanismen: Die ‚Umgehung' der Schulpflicht (bspw. durch Krankmeldungen) kann als Reaktion auf die schulischen Zumutungen an familiale Lebenswelten sein: Eltern/Sorgeberechtigte ziehen ein ‚Notfallticket'. Diese Praktik ist, um es mit Albert Scherr (2013; im Rückgriff auf Paul Willis) auszudrücken, eine Form „schuloppositionellen Handelns" (S. 5), mit der „die Zurückweisung des schulischen Leistungsindividualismus" (S. 5) aktiv betrieben wird. Es stellt sich die Frage, ob sich noch andere Formen aufzeigen lassen, mit denen Schulabsentismus zu einem Indikator für familiäre Probleme wird? Hier sind es im Wesentlichen die Aspekte, die mit dem „Sich-Nicht-Einlassen" (Rademacker 2008, S. 232) auf schulische Erwartungen umschrieben wird. Jenseits der bislang vorgetragenen Aspekte, ist Familie eine (besondere, existenzielle und individuell wie subjektiv prägende) Erfahrungs-, Lern- und Bildungswelt. Hier sind verschiedene Praktiken (kulturelles Kapital) alltäglich präsent, die *erlernt* werden und noch nicht *gelernt* sind (vgl. Bollweg 2008). So konnten Julia Griepenstroh u. a. (2012) herausarbeiten, welche Strategien und Praktiken Kinder und Jugendliche entwickeln, um mit Belastungen auf der „Vorderbühne" (Goffmann 1996) umzugehen. Beispielhaft dafür stehen *Grenzpraktiken*, die in familialen Lebenswelten als je spezifische kulturelle Praktiken präsent sind und weitergegeben werden. In der Untersuchung wurden u. a. Interviews mit Kindern und Jugendlichen geführt, deren Eltern psychische erkrankt waren. Die Hypothese war, dass die Interviewten in erster Linie Belastungen im sozialen Nahraum in und über die „unmittelbare Interaktion" mit den Eltern erleben und so auch den Umgang damit erlernen (vgl. Griepenstroh 2012, S. 23).

Wenn Familien mit schulpflichtigen Heranwachsenden die Belastungen nicht mit den zur Verfügung stehenden sozialen und kulturellen Praktiken (und letztlich auch ökonomischen Mitteln) bearbeiten können, zeigt sich dies als ‚Sich-nicht-Einlassen' auf Schule. Im Gegensatz zum oben skizzierten schuloppositionellen Handeln bzw. Absentismus, das zumeist mit körperlicher Abwesenheit einhergehen, wird hier körperliche Anwesenheit in Schule und Unterricht vorausgesetzt, um mögliche Belastungsreaktionen empirisch über „Interaktion" bestimmen zu können (Goffmann 1982). Die Bezeichnung *funktionaler Absentismus* spiegelt dabei das Dilemma wider, zwischen innerfamilialen resp. elterlichen Belastungen und schulischen Ansprüchen ‚switchen' zu müssen. Kinder und Jugendliche finden sich – so Griepenstroh u. a. (2012), „oftmals in einer ‚Sandwichposition' und erleben dadurch häufig für sich belastende Loyalitätskonflikte" (S. 40). Die folgenden Überlegungen sind, das vorab, keinesfalls als individualisierende Diagnostik für funktionalen Absentismus zu verstehen, sondern als Deutungsangebot (vgl. Wiezorek/Pardo-Puhlmann 2013).

Grenzpraktiken

Griepenstroh u. a. (2012) arbeiten heraus, dass kumulierende innerfamiliale Konflikte auf alle Familienmitglieder maximal belastend wirken, wobei tendenziell nur wenige Kinder diese Belastungen (verbal) begründen können oder wollen: In der Familie wird darüber nicht gesprochen, ergo geschwiegen. Um dies an einem literarischen Beispiel zu illustrieren:

> „Ihm [dem Vater; Anmerk.: P. B.] war deutlich anzusehen, dass er das Thema nicht mochte, es war das absolute Scheißthema. Wir [Alleinerziehender Vater, drei Kinder; davon ein älterer Sohn (ca. 12-14 Jahre], Zwillinge (Junge & Mädchen ca. 8-10 Jahre); Anmerk. P.B.] sprachen nie darüber, was ich [Tochter; Anmerk. P. B.] darauf zurückführte, dass es ihm Schmerzen bereitete, und da wollte ich nicht schuld dran sein" (Baum 2017, S. 30).

Die Gründe für ‚nicht (darüber) sprechen‘ also ‚schweigen‘, sind vielfältig (Abwehr von Diskriminierung und Stigmatisierung; Abschottung; Verbote; Vermeidung; Vulnerabilität; Scham etc.). Kinder als ‚Grenzgänger*innen‘ zwischen Familie und Schule übernehmen bzw. entwickeln eigene Praktiken für die „Vorderbühne" (Goffmann 1996), um das Schweigen aufrecht zu *er*halten (nicht zu verwechseln mit ‚den Mund *ge*halten‘ als motivierte Entscheidung).[5] Auch werden elterliche Umschreibungen bzw. familiäre ‚Codes‘, wie bspw. Bauchschmerzen, Stress, Überarbeitung oder Kopfschmerzen *er*lernt, die auch außerhalb der Familie als allgemein akzeptiert gelten und somit (auch für Schule) legitime Begründungen bzw. ‚gute Gründe‘ für Entschuldigungen darstellen. Was ließe sich daraus für Schule, insbesondere für Unterricht als Essenz formulieren? Schule ist ein spezifisches „Setting", das über physikalische Kontexte, Handlungsrituale und die Zusammensetzung der Teilnehmer*innen begründet ist. Entlang fixer Zeiträume, Rollenverteilung und Erwartung an „kollektive, normierte Lern- und Verhaltensmuster" formuliert, bleiben (schon fast klassisch) kognitive, emotionale, motivationale und wertebezogene Aspekte „schwer zugänglich" (vgl. Oerter 1995, S. 996). Daraus lässt sich ableiten, dass familiäre (wenngleich subjektiv bedeutsame) Ereignisse in öffentlichen Veranstaltungen mit „Publikumseffekt" (Helsper/Hummrich 2019) entweder nicht (be-)sprechbar sind, (nur) über Signifikanten vermittelt oder über Kontaktabwehr (Goffmann 1986) vorgebracht werden. Die Nicht-Thematisierung bspw. familiärer Belastungen am Ort Schule, ist somit keine individuelle Entschei-

---

5   Oskar Negt (1999) definierte „informelle Bildung" als einen „gelungenen Balanceakt" zwischen institutionellem und nicht institutionellem Lernen, den Heranwachsende „kontinuierlich bewältigen müssen". Er sei zwar mühevoll, so Negt, „aber individuell lohnend" (S. 227).

dung: Das Schweigen auf die (gut gemeinte Lehrer*innen-)Frage, ,was denn los ist', ist nicht als individuelles (Wesens-)Merkmal (schüchtern) oder Charaktereigenschaft (introvertiert) zu diagnostizieren, sondern eine Reaktion auf das spezifische Lehr-Lernsetting.

Griepenstroth u. a. (2012) arbeiten noch weitere Praktiken heraus, etwa Umgang mit Ungerechtigkeit, elterlichen Anfeindungen und Angriffen oder Übernahme der Elternrolle etc., was auch als elternbedingter Schulabsentismus bzw. Zurückhalten (vgl. Ricking/Speck 2018) diskutiert wird. Sowohl in der Untersuchung von Griepenstroth u. a. (2012) als auch bei Kaiser u. a. (2018), die Kinder als pflegende Angehörige (whole family approach) unter dem Aspekt Schulabsentismus in der Schweiz untersuchten, wird ein Mehr an Unterstützung für krankheitsbelastete Familien gefordert. Dem kann nur zugestimmt werden, wobei diese Forderung auf *alle* von sozialer Ungleichheit, Deprivation und Diskriminierung betroffenen und/oder bedrohten Familien auszuweiten ist.

7   Für wen und warum ist Schulabsentismus ein Problem?

Für wen und warum Schulabsentismus ein Problem ist? Eine gute Frage, auf die provozierend geantwortet werden kann: Für (k)einen – und für Alle. Alexander Kluge antwortete auf die Frage von Dirk Baecker (2003) nach dem „Nutzen ungelöster Probleme":

> „Ungelöste Probleme haben den Nutzen, dass man sie als kleines oder großes Problem mit sich herum trägt, als dauernde Erinnerung an etwas, was man noch nicht im Griff hat" (Baecker/Negt 2003, S. 57).

An die soziale Verantwortung von Schule als pädagogische Institution für ihre zentralen Adressat*innen zu erinnern, verweist im Kontext des besonderen Familie-Schule-Verhältnisses, des schuloppositionellen Handelns (im Bild: der *leere Stuhl*) und des funktionalen Absentismus (im Bild: der *falsche Stuhl*) auf mindestens zwei Aspekte:

1. *Das „Nicht-Einlassen" von Seiten der Schule und damit verbunden die Frage, inwieweit sich Lehrer*innen auf Schüler*innen einlassen (können):* Kontinuierliche Beziehungsarbeit am fragilen und dynamischen Lehrer*innen-Schüler*innen-Verhältnis ist Grundvoraussetzung und Fundament für professionelles pädagogisches Handeln. Auf Kompetenzerwerb oder Leistung verkürztes Interesse an Schüler*innen ignoriert, dass Lernen und Bildung ihren Ort und ihren Ursprung im Sozialen haben. Das soziale Moment von Schule ist nicht erst dann zu bearbeiten, wenn Stühle leer bleiben, das

Schulklima schlechter oder qua ‚Sanktionsethos' mehr pädagogische Normierung eingeführt wird. Soziale Verantwortung von Schule ist zuverlässig und vertrauensvoll auszugestalten, um allen Schüler*innen individuelle Entfaltung und Selbstwirksamkeits-Erleben zu ermöglichen – pädagogische Arbeitsprinzipien zur Herstellung „sinnlicher Evidenz" (Negt 1999).

2. *Familien sind zunehmend belastet, umso mehr jene mit existenzbedrohenden Ereignissen:* Schuloppositionelle Handlungen und funktionaler Absentismus sind Umgangsweisen mit subjektivem Belastungserleben, entstehend in und wegen der Schule. Sie lassen sich nicht einfach zur Krisenbearbeitung an die Einzelne*n oder ins Private zurückspielen. Insbesondere Lehrer*innen sind hier Gatekeeper für Lernanregungen, alternative Denkmodelle bzw. Problemlösestrategien und Handlungsmöglichkeiten. Auch hier wären die unter (1) benannten pädagogischen Arbeitsprinzipien ein Ansatz, die soziale Verantwortung von Schule neu zu bestimmen. Wie dies jedoch angesichts bildungspolitischer Flickschusterei umgesetzt werden könnte, ist wiederum ein besonders dringliches, ungelöstes Problem.

Es war die Intention des Beitrags, eine mehrperspektivische Sicht auf Schulabsentismus zu eröffnen, um so, durch Einbeziehung von Historizität und Gesellschaftlichkeit schulischer Beziehungsebenen, den Zugang zur Binnensicht der Schüler*innen zu verbreitern. Die hier zugrunde gelegten Ansätze aktueller Schulabsentismusforschung sind bei weitem nicht ausgeschöpft und besonders unter Perspektive des funktionalen Absentismus an anderer Stelle weiter auszuführen. Keineswegs sollten hier all die vielfältigen Möglichkeiten alternativer Angebote und/oder Beschulungen beleuchtet werden, mit denen wiederum Normierungspraktiken und Abwertungsprozesse zu befürchten sind. Entlang der hier vorgetragenen Argumente – mit allem gebotenen Respekt vor (Ver-)Besserungsbemühungen, sind sowohl schulsozialarbeiterische als auch Präventionskonzepte nicht unproblematisch. Also: Noch mehr nützliche, weil ungelöste Probleme. Auch mit Blick auf den Explorations-(studien-)Wahn im Forschungsfeld Schulabsentismus ist Optimierungsbedarf zu konstatieren, insbesondere die *Datengewinnung* betreffend: Während der eigenen quantitativen Forschungspraxis wurde deutlich, dass paper&pencil-Erhebungen zu Schulabsentismus im Schulunterricht durchzuführen, zwar hinsichtlich Anonymisierung, Zeit und Geld rational gedacht ist, aber das Setting Schule das Antwortverhalten beinflusst: Klug sind die Schüler*innen, die bei der Frage ‚Was hast Du gemacht, als Du nicht in der Schule warst?', nicht ‚etwas verbotenes gemacht' ankreuzen. Noch klüger sind die funktionalen Absentist*innen, die angeben, ‚zu Hause' gewesen zu sein. Für wen war nochmal Schulabsentismus ein Problem? Ach ja: Für die Autorin, denn die schuloppositionellen Schüler*innen, die waren gar nicht da.

Der Austritt aus dem Beitrag endet so, wie andere Autor*innen ins Themenfeld eintreten, nämlich mit der Romanfigur Pippi Langstrumpf, die erst durch ihre Peers erfuhr, warum es sich lohnt, in die Schule zu gehen: Wegen der Ferien! (vgl. Lindgren 1999).

Literatur

Albers, V./Ricking, H. (2018): Elternbedingter Schulabsentismus – Begriffe, Strukturen, Dimensionen. In: Ricking, H./Speck, K. (Hrsg.): Schulabsentismus und Eltern. Wiesbaden: VS, S. 9-26.

Allmendinger, J. (2013): Bildungsgesellschaft. Über den Zusammenhang von Bildung und gesellschaftlicher Teilhabe in der heutigen Gesellschaft. URL: http://www.bpb.de/gesellschaft/bildung/zukunft-bildung/158109/teilhabe-durch-bildung, Zugriffsdatum: 20.02.2019.

Autorengruppe Bildungsberichterstattung (2018): Bildung in Deutschland 2018. Ein indikatorengestützter Bericht mit einer Analyse zu Wirkungen und Erträgen von Bildung. URL: https://www.bildungsbericht.de/de/bildungsberichte-seit-2006/bildungsbericht-2018/pdf-bildungsbericht-2018/bildungsbericht-2018.pdf, Zugriffsdatum: 23.02.2019.

Baecker, D./Kluge, A. (2003): Vom Nutzen ungelöster Probleme. Berlin: Merve.

Baier, D. (2018): Familienbezogene Einflussfaktoren des Schulschwänzens. Ergebnisse einer Längsschnittstudie in der 6. und 7. Jahrgangsstufe. In: Ricking, H./Speck, K. (Hrsg.): Schulabsentismus und Eltern. Wiesbaden: VS, S. 97-112.

Baum, A. (2017): Ich wuchs auf einem Schrottplatz auf, wo ich lernte, mich von Radkappen und Stoßstangen zu ernähren. Berlin: Hoffmann + Kampe.

Becklas, C./Klocke, A. (2002): Kinder in erschöpften Familien. In: Lutz, R. (Hrsg.): Erschöpfte Familien. Wiesbaden: VS, S. 125-142.

Bernfeld, S. (1973 [1925]): Sisyphos oder die Grenzen der Erziehung. Frankfurt a. M.: Suhrkamp.

Bernhard, A. (2017): Vorwort. In: Weckel, E./Grams, M. (Hrsg.): Schulverweigerung. Bildung, Arbeitskraft, Eigentum. Eine Einführung. Weinheim/Basel: Beltz Juventa, S. 12-15.

Böllert, K. (2008): Von der Delegation zur Kooperation. Bildung in Familie, Schule, Kinder- und Jugendhilfe. Wiesbaden: VS.

Böllert, K. (2019): Vereinbarkeit von Familie und Erwerbstätigkeit. In: Coelen, T./Otto, H.-U./Bollweg, P./Buchner, J. (Hrsg.): Handbuch Ganztagsbildung. Wiesbaden: VS (i. E.).

Bollweg, P. (2008): Lernen zwischen Formalität und Informalität. Zur Deformalisierung von Bildung. Wiesbaden: VS.

Bollweg, P./Otto, H.-U. (2011): Räume flexibler Bildung. Bildungslandschaft in der Diskussion. Wiesbaden: VS.

Büchner, P./Brake, A. (2006): Bildungsort Familie. Transmission von Bildung und Kultur im Alltag von Mehrgenerationenfamilien. Wiesbaden: VS.

Bundesjugendkuratorium (2002): Bildung ist mehr als Schule. Leipziger Thesen zur aktuellen bildungspolitischen Debatte. URL: http://miz.org/dokumente/BA_035_Leipziger_These_zur_bildungspolitischen_%20Debatte_2002.pdf, Zugriffsdatum: 20.02.2019.

Busse, S./Helsper, W. (2007): Schule und Familie. In: Ecarius, J. (Hrsg.): Handbuch Familie. Wiesbaden: VS, S. 469-494.

Cremer-Schäfer, H. (2008): „Schulschwänzen". Über Naturalisierungs- und Trivialisierungsgewinne kriminologischer Jugendforschung. In: Kliemke, D. (Hrsg.): Exklusion in der Marktgesellschaft. Wiesbaden: VS, S. 175-189.

Döpfner, M./Walter, D. (2006): Schulverweigerung. In: Steinhausen, H.-C. (Hrsg.): Schule und psychische Störungen. Stuttgart: Kohlhammer, S. 218-235.

Dunkake, I. (2007): Die Entstehung der Schulpflicht, die Geschichte der Absentismusforschung und Schulschwänzen als abweichendes Verhalten. In: Wagner, M. (Hrsg.): Schulabsentismus. Soziologische Analysen zum Einfluss von Familie, Schule und Freundeskreis. Weinheim/München: Juventa, S. 13-36.

Dunkake, I. (2007): Schulverweigerung: Eine Folge mangelnder familialer Kontrolle? In: Wagner, M. (Hrsg.): Schulabsentismus. Soziologische Analysen zum Einfluss von Familie, Schule und Freundeskreis. Weinheim/München: Juventa, S. 105-176.

Dunkake, I. (2010): Der Einfluss der Familie auf das Schulschwänzen. Theoretische und empirische Analysen unter Anwendung der Theorien abweichenden Verhaltens. Wiesbaden: VS.

Ecarius, J./Schierbaum, A. (2018): Familie. In: Otto, H.-U./Thiersch, H./Treptow, R./Ziegler, H. (Hrsg.): Handbuch Soziale Arbeit. 6., überarbeitete Auflage. München: Ernst Reinhard, S. 374-382.

Fend, H. (2006): Neue Theorie der Schule. Einführung in das Verstehen von Bildungssystemen. Wiesbaden: VS.

Füssel, H.-P. (2013): Zum Bildungs- und Erziehungsauftrag der Schulsozialarbeit. Überlegungen aus (verfassungs-)rechtlicher Sicht. Frankfurt a. M.: GEW Hauptvorstand.

Goffmann, I. (1982): Das Individuum im öffentlichen Austausch. Mikrostudie zur öffentlichen Ordnung. Frankfurt a. M.: Suhrkamp.

Goffmann, I. (1996): Rahmen-Analyse. Ein Versuch über die Organisation von Alltagserfahrungen. 4. Aufl. Frankfurt a. M.: Suhrkamp.

Griepenstroh, J./Heitmann, D./Hermeling, S. (2012): Kinder psychisch kranker Eltern: Lebenssituation und Entwicklungsrisiken. In: Bauer, U./Reinisch, A./Schmuhl, M. (Hrsg.): Prävention für Familien mit psychisch erkrankten Eltern. Wiesbaden: VS, S. 23-46.

Gronemeyer, Axel (2018): Soziale Probleme. In: Otto, Hans-Uwe u. a. (Hrsg.): Handbuch Soziale Arbeit. 6., überarbeitete Auflage. München, S. 1492-1507.

Helsper, W./Hummrich, M. (2019): Familien. In: Coelen, T./Otto, H. U./Bollweg, P./Buchner, J. (Hrsg.): Handbuch Ganztagsbildung. Wiesbaden: VS (im Ersch.).

Herrmann, U. G. (2009): Elternhaus und Schule – Kooperation und Opposition. Zum Wechselverhältnis beider Sozialisationsinstanzen im 19. Jahrhundert. In: Ecarius, J./Groppe, C./Malmede, H. (Hrsg.): Familie und öffentliche Erziehung. Theoretische Konzeptionen, historische und aktuelle Analysen. Wiesbaden: VS, S. 139-158.

Herz, B./Puhr, K./Ricking, H. (2004): Problem Schulabsentismus. Wege zurück in die Schule. Bad Heilbrunn: Klinkhardt.

Jurczyk, K./Oechsle, M. (2008): Das Private neu denken. Erosionen, Ambivalenzen, Leistungen. Münster: Westfälisches Dampfboot.

Kast, V. (1982): Trauern, Phasen und Chancen des psychischen Prozesses. Stuttgart: Kreuz.

Klemm, K. (2016): Soziale Herkunft und Bildung im Spiegel neuer Studien. In: Jungkamp, B./John-Ohnesorg, M. (Hrsg.): Soziale Herkunft und Bildungserfolg. Berlin: Friedrich-Ebert-Stiftung, S. 17-22.

Lindgren, A. ([1945] 1999): Pippi Langstrumpf. Hamburg: Oetinger.

Lutz, R. (2012): Erschöpfte Familien. Wiesbaden: VS.

Ministerium für Schule und Weiterbildung (2012): Allgemeine Dienstordnung für Lehrerinnen und Lehrer, Schulleiterinnen und Schulleiter. Runderlass vom 18.06.2012. URL: https://www.schulministerium.nrw.de/docs/Recht/Dienstrecht/Grundlegend/ADO.pdf, Zugriffdatum: 12.01.2019.

Negt, O. (1999): Kindheit und Schule in einer Welt der Umbrüche. Göttingen: Steidl.

Oerter, R./Montada, L. (1995): Entwicklungspsychologie. 3., vollständig überarbeitete und erweiterte Auflage. Weinheim: Psychologie Verlags Union.

Oevermann, U. (2006): Zur Behinderung pädagogischer Arbeitsbündnisse durch die gesetzliche Schulpflicht. In: Rhim, T. (Hrsg.): Schulentwicklung: Vom Subjektstandpunkt ausgehen. 2., aktualisierte und erweiterte Auflage, Wiesbaden: VS, S. 69-92.

Ott, K. (2006): Prinzip/Maxime/Norm/Regel. In: Düwell, M. H./Christoph, W./Micha H. (Hrsg.): Handbuch Ethik. 2. Auflage, Stuttgart u. Weimar: Metzler, S. 474-480.

Rademacker, H. (2008): Schulaversion und Schulabsentismus. In: Otto, H.-U., Coelen, T. (Hrsg.): Ganztagsbildung. Das Handbuch. Wiesbaden: VS, S. 232-240.

Rademacker, H. (2018): Schulabsentismus, Grundrechte und Bildungsverständnis. In: Ricking, H./Speck, K. (Hrsg.): Schulabsentismus und Eltern, Absentismus und Dropout. Stuttgart: Kohlhammer, S. 27-47.

Rauschenbach, T. (2005): Plädoyer für ein neues Bildungsverständnis. Essay. In: Aus Politik und Zeitgeschehen. Heft 12, S. 3-6.

Richter, M. (2008): Familien und Bildung. In: Böllert, K. (Hrsg.): Von der Delegation zur Kooperation. Bildung in Familie, Schule, Kinder- und Jugendhilfe. Wiesbaden: VS, S. 33-46.

Richter, M./Beckmann, C./Otto, H.-U./Schrödter, M. (2009): Neue Familialität als Herausforderung für die Jugendhilfe. In: Beckmann, C./Otto, H.-U./Richter, M./Schrödter, M. (Hrsg.): Neue Familialität als Herausforderung der Jugendhilfe. In: neue Praxis. Sonderheft 9, S. 1-14.

Ricking, H. (2014): Ursachen, Phänomene und Formen des Schulabsentismus. URL: http://nord.jugendsozialarbeit.de/fileadmin/Bilder/2014_Themenhefte/Themenheft_Schulverweigerung.pdf, Zugriffsdatum: 07.02.2018.

Ricking, H./Hagen, T. (2016): Schulabsentismus und Schulabbruch. Grundlagen – Diagnostik – Prävention. Stuttgart: Kohlhammer.

Ricking, H./Schulze, G./Wittrock, M. (2009): Schulabsentismus und Drop-out: Erscheinungsformen – Erklärungsansätze – Intervention. Stuttgart: Kohlhammer.

Ricking, H./Speck, K. (2018): Schulabsentismus und Eltern. Wiesbaden: VS.

Rogge, J./Koglin, U. (2018): Schulschwänzen, Schulverweigerung und Zurückhalten durch Eltern. Eine explorative Studie zu den Auftrittshäufigkeiten von Schulabsentismusformen in niedersächsischen Sekundarschulen. In: Ricking, H./Speck, K. (Hrsg.): Schulabsentismus und Eltern. Wiesbaden: VS, S. 49-69.

Sälzer, C. (2009): Schulabsentismus und die Bedeutung von Schule und Familie. In: Schweizerische Zeitschrift für Bildungswissenschaften. 31 Jg./Heft 3, S. 625-640.

Sälzer, C. (2010): Schule und Absentismus. Individuelle und schulische Faktoren für jugendliches Schwänzverhalten. Wiesbaden: VS.

Samjeske, K. (2007): Der Einfluss der Peers auf Schulverweigerung. In: Wagner, M. (Hrsg.): Schulabsentismus. Soziologische Analysen zum Einfluss von Familie, Schule und Freundeskreis. Weinheim/München: Juventa, S. 177-201.

Scherr, A. (2013): Vorwort zur aktualisierten Neuausgabe. In: Willis, P. (1977): Spaß am Widerstand. Learning to Labour. Deutsche Neufassung. Hamburg: Argument, S. 5-10.

Schier, M./Jurczyk, K. (2008): „Familie als Herstellungsleistung" in Zeiten der Entgrenzung. URL: https://www.ssoar.info/ssoar/handle/document/20176, Zugriffsdatum: 20.02.2019.

Schimank, U. (2000): Handeln und Strukturen. Einführung in die akteurstheoretische Soziologie. Weinheim und München.

Stamm, Margrit (2006): Schulabsentismus. Anmerkungen zu Theorie und Empirie einer vermeintlichen Randerscheinung schulischer Bildung. In: Zeitschrift für Pädagogik. Jg. 52/Heft 2, S. 285-302.

Stamm, M. u. a. (2009): Schulabsentismus. Ein Phänomen, seine Bedingungen und Folgen. Wiesbaden: VS.

Steinke, M./Badura, B. (2011): Präsentismus. Ein Review zum Stand der Forschung. URL: http://www.baua.de/de/Publikationen/Fachbeitraege/Gd60.pdf?__blob=publicationFile&v=6, Zugriffsdatum: 20.02.2019.

Sünker, H./Braches-Chyrek, R. (2009): Bildung, Bildungsapartheid und Kinderrechte. In: Beckmann, C./Otto, H.-U./Richter, M./Schrödter, M. (Hrsg.): Neue Familialität als Herausforderung der Jugendhilfe. In: neue Praxis. Sonderheft 9, S. 86-99.

Thiersch, H. (2008): Bildung als Projekt der Moderne. In: Otto, H.-U./Coelen, T. (Hrsg.): Ganztagsbildung. Das Handbuch. Wiesbaden: VS, S. 977-983.

Thimm, K. (2006): Ganztagsschule gemeinsam gestalten. Ein in Praxisheft zum Wettbewerb „Zeigt her Eure Schule – Kooperation mit außerschulischen Partnern". URL: https://www.ganztaegig-lernen.de/sites/default/files/AH-05-WEB.pdf, Zugriffsdatum: 02.03.2019.

van Dick, R. (2006): Stress und Arbeitszufriedenheit bei Lehrerinnen und Lehrern. Zwischen "Horrorjob" und Erfüllung. Marburg: Tectum.

Wagner, M. (2007): Schulabsentismus. Soziologische Analysen zum Einfluss von Familie, Schule und Freundeskreis. Weinheim/München: Juventa.

Weckel, E. (2017): „…in ein Register eingetragen …" – Empirie. In: Weckel, E./Grams, M. (Hrsg.): Schulverweigerung. Bildung, Arbeitskraft, Eigentum. Eine Einführung. Weinheim/Basel: Beltz, S. 55-64.

Weiß, B. (2007): Wer schwänzt wie häufig die Schule? Eine vergleichende Sekundäranalyse auf Grundlage von 12 deutschen Studien. In: Wagner, M. (Hrsg.): Schulabsentismus. Soziologische Analysen zum Einfluss von Familie, Schule und Freundeskreis. Weinheim/München: Juventa, S. 37-55.

Wiezorek, C./Pardo-Puhlmann, M. (2013): Armut, Bildungsferne, Erziehungsunfähigkeit. Zur Reproduktion sozialer Ungleichheit in pädagogischen Normalitätsvorstellungen. In: Dietrich, F./ Heinrich, M./Thieme, N. (Hrsg.): Bildungsgerechtigkeit jenseits von Chancengleichheit. Wiesbaden: VS, S. 197-214.

Winkel, H. (2006): Soziale Grenzen und Möglichkeiten der Kommunizierung von Trauer. Zur Codierung von Verlusterfahrungen als individuelles Leid. In: Schützeichel, R. (Hrsg.): Emotionen und Sozialtheorie, Frankfurt a. M.: Campus, S. 286-304.

Zimmermann, P./Spangler, G. (2001): Jenseits des Klassenzimmers. Der Einfluss der Familie auf Intelligenz, Motivation, Emotion und Leistung im Kontext der Schule. In: Zeitschrift für Pädagogik 47. Jg./Heft 4, S. 461-479.

Sozioanalyse der Schule und Sozioanalysekompetenz von Lehrkräften: Überblick im Getümmel sozialer Kämpfe im Unterricht

Stephan Drucks und Dirk Bruland

„Das Wissen um den starken Zusammenhang im deutschen Bildungssystem zwischen Bildungsbeteiligung, Noten, Abschlüssen und Kompetenzen sowie der sozialen Herkunft der Schüler/innen gehört schon fast zur Allgemeinbildung." (Betz 2015, S. 339)
„Die Soziologie ist ein höchst machtvolles Instrument der Selbstanalyse, die es einem ermöglicht, besser zu verstehen, was man ist, indem sie einen die sozialen Bedingungen, die einen zu dem gemacht haben, was man ist, sowie die Stellung begreifen läßt, die man innerhalb der sozialen Welt innehat." (Bourdieu 1992, S. 223)

1 Einleitung – was ist und wozu Sozioanalyse?

Schulisches Handeln soll individuell fördern und Kindern die bestmöglichen Zukunftschancen eröffnen. Hierfür müsste Schule soziale Benachteiligungen kompensieren. Zugleich ist schulische Praxis durch eine Bewertungs- und Selektionsfunktion (z. B. Fend 1980) vorstrukturiert. Zur Lehrer*innenprofessionalität gehört, im strukturell selektiven, auch Chancen verschließenden Schulsystem Entscheidungen über Kinder zu treffen. Zurecht also werden Voraussetzungen des Lehrer*innenberufs antinomisch und paradox genannt.

Schon lange vor PISA wurde nachgewiesen, dass schulische Anforderungen und Verhaltenserwartungen eher von Kindern aus statushohen und bildungsnahen Milieus erfüllt werden, da ihre Primärsozialisation anschlussfähig an schulische Sozialisation ist (Bernstein 1972; Kohn 1981; Hurrelmann 1985). So sind Noten nicht einfach Ergebnis von Leistung i. S. v. Anstrengung, sondern auch von „Passung". Dies steht in heiklem Bezug zu Gerechtigkeitsnormen (vgl. Bremm i. d. Band). Lehrer*innen verschulden dies nicht, es ist aber ihre Praxis, und habituell-unbewusste Momente der Praxis sind nicht voll reflexiv verfügbar.

Unser Anliegen ist hier, eine theoriegeleitete und zugleich praktisch hilfreiche Perspektive in Aussicht zu stellen. In den Fokus rücken Lehrkräfte als sozialisierte und in Sozialisationsprozessen sich befindende Personen. Unser Schlüsselbegriff *Sozioanalyse* steht für praktischen Nutzen aus einer praxeologischen Theorie: Pierre Bourdieu folgend, geschieht Sozialisation an Orten im gesellschaftlichen Kräftefeld. Dies bestimmt die Lebenspraxis des Einzelnen nicht deterministisch vorher. Mit empirisch spezifizierter Wahrscheinlichkeit aber (Vester u. a. 2001; Bourdieu 1982) sitzt die eigene Praxis anderen Dispositionen auf, als die von an anderen sozialen Orten sozialisierten Menschen. Und: Subjektiv empfinden wir Handlungsmaximen, Gewohnheiten und Weltsichten der anderen erst einmal als abweichend und fragwürdig. Wir sind versucht, das je Eigene als allein Richtiges in Geltung zu setzen. Dieses Distinktionsstreben hat Effekte auf Urteile über Schüler*innen. *Sozioanalyse* sollte dies durchschaubar und kontrollierbar machen können. Professionelle *Sozioanalysekompetenz* wäre eine Fähigkeit, im Unterrichtsgeschehen aus reflexiver Distanz heraus Distinktionsreflexe zu kontrollieren, die gerade in den sehr asymmetrischen Beziehungen der Schule sonst unmerklich Wirkung entfalten, gerade auch bei von einem familiären kritischen Lebensereignis betroffenen Schüler*innen.

Wir verhandeln zunächst das Problem der Chancengerechtigkeit als empirische Frage von Anspruch und Wirklichkeit (2). Es folgen theoretische Grundlagen einer *Sozioanalyse der Schule und der eigenen Person* (3). Mit dem Begriff *Sozioanalysekompetenz* verweisen wir auf den möglichen Nutzen von Sozioanalyse für professionelle „Könnerschaft" (4), um abschließend den Nutzen von Sozioanalyse beim Umgang mit kritischen Lebensereignissen von Schüler*innen zumindest anzudeuten (5).

2 Anspruch und Wirklichkeit der Chancengerechtigkeit

Die Salamanca Erklärung der UNESCO (1994) etablierte das Ziel individueller Förderung von Schüler*innen bei positiver Haltung zu Diversität in einer ‚Schule für alle', ohne Ausnahmen und ohne Sonderbeschulung. Die UN-Convention on the Rights of Persons with Disabilities – CRPD (UNO 2006) verband dies mit Rechtsverbindlichkeit und dem Auftrag zur Neuausrichtung von Schulen und Lehrer*innenbildung (Amrhein 2011). Sofern Inklusion nicht auf Sonderpädagogik verengt wird (dazu Hinz 2011, S. 27), mag der Gleichbehandlungsgrundsatz umgesetzt werden in einer ‚guten Schule für alle', die auch besondere familiale Belastungen als normale Bedingungen schulischen Alltags verhandelt.

Chancengerechtigkeit: Maßstäbe und Befunde

Solange Kinder aus bestimmten Milieus ohne eigenen Verdienst schulische Erwartungen leichter erfüllen als andere, ist Meritokratie kein guter Maßstab für Chancengerechtigkeit. Schulerfolg mit individueller Leistung(-smotivation/-spotenzial) zu erklären, verschleiert strukturelle und institutionelle Benachteiligungseffekte. Studien zum Zusammenhang von Sozialschicht und Bildungsübergängen decken dies immer wieder auf:

In den 1960er Jahren wurden nach Statusgruppen sehr ungleiche Gymnasialeignungsquoten gemessen. Dies sagte viel über kindseitige Kompetenzen, aber auch über den ‚Mittelschichtsbias‘ der Tests. Viele Arbeiter*innenkinder wurden trotz testseitiger Eignung nicht, viele privilegierte Kinder dagegen sogar ohne Eignung von Lehrkräften zum Gymnasium empfohlen. Die letztendliche Elternentscheidung verstärkte diese soziale Selektion zusätzlich (Preuß 1970). Die gleichen Effekte, bezogen auf elterliche Schulabschlüsse und Migrationshintergrund, zeigte Jahrzehnte später das Sozioökonomische Panel (Lohmann/Groh-Samberg 2010). Laut PIRLS benötigen Kinder un- und angelernter Arbeiter*innen um 20 Prozent bessere Leistungen in Lesen, Mathematik und Naturwissenschaften als Kinder der oberen Dienstklasse, um von Lehrkräften und Eltern zum Gymnasium geschickt zu werden (Bos u. a. 2012, S. 221). Diese leistungsfremde Chancenungleichheit hatte über die Jahre zugenommen (Bos u. a. 2010, S. 27; Bos u. a. 2012, s. 221). Sozial ungleiche Benotung gleicher Leistung und sozial ungleiche Gewichtung von Noten (Arnold u. a. 2007; Westphal u. a. 2016) erklären die Hälfte des statistischen „Herkunftseffektes“ bei Schullaufbahnempfehlung (Maaz u. a. 2011).

Erklärungsansätze

Erklärt werden sozial selektierende Empfehlungs- und Wahlentscheidungen oft innerhalb einer Theorie rationaler Entscheidungen bzw. Rational Choice Theorie (RCT). Raimond Boudon (1974) unterschied die qua schichtspezifischer Sozialisation ungleichen Voraussetzungen für schulisches Lernen bzw. *primären Herkunftseffekte* von *sekundären Herkunftseffekten*, nämlich „bei gegebenen Schulleistungen die schichtabhängigen die Unterschiede in der subjektiven Kosten-Nutzen-Bewertung und die Auswahl des Bildungsweges“ (Becker/ Lauterbach 2010, S. 170). Elterliche Relevanz- und Entscheidungsschemata berücksichtigen die für Bildungsinvestitionen und ggf. Misserfolgsbewältigung verfügbaren Ressourcen, sowie auch erwartbare schulische Bevorzugungen resp. Benachteiligungen. Zuglcich begründen Lehrkräfte ihre Laufbahnempfehlungen mit Annahmen über schichtabhängig oder kulturell bedingt ungleiche Erfolgsaussichten (Ditton/Krüsken 2009; Gomolla/Radtke 2009). So entscheiden Eltern und Lehrkräfte auf Basis selbsterfüllender gegenseitiger Unterstellungen über die Laufbahnen von Kindern. Ergebnisse empirischer Bildungsforschung *können* von Lehrkräften als Beleg einer Unausweichlichkeit sozialer Bildungsungleichheit rezipiert werden, was den eigenen Beitrag verschleiert (Emmerich/Hormel 2013). Chancengerechtigkeit braucht also Transparenz, Reflexion und neue Strategien.

Umdenken

Die Definition von Chancengerechtigkeit im Kontext des Chancenspiegels nimmt Gesellschaft und Bildungsinstitution in Gewährleistungspflicht für

„… die faire Chance zur freien Teilhabe an der Gesellschaft, die auch gewährleistet wird durch eine gerechte Institution Schule, in der Schüler aufgrund ihrer sozialen und natürlichen Merkmale keine zusätzlichen Nachteile erfahren, durch eine Förderung der Befähigung aller und durch eine wechselseitige Anerkennung der an Schule beteiligten Personen" (Berkemeyer u. a. 2013, S. 20).

Die Formulierung „keine zusätzlichen Nachteile" sensibilisiert für institutionell erzeugte Ungleichheitseffekte und für die Versuchung, diese in Konsequenzen kindseitiger Eigenschaften umzudefinieren. Zugleich erlaubt die Definition, Nachteilsphänomene als ,nicht-zusätzlich' zu betrachten, ja beinahe zu naturalisieren.

Genau hier soll Sozioanalyse den Blick erweitern. Es geht darum, „Passungsprobleme" konsequent nicht als kindseitige Defizite, sondern als schulseitig zu bewältigende Herausforderungen zu lesen. In der Schule geltende Erwartungen und Normalitätsvorstellungen sind ihrer vermeintlichen Selbstverständlichkeit zu entkleiden. Sie sind zu beschreiben als Machtmittel und als inhaltlich willkürlich. Um eine solch distanzierte Sichtweise einzunehmen, müssen Lehrkräfte ihre unbewussten habituellen Handlungsdispositionen zu reflektieren und ihren eigenen ,Standpunkt' soziologisch, also in Relation zu anderen Standpunkten, zu beschreiben lernen.

3 Sozioanalyse – Schule in der Gesellschaft und der Blick auf sich selbst: Vom theoretischen Überblick zur praktischen Handlungsfähigkeit

Ein soziologisch-distanzierter Blick auf soziale und normative Voraussetzungen schulischen Handelns muss für Lehrkräfte nachvollziehbar Erfahrungsbezug und alltagsrelevanten Nutzen haben. Wir bemühen ein Bild von Pierre Bourdieu:

„Der General steht oben, auf einem Hügel, er hat den Überblick, er sieht alles – das ist der Philosoph, der Sozialphilosoph; er denkt sich Schlachten aus, er beschreibt den Klassenkampf und taucht natürlich nicht in Waterloo auf. Meine Perspektive ist dagegen die von Fabrizio, dem Helden Stendhals aus der ,Kartause von Parma', der nichts sieht, nichts versteht, dem die Kugeln nur so um die Ohren fliegen. Es genügt, sich einmal in die vordersten Linien zu begeben, damit der Blick auf die gesellschaftliche Welt ein grundlegend anderer wird. Natürlich ist die Sicht der Generäle nützlich; ideal wäre es, könnte man beides verbinden: den Überblick des Generals und die einzelne Wahrnehmung des Soldaten im Getümmel. […]" (Bourdieu 1993, S. 42f.).

Für uns symbolisiert der General Gerechtigkeitskonzepte, Sozialstrukturanalyse und kritische Bildungssoziologie, kurzum den Blick ,von oben'. Dieser ist entlastet vom schulalltäglichen Handlungsdruck, im Gegensatz zu Fabrizio. Anders als dieser müssen Held*innen im Schul-Getümmel mit Sicht und Verständnis agieren. Im professionalisierungstheoretischen Idealfall stellen Lehrkräfte die Bezüge zwischen konkreten Erfahrungen (Fällen) zu theoretischem ‚Überblicks‘-Wissen jeweils reflexiv selbst her und integrieren mit der Zeit dieses Theorie-Praxis-Relationieren in ihren professionellen Habitus (Helsper 2007; Wernet 2006; Boger/Störtländer i. d. Band). Kritisches Bewusstsein sich selbst und Voraussetzungen eigenen Handelns gegenüber sowie Handlungsfähigkeit sollten sich dabei gleichzeitig und gegenseitig steigern. Wir vereinnahmen Bourdieus Bild weiter: Die Verbindung von Überblick und „Wahrnehmung im Getümmel" – also einer Lehrkraft – kann diese selbst für sich schaffen und nutzen. Dazu braucht es passende und erklärte theoretische Grundlagen. Wir konzentrieren uns hier auf.

1. Sozialstrukturanalyse mit einem mehrdimensionalen Modell vom *Sozialraum*,
2. das handlungstheoretische Konzept vom *Habitus*.

3.1 Sozialraumtheorie

Das Sozialraummodell – in Abbildung 1 (S. 51) jenes für die Bundesrepublik der 1990er Jahre – zeigt Beziehungen sozialer Großgruppen zueinander. Diese unterscheiden sich, wie die SINUS-Milieus (z. B. SINUS 2017), entlang von Einstellungen z. B. zu Arbeit und Freizeit, Lebensstilen, Sprachgebrauch, Politik, Erziehung u. a. m. Abbildung 1 ist Ergebnis der Arbeit der AG Interdisziplinäre Sozialforschung um Michael Vester (Vester u. a. 2001), die die Sinus-Studien ergänzte und mit Pierre Bourdieus Sozialraum- und Habitustheorie verband.

Diese Theorie schärft den Blick auf die Relationen der Milieus zueinander und auf die Hintergründe dieser Relationen. Es wird systematisch darstellbar, wie die in gesellschaftlichen (Raum der sozialen Milieus) und in persönlichen (Habitus) Strukturen eingelagerte ‚vergessene Geschichte‘ unser Handeln unbemerkt vorstrukturiert. Das Sozialraummodell zeigt die gesellschaftliche Struktur auf den Ebenen der Machtmittel, der gesellschaftlichen Arbeitsteilung, der Lebensstile und der Historizität:

- *Machtmittel bzw. verfügbares ökonomisches, kulturelles und soziales Kapital:* Entlang der vertikalen *Herrschaftsachse* nimmt von unten nach oben das *Volumen* von kulturellem, ökonomischem und sozialem Kapital (Bourdieu 1983) zu. Dies zeigt die Penetranz von *Hierarchien*. Entlang der horizontalen *Differenzierungsachse* variiert die Kapital*struktur*. Dies entspricht gesellschaftlicher Arbeitsteilung resp. *Differenzierung*.

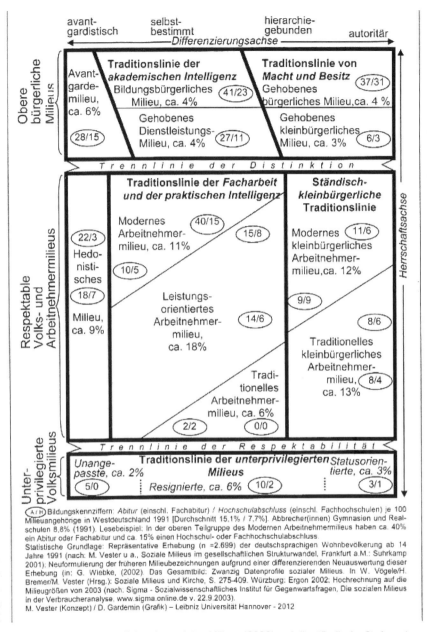

Abb. 1: Die fünf Traditionslinien der sozialen Milieus (2003) und die ständische Stufung der Bildungswege (Quelle: Bauer/Vester 2015, S.

- *Gesellschaftliche Differenzierung*: Verschiedene Berufspositionen stehen zueinander in Verhältnissen von Herrschaft und Differenz. Links in den eher progressive Sozialmilieus ist kulturelles Kapital für Berufsausübung, Werthaltungen und Lebensstile bedeutsamer als ökonomisches. Rechts in den konservativen Milieus ist es anders herum. Diese Differenzierung besteht in jeder sozialen Schicht.

- *Lebensstile:* Lebensstile bestätigen – ja: schaffen – die Machtrelationen im sozialen Raum. Lebensstilelemente sind Mittel der Abgrenzung bzw. *Distinktion.* Insofern werden alle Kapitalformen *symbolisch wirksam:* Ostentativ ohne Rücksicht auf den Preis zu reisen, sich zu kleiden, zu essen usw., symbolisiert Erfolg und Unantastbarkeit der Reichen. In den Händen gebildeter, zumal über Bildungstitel verfügender, Personen werden Kunstwerke, Musikinstrumente oder Bücher zu Symbolen von Kultiviertheit. Das soziale Kapital von Firmen, Netzwerken und Institutionen (z. B. Schule) unterlegt Worte und Taten ihrer Repräsentant*innen mit Bedeutung.

Angehörige der oberen bürgerlichen Milieus nutzen dies habituell zur Distinktion gegenüber respektablen Volks- und Arbeitnehmer*innenmilieus. Wo symbolische Maßstäbe nachgeahmt werden, setzt die Oberschicht qua überlegenem Kapitalvolumen neue „feine Unterschiede" (Bourdieu 1982) und schließt sich gegen ‚Emporkömmlinge' ab, indem ihre etablierten Mitglieder einander bevorzugen. Unterprivilegierte Volksmilieus sind aus dem Spiel von Distinktion, Aufstieg und Prätention ausgeschlossen. Sie orientieren sich am Notwendigen und an den Symboliken der ‚Respektablen', die ihrerseits auf Grenzziehung achten.

Historizität:

(a) Wandel *und* strukturelle Reproduktion: Unbeschadet Individualisierung, Strukturwandel, Bildungsexpansion und sozialer Mobilität bleiben die wesentlichen Relationen im sozialen Raum stabil. Vester u. a. (2001, S. 29-36; 311-369) stellen ausführlich dar, wie Großmilieus mit weit zurückreichenden Traditionslinien sich gesellschaftlichem Wandel stellen und dabei junge, moderne Sub-Milieus ausbilden.

(b) Soziale Mobilität und strukturelle Reproduktion: Wenn Kinder ihre Eltern an Bildung und Einkommen übertreffen, ist dies überwiegend Teil der Milieu-Binnenmodernisierung (in Abb. 1: dünne diagonale Linien). Deutlich seltener ist Aufstieg über die Trennlinie der Distinktion. Das strukturelle Ungleichgewicht der Kapitalien ist durch Talent und Fleiß kaum auszuhebeln.

3.2 Habitus

In einer nach sozialen Schichten und Milieus strukturierten Gesellschaft sind individuelle Sozialisationsbedingungen jeweils Varianten milieuspezifischer Lebensbedingungen, und sind individuelle Habitus Varianten milieuspezifischer Habitus, „vereinheitlicht [...] durch ein Verhältnis der Vielfalt in Homogenität" (Bourdieu 1987, S. 113). Die Beziehung zwischen Habitus und Sozialstruktur ist Praxis.

> „Als Vermittlungsglied zwischen der Position oder Stellung innerhalb des sozialen Raums und spezifischen Praktiken, Vorlieben usw. fungiert das, was ich *Habitus* nenne, d. h. eine allgemeine Grundhaltung, eine Disposition gegenüber der Welt, die zu systematischen Stellungnahmen führt." (Bourdieu 1992, S. 31)

Jede Äußerung von (z. B. Kunst-, Musik-, Kleidungs-, Lebensführungs-)*Geschmack* ist ein Stellung-Nehmen zu „der Welt" differenter Milieus und struktureller Ungleichheiten. Jedes *Lebensstil*element ist ein Unterschiede-Machen, aktives Herstellen sozialer Grenzen, deren Ausdruck es auch ist. Im Habitus hat all dies Form und symbolische Bedeutung. Eben darum gibt es, so Bourdieu,

> „[…] tatsächlich […] einen Zusammenhang zwischen höchst disparaten Dingen: wie einer spricht, tanzt, lacht, liest, was er liest, was er mag, welche Bekannte und Freunde er hat usw. all das ist eng miteinander verknüpft". (Bourdieu 1992, S. 31)

Der Habitus spiegelt die Bedingungen seiner Genese, alle Anforderungen, Möglichkeiten und Begrenzungen des Aufwachsens, die das Milieu als Sozialisationsraum (Bauer/Vester 2015) unterscheidbar macht.

> „In den Dispositionen des Habitus ist somit die gesamte Struktur des Systems der Existenzbedingungen angelegt, so wie diese sich in der Erfahrung einer besonderen sozialen Lage mit einer bestimmten Position innerhalb dieser Struktur niederschlägt." (Bourdieu 1982, S. 279)

Das Angelegt-Sein sozialer Struktur im Habitus, zeigt sich in dessen ‚Konservatismus'[1], nämlich durch:

- *Komplizenschaft* mit der gesellschaftlichen Struktur: Unbewusst handlungsleitende Dispositionen streben eher zu Bestätigung als zu Verschiebung sozialer Trennlinien,
- *Trägheit bzw. Hysteresis:* Habituelle Anpassung an sozialen Wandel erfolgt verspätet. Z. B. ist Anpassung an ein neues Milieu nur bedingt möglich. Schulabschlüssen wird Wert beigemessen, den sie vor Jahrzehnten hatten (vgl. Bourdieu 1982, S. 238f.),

---

1   Der hier gemeinte Konservatismus ist recht unabhängig von Überzeugungen, die Menschen vertreten.

- *Homogamie-Prinzip:* Der Habitus strebt nach ihn bestätigenden Umfeldern, Ansichten und Lebensstilen, also nach Umgang mit habitusähnlichen Menschen (vgl. Bourdieu 1987, S. 113ff.).

Für unser Thema ganz entscheidend ist das habituelle *Streben nach Distinktion:* Damit meint Bourdieu jenes ‚Unterschiede-machen' als Abgrenzungen nach ‚unten'.

Kapitalstarke Milieus beanspruchen *Geltung* ihres Geschmacks und ihrer Prinzipien. Mit flexiblen Distinktionsstrategien setzen sie Maßstäbe und verweisen andere auf die Plätze. Machtschwächere Milieus können nicht gegenhalten. Sie stehen unter symbolischen Druck. Solche *symbolischen Kämpfe* schaffen und bestätigen soziale Kräfteverhältnisse. Der Konservatismus des Habitus zeigt sich bei tonangebenden Milieus im *Habitus der Distinktion,* bei den anderen in Anerkennung eigener Unterlegenheit, sei es im Zusammenhang mit Aufstiegsorientierung, mit Anlehnungsstrategien oder mit Resignation.

3.3 Sozioanalyse der Schule

Vor 50 Jahren beschrieb Bourdieu (Bourdieu/Passeron 1971) das französische Bildungswesen als die Institution, die durch Passung impliziter schulischer Erwartungshorizonte (hidden curriculum) zum Habitus gehobener sozialer Schichten strukturelle Ungleichheiten reproduziert. Die in Deutschland adaptierte Diagnose (z. B. Hurrelmann 1975) rekurriert darauf, dass die wiederum habituelle Passung der Lehrkräfte Schule zu einer Mittelschichtsinstitution macht, in der unterprivilegierte Kinder Fremdheit und Chancenlosigkeit empfinden. Im *Habitus der Notwendigkeit* akzeptieren sie dies und verlassen das Bildungssystem früh, zumal materielle Knappheit ein Abwägen zwischen frühem Einkommenserwerb und Bildungsinvestition erfordert.

Die Diagnose besteht fort. Mit Bildungsexpansion und Akademisierung der Arbeitswelt aber steigt der schulische Erfolgsdruck auf alle Milieus und gehen der Arbeiterschicht Exit-Optionen verloren. Bildungs- und Lebensrisiken der ressourcenärmsten Milieus nehmen rasch zu.

Neue Forschungen zum Passungsproblem
In den 2010er Jahren wurde das „Passungsproblem" differenziert erforscht und beschrieben. Nur wenige Punkte seien hier genannt:

Habitusschranken bleiben eine Herausforderung für individualisierte Förderung und Einstellungen zu Heterogenität.

„Zwischen den VertreterInnen der Bildungsinstitutionen und den unteren Milieus besteht eine soziale Distanz, die in der Verschiedenartigkeit der Habitusmuster zum Tragen kommt. Auf der einen Seite die methodische und disziplinierte Haltung der Lehrer-Innen, die hohe Ansprüche an Leistung und Eigenverantwortung in ihre Lebensführung integriert. Auf der anderen Seite die Kinder und Eltern bildungsbenachteiligter Milieus, deren Lebensweisen und Haltungen zum schulischen Lernen anders geprägt sind und die sich gesellschaftlich vorherrschenden Vorstellungen von Lernen auch widersetzen. Diese Distanz ist schwer zu überwinden und macht beide Seiten auch hilflos." (Lange-Vester 2015, S. 370)

Unterschiedlichen Biographien von Lehrkräften erzeugen unterschiedliche Passungsprobleme, bei Lehrkräften aus gehobenen Bildungsmilieus andere als bei Lehrkräften mit Aufstiegs- und/oder Migrationshintergrund (z. B. Lange-Vester/ Teiwes-Kügler 2014; 2013; Lange-Vester 2013; Bremer/Lange-Vester 2014). Deren Distinktionsstrategien entstehen in Prozessen der Selbstplatzierung im schulischen Milieu: Sie müssen spezielle Erwartungen, etwa Vermittlungs-, Vorbild- oder Ermutigungsfunktionen, sensibel abwehren (Fabel-Lamla/ Klomfaß 2014; Rotter 2013), und der eigene soziale Aufstieg wertet Meritokratie-Ideologien auf:

„So lässt sich bei Lehrenden, die selbst einen – per Milieuherkunft und/oder Migrationsgeschichte – veritablen sozialen Aufstieg hinter sich haben, eine Art von Statusabgrenzungseffekt beobachten. Aus Gründen der Dissonanzvermeidung und Identitätsstabilisierung beziehungsweise um den Wert ihrer eigenen Leistung nicht zu verringern, halten manche Professionelle die vermeintlich ausschließlich meritokratischen Leistungskriterien des Feldes besonders hoch; schließlich haben sie selbst ‚es ja auch geschafft'. Diese Überbetonung der Feldregeln führt dann zu einer verschärften Selektion, die natürlich vor allem zu Lasten sozialer Aufsteiger geht. Schließlich müssen sich soziale Aufsteiger ja auch ganz umfassend alltagskulturell in das Feld ‚einarbeiten', was einige lebensweltliche Ressourcen erfordert bzw. bindet." (Sander 2014b, S. 23)

4 Sozioanalysekompetenz als Lehrer*innenkompetenz

Bourdieu folgend liegt in habitueller Fremdheit der Aufsteiger*innen zu ihren neuen Handlungsfeldern ein Potenzial, den eigenen Habitus zu durchschauen und bewusst zu beeinflussen.

„Wahrscheinlich können die, die sich in der Gesellschaft ‚am rechten Platz' befinden, sich ihrer Dispositionen mehr und vollständiger überlassen oder ihnen vertrauen (darin liegt die ‚Unbezwungenheit' von Menschen ‚besserer' Herkunft) als die, die – etwa als soziale Auf- oder Absteiger Zwischenpositionen einnehmen. […] [D]iese wiederum haben mehr Chancen, sich dessen bewusst zu werden, was sich für andere von selbst versteht, sind sie doch gezwungen, auf sich achtzugeben und schon die ersten Regungen eines Habitus bewusst zu korrigieren, der wenig angemessene oder ganz deplazierte Verhaltensformen hervorbringen kann" (Bourdieu 2001, S. 209)

Der eigene Habitus, dessen Genese und handlungsleitender Einfluss werden vor allem bei Störungen erlebbar, bei Habitus-Struktur-Konflikten, in denen der Habitus an die Grenzen seiner Handlungssicherheit stößt (Mezirow 1997; von Rosenberg 2011), was der Definition kritischer Lebensereignisse (s. Drucks/ Bruland i. d. Band) nahekommt. Die Reflexion eigener sozialer Herkunft und Habitusmuster nennt Bourdieu *Sozioanalyse*. Antrieb dazu ist ggf. die Nutzung im Strukturwandel neu entstehender Aufstiegschancen. Gerade bildungsbasierte soziale Aufstiege erfordern Arbeit am eigenen Habitus (vgl. Vester u. a. 2001, S. 324f.; vgl. El-Mafaalani 2012, S. 94). Die Bearbeitung praktischer Passungsschwierigkeiten ist zudem per se Bestandteil der Lehrerbildung resp. -professionalisierung (Košinár 2014). Der uns hier zentral interessierende Antrieb ist die Vermeidung von Bildungsungerechtigkeit. Als Kompetenzanforderung an Professionen wurde zuletzt *Habitussensibilität* besprochen (Sander 2014a), ein Blick für Habitus verschiedener Klientele zugunsten stellvertretender Problemformulierung und -lösung (Weckwerth 2014). Habitussensibilität ist nah an dem, was Bourdieu *Verstehen*[2] nennt, nämlich ein

„generelles und genetisches Verständnis der Existenz des anderen anzustreben, das auf der praktischen und theoretischen Einsicht in die sozialen Bedingungen basiert, deren Produkt er ist: [...], eine Einsicht in die untrennbar verwobenen psychischen und sozialen Prägungen, die mit der Position und dem biographischen Werdegang dieser Person im Sozialraum einhergehen". (Bourdieu u. a. 1997, S. 786)

Wegen der Konsequenzen von Passungsproblemen wird für Lehrkräfte *Habitus-Struktur-Sensibilität* gefordert (El-Mafaalani 2014; Kubisch 2014; Schmitt 2014), eine informierte Sensibilität für Kräfteverhältnisse zwischen Institution, Professionellen und Klientelen. Dies schließt sozioanalytische Selbstreflexion ein, also das Beziehen des genannten wissenschaftlichen Wissens auf sich selbst und die eigene Praxis. Im Professionalisierungskontext verschafft Sozioanalyse den *Überblick des Generals* über die gesellschaftliche Reproduktionsfunktion von Schule und Lehrkraft. *Fabrizio wird im Getümmel alltäglicher Herausforderungen ein Sehender*, ein das eigene Zutun zu sozialer Bildungsungleichheit *Verstehender* und Kontrollierender.

Bittlingmayer und Bauer (2005) konzeptionierten *Sozioanalyse* als professionelle Reflexion der Gebundenheit von Normalitätsvorstellungen an Positionen

---

2 Bourdieus pointiert den Stellenwerts von ‚Verstehen' mit einem Zitat von Spinoza: „Nicht bemitleiden, nicht auslachen, nicht verabscheuen, sondern verstehen!"

im sozialen Raum und der eigenen Verstricktheit in gesellschaftliche Definitions- und Positionskämpfe. Defizite von Schüler*innen erwiesen sich dann als in Perspektiven unterschiedlich sozialisierter Betrachter*innen liegend, die oft ‚bildungsfern‘ genannten Schüler*innen als durch schulische Erwartungshorizonte strukturell benachteiligte Kinder, die dies bewältigen müssen (vgl. Grundmann u. a. 2007). Kritik an Kleidung, Ernährung, Bildungseinstellungen oder Rollenverteilungen unterprivilegierter Familien, erschiene als distinktive und inhaltlich willkürliche[3] Abwertung, die man sich qua Machtvorsprung heraus nimmt.

Sozioanalytisch kompetente Lehrkräfte überprüfen vielleicht Urteile über Schüler*innen intensiver auf mögliche Fehler wie etwa die Überidentifikation von Schüler*innen mit einzelnen Merkmalen (Halo-Effekt), mit früherem Abschneiden (Matthäus-Effekt) oder mit ungleichen Erwartungen (Rosenthal-Effekt). Routinisierte Legitimationen für benachteiligende Laufbahnempfehlungen (Gomolla/Radtke 2009) verlören an Überzeugungskraft.

Während Bittlingmayer und Bauer (ebd.) Sozioanalyse als zusätzliche Dimension sozialer Kompetenzen konzeptionierten, ist ihr ausblickend verwendeter Begriff *Sozioanalysekompetenz* adaptierbar an professionalisierungstheoretische Ansätze.

- *Theorie-Praxis-Relationierung:* Nach Ulrich Oevermann (1996) bedarf professionelle Praxis der immer neuen und eigenständigen Vermittlung theoretischen Wissens mit konkreten Fällen bzw. der „Relationierung‘ […] von Wissenschaftswissen und Praxiswissen" (Kubisch 2014, S. 106). Sozioanalysekompetenz darf nicht Einordnung von Schüler*innen in Milieu-Schubladen sein. Vielmehr ist jeder ‚Fall‘ als Lehrer*in-Schüler*in-Beziehung in Kontexten habitueller Differenzen, institutioneller Asymmetrien und gesellschaftlicher Ungleichheit zu reflektieren.
- *Doppelte Professionalisierung:* Anknüpfend an Werner Helspers (2001) Gedanken zu einer doppelten Professionalisierung beruht Sozioanalysekompetenz einerseits auf der Ausbildung eines wissenschaftlich-reflexiven Habitus, bzw. einer „Habitualisierung/Institutionalisierung (selbst-)referenzieller Formen des Denkens in Ausbildung und Beruf von Lehrpersonen" (Häcker/Walm 2015, S. 82). Sozioanalysekompetenz prägt aber genauso den Habitus des routinierten, praktischen Könners, der – als „reflective practitioner" (Schön 1983) jederzeit kurzentschlossen kreativ wird, ohne die Distanz zu habituellen Distinktionsreflexen aufzugeben. Der Erwerb jenes dop-

---

3 In der Schule geltende, mit guten und wohlmeinenden Gründen vertretene Werte und Normen in ihrer inhaltlichen Willkür erkennen zu sollen, ist – so vermuten Liebau u. a. (2006) – die größte Herausforderung für Lehrkräfte bei der Bourdieu-Rezeption.

pelten Habitus kann auf der Universität vorbereitet werden, geschieht aber wesentlich in praktischer Einübung im Feld (Neuweg 2005).

5 Sozioanalyse und Praxis für den Schulalltag

Sozioanalysekompetente Lehrkräfte, so unsere Annahme, prüfen ihr Urteilen über Schüler*innen auf etwaige Verzerrungen durch habituelle Distinktionsreflexe, wodurch es womöglich gerechter wird. Voraussetzung wäre eine Sozioanalyse eigener Dispositionen sowie systematisches Verständnis von Urteils- und Handlungsprinzipien mithilfe gesellschafts- und handlungstheoretischen Grundlagenwissens. Sozioanalysekompetenz sollte den Handlungsspielraum erweitern hinsichtlich

(a) der Fähigkeit, bei allen(!) Schulkindern *Kompetenzbewusstsein* aufzubauen, Defizitperspektiven auf unterprivilegierte Kinder abzubauen, unnötigen symbolischen Druck von ihnen zu nehmen und statt dessen die zum Lernen so nötige Selbstwirksamkeit zu fördern (vgl. Bittlingmayer/Bauer 2005),
(b) des beruflichen Selbstkonzepts, nicht zuletzt der Fragen, wofür man als Pädagog*in steht und wie man sich der gesellschaftspolitischen Verantwortung als Lebenschancen-Verteiler*in stellen will (vgl. Bönsch 2003), sowie
(c) pädagogischer Perspektiven individueller Förderung unter den Prämissen von Verschiedenheit und Gleichberechtigung, etwa im Sinne *egalitärer Differenz* (Prengel 2001).

Eine bleibende Herausforderung ist das Etiketten-Ressourcen-Dilemma (Wocken 2014), also die Bindung von Fördermitteln an stigmatisierende Zielgruppen-Definitionen. Entsprechende bürokratie-pragmatische Strategien sind konsequent zu trennen von theoriegestützter Habitussensibilität sowie vom konkreten Umgang mit etwaig von familiären Krisen belasteten Kindern. Denn: Subjektive Bedeutungen kritischer Lebensereignisse sowie Bewältigungsstrategien, -ressourcen und -aussichten variieren mit milieutypischen Kapitalausstattungen sowie habituellen Denk-, Wahrnehmungs- und Handlungsschemata[4]. Zuspitzend – aus idealtypisch sozioanalysekompetenter Perspektive – gesagt: Haltungen der sogenannten ‚Bildungsfernen‘ sind keinesfalls per se unpassend oder defizitär, sondern folgen einer gut erklärlichen Rationalität. Schule ist

---

4 Gut nachvollzogen ist dies inzwischen für Schulübergänge, deren Krisenhaftigkeit an Kollisionen der Schulformentscheidung mit milieueigenen Erwartungshaltungen hängt (Kramer/Helsper 2010).

nicht nur ggf. Lieferant, sondern immer auch Teil der Erklärung, was im Wesen ihrer Geschichte, Aufgabe und Praxis liegt.

In allen Fällen kritischer Lebensereignisse dürfte reflexive Distanz gegenüber pauschalen Zuschreibungen, Definitions- und Geltungsansprüchen gegenüber ressourcenschwachen, zugewanderten und/oder durch Erkrankungen belasteten Familien der Krisenbewältigung zuträglich sein. Und schließlich: Diese Thematik muss nicht eine jeweils einsame Angelegenheit der einzelnen Lehrkraft sein. Kritische Transparenz und Veränderbarkeit von Diskursen, Begründungswissen (Raz 2006) und Ablaufroutinen sind ein gut begründeter Anspruch an ‚gute Institutionen' (Jaeggi 2009) und auf Schulentwicklungsebene gut aufgehoben.

Literatur

Amrhein, B. (2011): Inklusive LehrerInnenbildung – Chancen universitärer Praxisphasen nutzen. In: inklusion-online.net 3/2011 URL: http://www.inklusion-online.net/index.php/inklusion-online/article/view/84/84. Zugriffsdatum: 10.01.2019.

Arnold, K.-H./Bos, W./Richert, P./Stubbe, T. C. (2007): Schullaufbahnpräferenzen am Ende der vierten Klassenstufe. In: Bos, W./Hornberg, S./Arnold, K.-H./Faust, G./Fried, L./Lankes, E. M./Schwippert, K./Valtin, R. (Hrsg.): IGLU 2006: Lesekompetenzen von Grundschulkindern in Deutschland im internationalen Vergleich. Münster: Waxmann, S. 271-297.

Bauer, U./Vester, M. (2015): Soziale Milieus als Sozialisationskontexte. In: Hurrelmann, K./Bauer, U./Grundmann, M./Walper, S. (Hrsg.): Handbuch Sozialisationsforschung. 8., vollständig überarb. Aufl., Weinheim: Beltz, S. 184-202.

Becker, R./Lauterbach, W. (2010): Bildung als Privileg. In: Diess. (Hrsg.): Bildung als Privileg. Wiesbaden: Springer VS.

Berkemeyer, N./Bos, W./Manitius, V./Hermstein, B./Khalatbari, J. (2013): Chancenspiegel 2013. Zur Chancengerechtigkeit und Leistungsfähigkeit der deutschen Schulsysteme mit einer Vertiefung zum schulischen Ganztag. Gütersloh: Bertelsmann.

Bernstein, B. (1972): Studien zur sprachlichen Sozialisation. Düsseldorf: Pädagogischer Verlag Schwann.

Bittlingmayer, U. H./Bauer, U. (2005): Erwerb sozialer Kompetenzen für das Leben und Lernen in der Ganztagsschule, in außerschulischen Lebensbereichen und für die Lebensperspektive von Kindern und Jugendlichen. Expertise für das BLK Verbundprojekt „Lernen für den ganzen Tag".

Bönsch, M. (2003): Zum beruflichen Selbstkonzept von Lehrerinnen und Lehrern. In: Schulverwaltung Bayern, Jg. 26, H. 3, S. 100-104.

Bos, W./Hornberg, S./Arnold, K.-H./Faust, G./Fried, L./Lankes, E.-M./Schwippert, K./Tarelli, I./Valtin, R. (Hrsg.) (2010): IGLU 2006 – die Grundschule auf dem Prüfstand. Vertiefende Analysen zu Rahmenbedingungen schulischen Lernens. Münster: Waxmann.

Bos, W./Tarelli, I./Bremerich-Vos, A./Schwippert, K. (Hrsg.) (2012): IGLU 2011. Lesekompetenzen von Grundschulkindern in Deutschland im internationalen Vergleich. Münster/New York/München/Berlin: Waxmann.

Bourdieu, P. u. a. (1997): Das Elend der Welt. Zeugnisse und Diagnosen alltäglichen Leidens an der Gesellschaft. Konstanz: UVK.

Bourdieu, P. (1993): Satz und Gegensatz. Über die Verantwortung des Intellektuellen. Frankfurt a. M.: Fischer.

Bourdieu, P. (1992): Die feinen Unterschiede (Interview). In: Bourdieu, P. Die verborgenen Mechanismen der Macht. Hamburg: VSA, S. 31-47.

Bourdieu, P. (1987): Sozialer Sinn. Kritik der theoretischen Vernunft. Frankfurt a. M.: Suhrkamp.

Bourdieu, P. (1983): Ökonomisches Kapital, kulturelles Kapital, soziales Kapital. In: Kreckel, R. (Hrsg.): Soziale Ungleichheiten (Soziale Welt Sonderband 2). Göttingen: Schwartz, S. 183-198.

Bourdieu, P. (1982): Die feinen Unterschiede. Kritik der gesellschaftlichen Urteilskraft. Frankfurt a. M.: Suhrkamp.

Bourdieu, P./Passeron, J.-C. (1971): Die Illusion der Chancengleichheit. Untersuchungen zur Soziologie des Bildungswesens am Beispiel Frankreichs. Stuttgart: Klett.

Boudon, R. (1974): Education, opportunity, and social inequality: Changing prospects in Western society. New York: Wiley.

Bremer, H./Lange-Vester, A. (2014): Die Pluralität der Habitus- und Milieuformen bei Lernenden und Lehrenden. Theoretische und methodologische Überlegungen zum Verhältnis von Habitus und sozialem Raum. In: Helsper, W./Kramer, R.-T./Thiersch, S. (Hrsg.): Schülerhabitus. Theoretische und empirische Analysen zum Bourdieuschen Theorem der kulturellen Passung. Wiesbaden: Springer VS, S. 56-81.

Ditton, H./Krüsken, J. (2009): Bildungslaufbahnen im differenzierten Schulsystem – Entwicklungsverläufe von Laufbahnempfehlungen und Bildungsaspirationen in der Grundschulzeit. In: Zeitschrift für Erziehungswissenschaft (2009) 12, S. 74-102.

El-Mafaalani, A. (2012): BildungsaufsteigerInnen aus benachteiligten Milieus. Wiesbaden: Springer VS.

El-Mafaalani, A. (2014): Habitus-Struktur-Sensibilität – (Wie) kann ungleichheitssensible Schulpraxis gelingen? In: Sander, T. (Hrsg.): Habitussensibilität. Eine neue Anforderung an professionelles Handeln. Wiesbaden: Springer VS, S. 229-246.

Emmerich, M./Hormel, U. (2013): Ungleichheit als Systemeffekt? Schule zwischen sozialstruktureller Reproduktion und operativer Eigenrationalität. In: Dietrich, F./Heinrich, M./Thieme, N. (Hrsg.): Bildungsgerechtigkeit jenseits von Chancengleichheit. Theoretische und empirische Ergänzungen und Alternativen zu 'PISA'. Wiesbaden: Springer VS, S. 137-158.

Fabel-Lamla, M./Klomfaß, S. (2014): Lehrkräfte mit Migrationshintergrund. Habitussensibilität als bildungspolitische Erwartung und professionelle Selbstkonzepte. In: Sander, T. (Hrsg.): Habitus-Sensibilität. Neue Anforderungen an professionelles Handeln. Wiesbaden: Springer VS, S. 1209-228.

Fend, H. (1980): Theorie der Schule. Weinheim/München: Juventa.

Fölker, L./Hertel, T./Pfaff, N. (2015): Aberkennung von Erziehungsfähigkeit. Klientelkonstruktionen als Ausdruck lokaler Bildungskulturen? In: El-Mafaalani, A./Kurtenbach, S./Strohmeier, K. P. (Hrsg.): Auf die Adresse kommt es an … Segregierte Stadtteile als Problem- und Möglichkeitsräume begreifen. Weinheim/Basel: Beltz Juventa, S. 188-206.

Gomolla, M./Radtke, F.-O. (2009): Institutionelle Diskriminierung. Die Herstellung ethnischer Differenz in der Schule. 3. Aufl. Wiesbaden: Leske+Budrich.

Grundmann M./Bittlingmayer, U./Dravenau, D./Groh-Samberg, O. (2007). Bildung als Privileg und Fluch – zum Zusammenhang zwischen lebensweltlichen und institutionalisierten Bildungsprozessen. In: Becker, R./Lauterbach, W. (Hrsg.): Bildung als Privileg. Erklärungen und Befunde zu den Ursachen der Bildungsungleichheit. Wiesbaden: VS, S. 47-74.

Häcker, T./Walm, M. (2015): Inklusion als Herausforderung an eine reflexive Erziehungswissenschaft. Anmerkungen zur Professionalisierung von Lehrpersonen in „inklusiven" Zeiten – In: Erziehungswissenschaft 26 (2015) 51, S. 81-89.

Helsper, W. (2001): Praxis und Reflexion. Die Notwendigkeit einer „doppelten Professionalisierung" des Lehrers. Journal für Lehrerinnen- und Lehrerbildung 3/2001, S. 7-15.

Helsper, W. (2007): Pädagogisches Handeln in den Antinomien der Moderne. In: Krüger, H.-H./Helsper, W. (Hrsg.): Einführung in Grundbegriffe und Grundfragen der Erziehungswissenschaft. Opladen: Budrich, S. 15-34.

Hinz, A. (2011): Inklusive Pädagogik – Vision und konkretes Handlungsprogramm für den Sachunterricht? In: Giest, H./Kaiser, A./Schomaker, C. (Hrsg.) (2011): Sachunterricht auf dem Weg zur Inklusion. Bad Heilbrunn: Klinkhardt, S. 23-38.

Hurrelmann, K. (1985): Soziale Ungleichheit und Selektion im Erziehungssystem. Ergebnisse und Implikationen aus der sozialstrukturellen Sozialisationsforschung. In: Strasser, H./Goldthorpe,

J. H. (Hrsg.): Die Analyse sozialer Ungleichheit. Kontinuität, Erneuerung, Innovation. Opladen: Westdeutscher Verlag. 48-69.

Hurrelmann, K. (1975): Erziehungssystem und Gesellschaft. Berlin: Rowohlt.

Jaeggi, R. (2009): Was ist eine (gute) Institution? In: Forst, R./Hartmann, M./Jaeggi, R./Saar, M. (Hrsg.): Sozialphilosophie und Kritik, Frankfurt a. M., S. 528-544.

Kohn, M. L. (1981): Persönlichkeit, Beruf und soziale Schichtung. Stuttgart: Klett-Cotta.

Košinár, J. (2014): Professionalisierung in der Lehrerausbildung. Anforderungsbearbeitung und Kompetenzentwicklung im Referendariat. Opladen: Budrich.

Kramer, R.-T./Helsper, W. (2010): Kulturelle Passung und Bildungsungleichheit – Potenziale einer an Bourdieu orientierten Analyse der Bildungsungleichheit. In: Krüger, H.-H. (Hrsg.): Studien zur Schul- und Bildungsforschung: Vol. 30. Bildungsungleichheit revisited: Bildung und soziale Ungleichheit vom Kindergarten bis zur Hochschule. Wiesbaden: VS, S. 103-127.

Kubisch, S. (2014): Habitussensibilität und Habitusrekonstruktion. Betrachtungen aus der Perspektive der dokumentarischen Methode am Beispiel Sozialer Arbeit. In: Sander, T. (Hrsg.): Habitus-Sensibilität. Neue Anforderungen an professionelles Handeln. Wiesbaden: Springer VS, S. 103-133.

Lange-Vester, A. (2015): Habitusmuster von Lehrpersonen – auf Distanz zur Kultur der unteren sozialen Klassen. In: ZSE Zeitschrift für Soziologie der Erziehung und Sozialisation, 4/2015, S. 360-375.

Lange-Vester, A. (2013): LehrerInnen und Habitus. Der Beitrag milieuspezifischer Deutungsmuster von Lehrkräften zur Reproduktion sozialer Ungleichheit in schulischen Bildungsprozessen. In: Sozialwissenschaftliche Literaturrundschau (SLR), 1/2013, S. 51-70.

Lange-Vester, A./Teiwes-Kügler, C. (2014): Habitussensibilität im schulischen Alltag als Beitrag zur Integration ungleicher sozialer Gruppe. In: Sander, T. (Hrsg.): Habitussensibilität. Eine neue Anforderung an professionelles Handeln. Wiesbaden: Springer VS, S. 177-208.

Lange-Vester, A./Teiwes-Kügler, C. (2013): Habitusmuster und Handlungsstrategien von Lehrerinnen und Lehrer. Akteure und Komplizen im Feld der Bildung. In: Soeffner, H.-G. (Hrsg.): Transnationale Vergesellschaftungen. Verhandlungen des 35. Kongresses der Deutschen Gesellschaft für Soziologie in Frankfurt a. M. 2010; Bd. 1 u. 2. Wiesbaden: Springer VS.

Liebau, E. (2006): Der Störenfried. Warum Pädagogen Bourdieu nicht mögen. In: Friebertshäuser, B./Rieger-Ladich, M./Wigger L. (Hrsg.): Reflexive Erziehungswissenschaft. Forschungsperspektiven im Anschluss an Pierre Bourdieu. Wiesbaden: VS., S. 41-58.

Lohmann, H./Groh-Samberg, O. (2010): Akzeptanz von Grundschulempfehlungen. In: Zeitschrift für Soziologie, Jg. 39, Heft 6, Dezember 2010, S. 470-492.

Maaz, K./Baeriswyl, F./Trautwein, U. (2011): Herkunft zensiert? Leistungsdiagnostik und soziale Ungleichheiten in der Schule. Eine Studie im Auftrag der Vodafone Stiftung Deutschland. Vodafone Stiftung Deutschland. URL: https://www.vodafone-stiftung.de/uploads/tx_newsjson/herkunft_zensiert_2012.pdf. Zugriffsdatum: 01.01.2019.

Mezirow, J. (1997): Transformative Erwachsenenbildung. Hohengehren, Baltmannsweiler: Schneider.

MSW (Ministerium für Schule und Weiterbildung des Landes Nordrhein-Westfalen) (Hrsg.) (2016): SCHULE NRW. Amtsblatt des Ministeriums für Schule und Weiterbildung, Beilage 10/2016. Düsseldorf: MSW.

Neuweg, G. H. (2005): Emergenzbedingungen pädagogischer Könnerschaft. In: Heid, H./Harteis, C. (Hrsg.): Verwertbarkeit. Wiesbaden: Springer VS, S. 205-228.

Oevermann, U. (1996): Theoretische Skizze einer revidierten Theorie professionellen Handelns. In: Combe, A./Helsper, W. (Hrsg.): Pädagogische Professionalität. Untersuchungen zum Typus pädagogischen Handelns. Frankfurt a. M.: Suhrkamp, S. 70-182.

Prengel, A. (2001): Egalitäre Differenz in der Bildung. In: Lutz, H./Wenning, N. (Hrsg.): Unterschiedlich verschieden. Differenz in der Erziehungswissenschaft. Opladen: Leske + Budrich, S. 93-107.

Preuß, O. (1970): Soziale Herkunft und die Ungleichheit der Bildungschancen. Weinheim: Beltz.

Raz, J. (2006): Praktische Gründe und Normen. Frankfurt a. M.: Suhrkamp.

Rotter, C. (2013): Zwischen Illusion und Schulalltag. Berufliche Fremd- und Selbstkonzepte von Lehrkräften mit Migrationshintergrund. Wiesbaden: VS.

Sander, T. (Hrsg.) (2014a): Habitussensibilität. Eine neue Anforderung an professionelles Handeln. Wiesbaden: VS.

Sander, T. (2014b): Soziale Ungleichheit und Habitus als Bezugsgrößen professionellen Handelns: Berufliches Wissen, Inszenierung und Rezeption von Professionalität In: Sander, T. (Hrsg.): Habitussensibilität. Eine neue Anforderung an professionelles Handeln. Wiesbaden: Springer VS, S. 9-36.

Schmitt, L. (2014): Habitus-Struktur-Reflexivität – Anforderungen an helfende Professionen im Spiegel sozialer Ungleichheitsbeschreibungen. In: Sander, T. (Hrsg.): Habitussensibilität. Eine neue Anforderung an professionelles Handeln. Wiesbaden: Springer VS, S. 67-84.

Schön, D. A. (1983): The reflective practitioner. How professionals think in action. New York: Perseus Books.

SINUS Markt- und Sozialforschung GmbH (2017): Informationen zu den Sinus-Milieus 2017. URL: https://www.sinus-institut.de/fileadmin/user_data/sinus-institut/Dokumente/downloadcenter/Sinus_Milieus/2017-01-01_Informationen_zu_den_Sinus-Milieus.pdf Zugriffsdatum: 01.01.2019.

UNESCO (1994): Die Salamanca Erklärung und der Aktionsrahmen zur Pädagogik für besondere Bedürfnisse angenommen von der Weltkonferenz "Pädagogik für besondere Bedürfnisse: Zugang und Qualität" Salamanca, Spanien, 7.-10. Juni 1994. URL: https://www.unesco.de/sites/default/files/2018-03/1994_salamanca-erklaerung.pdf. Zugriffsdatum: 10.01.2019.

UNO (2006): United Nations Convention on the Rights of Personswith Disabilities. URL: https://www.un.org/disabilities/documents/convention/convention_accessible_pdf.pdf. Zugriffsdatum: 10.01.2019

Vester, M./von Oertzen, P./Geiling, H./Hermann, T./Müller, D. (2001): Soziale Milieus im gesellschaftlichen Strukturwandel. Zwischen Integration und Ausgrenzung, 2. Aufl. Frankfurt a. M.: Suhrkamp.

von Rosenberg, F. (2011): Bildung und Habitustransformation. Empirische Rekonstruktionen und bildungstheoretische Reflexionen, Bielefeld: transcript.

Weckwerth, J. (2014): Sozial sensibles Handeln bei Professionellen. Von der sozialen Lage zum Habitus des Gegenübers. In: Sander, T. (Hrsg.): Habitussensibilität. Eine neue Anforderung an professionelles Handeln. Wiesbaden: Springer VS, S. 37-66.

Wocken, H. (2014): Das Haus der inklusiven Schule: Bausteine – Baupläne – Bausteine. Hamburg: Feldhaus, Ed. Hamburger Buchwerkstatt.

„Das gehört nicht so inne Schule irgendwie"

Subjektiver Bedarf nach (schulischer) Primärprävention in Familien mit psychisch erkranktem Elternteil

Patricia Graf und Albert Lenz

1   Einleitung

In diesem Beitrag werden Ergebnisse einer qualitativen Interviewstudie dargestellt, die die Perspektive von Familien, in denen ein Elternteil psychisch erkrankt ist, erfasst. Hier wird die Rolle der Schule aus Sicht von Eltern und Kindern beleuchtet. Im Mittelpunkt des Beitrages steht die Frage, inwieweit
Lehrkräfte von den Betroffenen überhaupt als potentielle Hilfequelle für die
Kinder im Zusammenhang mit der Erkrankung in Betracht gezogen werden.
Letztendlich verweist der Beitrag auf ein Dilemma wie eine Thematisierung der
elterlichen psychischen Erkrankung im Schulkontext hilfreich sein kann.

2   Hintergrund

Eine elterliche psychische Erkrankung ist für Kinder in vielerlei Hinsicht problematisch. Neben der Tatsache, dass ihr Familienalltag hierdurch beeinflusst
(Lenz 2014) und die Dynamiken in der Familie häufig durch die Krankheit
(mit)bestimmt werden, beispielsweise durch Phänomene wie Parentifizierung
und Tabuisierung (Earley/Cushway 2002; Sollberger u. a. 2007), tragen die
Kinder auch ein erhöhtes Risiko, im Laufe ihres Lebens selbst psychische Probleme zu entwickeln.

Da bei der Entstehung psychischer Erkrankungen sowohl genetische als
auch Umweltfaktoren eine Rolle spielen (Caspi u. a. 2003) ist es plausibel, dass
Kinder, die mit einem psychisch erkrankten Elternteil aufwachsen, ein erhöhtes
Risiko aufweisen. Neben der genetischen Prädisposition wirken in den meisten
Fällen kumulierte Stressfaktoren im Alltag belastend auf die Kinder ein (Lenz
2014).

Diverse Befunde weisen beispielsweise darauf hin, dass die Depression eines
Elternteils mit vermehrten Auffälligkeiten der Kinder zusammenhängt (Goodman u. a. 2010). Selbiges findet sich für andere Störungen (Berg-Nielsen/

Wichström 2012; Rasic u. a. 2014). Auch im Erwachsenenalter ist das Risiko psychischer Auffälligkeiten erhöht (Klein 2002; Weissman u. a. 2016). Allerdings kann diskutiert werden, ob elterliche psychische Erkrankung eher als ein Marker statt als ein Risikofaktor betrachtet werden sollte, da aufgrund vieler untrennbarer anderer Risikofaktoren Aussagen über kausale Zusammenhänge zwischen elterlicher psychischer Erkrankung und Risiko des Kindes wenig sinnvoll scheinen (Ramchandani/Murphy 2013).

Nichtsdestotrotz sind die betroffenen Kinder belastet, und sie zeigen diese Belastung aus Angst, Scham oder Loyalität teilweise eher subtil und nicht unbedingt durch auffälliges Verhalten. Die elterliche Erkrankung ist häufig sowohl innerfamiliär tabuisiert als auch nach außen mit einem (expliziten oder impliziten) Schweigegebot belegt. Innerhalb der Familie ist die Kommunikation in Bezug auf die Erkrankung durch gegenseitige Schonung gekennzeichnet. Als Ansprechpartner dient häufig nicht der erkrankte Elternteil selbst, sondern eher andere Verwandte (z. B. der gesunde Elternteil oder Großeltern) (Lenz 2014). Die psychische Erkrankung als Familiengeheimnis führt zu einer Verheimlichung der häuslichen Situation außerhalb der Familie, sodass die Kinder häufig gar nicht in den Fokus potentieller Helferinnen und Helfer gelangen. So kann das Problem entstehen, dass keine(r) (aus den Helfersystemen) sich für die Kinder zuständig fühlt (Cooklin 2006).

Primärprävention von psychischen Erkrankungen/Störungen scheint aber in dieser Risikogruppe aufgrund der komplexen Gemengelage und der weitreichenden Folgen für den Lebensverlauf besonders wichtig.

Aus der Resilienzforschung lassen sich viele Hinweise ableiten darauf, welche Faktoren zu einer günstigen Entwicklung des Kindes trotz psychischer Erkrankung eines Elternteils beitragen können (Winders 2014). Als interne Schutzfaktoren gelten beispielsweise soziale Kompetenzen oder Problemlösekompetenzen. Familiärer Schutzfaktor kann insbesondere die sichere Bindung zu einer erwachsenen Bezugsperson sein, oder Ermutigung und Unterstützung durch Eltern oder andere Verwandte, aber auch Faktoren wie Religiosität. Als externe Schutzfaktoren können beispielsweise ein gutes soziales Netzwerk außerhalb der Familie oder positive Interaktionen mit außerfamiliären Bezugspersonen dienen. Auch Lehrkräfte als „Ersatz"-Vorbilder konnten von der Forschung als Resilienzfaktor identifiziert werden (Winders 2014).

Lehrkräfte stellen also eine Gruppe wichtiger Bezugspersonen für die Kinder dar. Sie können als Schutzfaktoren dienen und eine Lotsenfunktion haben, da sie durch den regelmäßigen Kontakt einerseits Veränderungen im Verhalten des Kindes wahrnehmen und gleichzeitig eine Vertrauensperson des Kindes, aber ggf. auch der Familie, darstellen und Kontakte zwischen Familien und Helfersystemen herstellen können.

Die Schule kann also ein hilfreiches Verbindungsglied zwischen Kindern bzw. Familien und Hilfen darstellen, aber auch den Kindern direkt Unterstützung und Halt bieten. Dennoch gibt es im deutschsprachigen Raum wenig Forschung zur Rolle der Schule und Lehrkräfte für Familien mit psychisch erkranktem Elternteil. Brockmann und Lenz (2016) beschreiben die subjektive Sichtweise von Schüler*innen, Lehrer*innen und Eltern und stellen die Relevanz der Enttabuisierung der elterlichen Erkrankung heraus. Bruland u. a. (2017) weisen darauf hin, dass Lehrkräfte häufig über wenig strukturiertes Wissen in Bezug auf psychische Krankheiten verfügen und deshalb auch das Erkennen von und der Umgang mit Kindern aus belasteten Familien schwierig und mit Unsicherheiten verbunden ist.

Bei also starken Tabuisierungstendenzen auf Seiten der Familien und gleichzeitig geringem Wissen bezüglich des Themas auf Seite der Lehrkräfte, stellt sich die Frage, inwiefern die Schule aus Sicht der Betroffenen unterstützen kann und ob eine solche Unterstützung für sinnvoll gehalten wird.

Im Folgenden stellen wir den Kontext des Interviewmaterials und unser methodisches Vorgehen vor. Im Ergebnisteil wird entlang exemplarisch mit Zitaten belegter Kategorien dargestellt, inwiefern Unterstützung durch die Schule von Betroffenen überhaupt für sinnvoll gehalten und erwünscht wird. Abschließend diskutieren wir anhand der Ergebnisse und Aussagen der Familien Handlungsmöglichkeiten von Lehrkräften.

3   Fragestellung

Im Rahmen einer qualitativen Interviewstudie wurden folgende Fragestellungen untersucht:

- Welche Rolle schreiben die Familien (Eltern und Kinder) der Schule und den Lehrkräften in Bezug auf die elterliche psychische Erkrankung und die Auswirkung auf die Kinder zu?
- Welche Einstellungen haben sie in Bezug auf eine Offenmachung der Erkrankung im Kontext Schule?

Die explorative Interviewstudie wurde vom Bundesministerium für Bildung und Forschung (Förderkennzeichen: 01EL1424B) finanziert und in den Jahren 2015-2018 durch die Katholische Hochschule NRW (Standort Paderborn) durchgeführt. Mithilfe qualitativer Interviews sollten Bedürfnisse und der Bedarf nach Primärprävention und Gesundheitskompetenz in Familien mit psychisch erkrankten Eltern erfasst werden. Die Studie ist Teil des Forschungsverbundes „HLCA: Health Literacy in Childhood and Adolescence" (www.hlca-consortium.de).

4 Methode

In Familien mit psychisch erkranktem Elternteil wurden mit Eltern, Kindern und anderen Verwandten jeweils einzelne problemzentrierte Interviews (Witzel 2000) mithilfe eines Interviewleitfadens geführt. Gewonnen wurden die teilnehmenden Familien durch die Zusammenarbeit mit einer psychiatrischen Klinik. Hieraus ergibt sich eine hohe Selektivität der Stichprobe, da die teilnehmenden Elternteile sich bereits in Behandlung befinden und aufgrund der Bereitschaft, die Kinder am Interview teilnehmen zu lassen, auf eine (verhältnismäßig) geringe Tabuisierungstendenz geschlossen werden kann. Dies sollte bei der Betrachtung der Ergebnisse bedacht werden. Die Tonbandaufzeichnungen der Interviews wurden transkribiert und mittels qualitativer Inhaltsanalyse (Schreier 2012) ausgewertet. Die Kategorienbildung erfolgte induktiv, geleitet durch die Fragestellung. Es wurden sowohl die Rolle der Schule als Institution und Lebenswelt betrachtet als auch die der Lehrkräfte.

5 Stichprobe

In Tabelle 1 sind Informationen zu Alter, Geschlecht und Interviewdauer der Teilnehmenden dargestellt. Tabelle 2 zeigt die von den interviewten Kindern zum Zeitpunkt des Interviews besuchten Schulformen.

Tab. 1: Charakterisika der Stichprobe

	Geschlecht	Alter: M(SD), Range	Interviewdauer (h:mm:ss): M(SD), Range
Erwachsene (n = 23)	78% weibl. (n = 18)	43,69(7,12); 28-57	0:48:29 (0:17:34); 0:21:35-1:22:02
Kinder (n = 23)	61% weibl. (n = 14)	10,91(2,32); 7-16	0:20:11 (0:09:14); 0:06:42-0:40:42

Tab. 2: Schulform

	Anzahl Mädchen	Anzahl Jungen
Grundschule	6	2
Gymnasium	5	2
Hauptschule	1	1
Realschule	1	2
Sekundarschule	1	1
Gesamtschule	0	1

Sechs der interviewten Elternteile waren alleinerziehend. Alle erkrankten Elternteile wiesen laut Selbstauskunft eine Diagnose aus dem depressiven Störungsspektrum auf (F32.- oder F33.-Diagnose). Komorbiditäten wurden in Form von Persönlichkeitsstörungen, Medikamentenabhängigkeit, Impulskontrollstörung, Angst- oder Panikstörung berichtet.

6 Ergebnisse aus den Interviews

Im Folgenden werden Ergebnisse der qualitativen Inhaltsanalyse anhand zugeordneter Oberkategorien dargestellt. Ankerbeispiele sollen hierbei der Veranschaulichung dienen. Aus der Perspektive der Kinder und Erwachsenen werden die Rolle der Schule und Lehrkräfte sowie die Offenmachung der Erkrankung betrachtet.

Schule als Anforderung und Entlastung

Sowohl von Eltern als auch von Kindern werden Anforderungen benannt, die sich aus der Schule für den Familienalltag ergeben und als Stressor empfunden werden.

> 12E: „Die Anforderungen sind relativ hoch. Ähm es sind viermal [für vier Kinder] Hausaufgaben zu machen […] und es gibt ähm viel Üben und auch die Kinder müssen ähm mittlerweile viele, viele Hausaufgaben machen." (Vater, 55 Jahre)
> I: „Und über was machst du dir Sorgen für die Zukunft?"
> 3K2: „Das mit Schule. Angst, dass ich nochmal sitzen bleibe." (Sohn, 14 Jahre)

Auch soziale Kontakte, die innerhalb der Schule stattfinden, können für die Kinder eine zusätzliche Belastung und Herausforderung darstellen, beispielsweise in Form von Mobbing, Konflikten mit Gleichaltrigen oder Konflikten innerhalb von Freundschaften.

> 3K1: „Hm, also es war mal so richtig schlimm, dass ich richtig stark gemobbt wurde und so. Und dass auch die oft auf mir rumhacken." (Tochter, 14 Jahre)

Gleichzeitig wird Schule auch als Ort beschrieben, der einen krankheitsfreien Raum darstellt und somit Chancen für Normalität bietet.

> 12EA: „Und Ruhe, ne? Also gerade im Kindergarten, da hatten die ja ihren Rhythmus dann, der normal weiterging. Und auch in der Schule, […] als der eingeschult wurde, der kannte ja alle seine Klassenkameraden, ne? Und ähm da das war ja, ist ja

ne heile Welt bei ihm gewesen, bei den Kindern in Schule und Kindergarten." (Ehefrau, 46 Jahre)

4K1: „Wirklich viel über ihn [Vater] nachdenken in der Schule tue ich jetzt nicht." (Sohn, 12 Jahre)

Auch berichten einige Kinder, dass die Schule ein Ort ist, an dem sie Freundschaften pflegen, die eine wichtige Ressource für sie darstellen.

17K1: „Ich bin glücklich, wenn ich [...] ähm wenn ich in der Schule bei meinen Freunden [bin]" (Tochter, 10 Jahre)

Lehrkräfte als Unterstützung hilfreich oder irrelevant

Die Rolle der Lehrkräfte wird von den Befragten auf ganz unterschiedliche Weise gesehen. Von den Eltern werden überwiegend positive Erfahrungen mit Lehrkräften berichtet, die als Unterstützung und Hilfequelle wahrgenommen werden, indem sie in schwierigen Phasen mehr Rücksicht auf die Kinder nehmen.

14E: „Und hab's der Lehrerin auch erklärt, wo ich hingehe. Und dann hat sie gesagt, ja, dann drücke ich auch zwischendurch ein Auge zu" (Mutter, 47 Jahre)

3E: „Aber ich sag mal, die Klassenlehrerin, die er jetzt hat, äh, die auch über die ganze Situation wirklich Bescheid weiß, die unterstützt ihn. Und die unterstützt mich auch so, so im Zusammenspiel halt" (Mutter, 49 Jahre)

Die Eltern sehen die Lehrkräfte auch häufig als eine hilfreiche Kontrollinstanz, die ihre Kinder im Schulalltag beobachten und Rückmeldung geben kann, wenn deren Verhalten sich verändert.

13E: „Ich hatte da ne enge Zusammenarbeit mit der Vorschullehrerin und auch mit der Klassenlehrerin gehabt auf sämtlichen Schulen, um einfach ähm zu wissen, OK, wie verhält er sich im Moment?" (Mutter, 31 Jahre)

Auch die Kinder sehen in den Lehrkräften häufig eine Ressource und unterstützende Person.

14K1: „Hm, ich musste halt dann eine Schulstunde nicht mitmachen." (Sohn, 11 Jahre)

2K2: „Und ähm die hat halt gesagt, nee, mach, was du möchtest, zieh das durch, äh so, vermögliche deinen Traum, so-mäßig halt, ne? Ähm ja und ähm diese Sicht von außen nochmal, dieses diese Unterstützung hätte, fand ich auch ganz gut." (Tochter, 16 Jahre)

Allerdings ist dies nicht bei allen Kindern der Fall, einige sehen keinen „Nutzen" in Lehrkräften als Hilfequelle in Zusammenhang mit der elterlichen Erkrankung.

1K2: „Ja, Mama ist mal mit mir zum Vertrauenslehrer gegangen, aber ich hatte da eigentlich nichts, was ich dem sagen sollte." (Tochter, 11 Jahre)

Hierbei handelt es sich meist um Kinder, die auch darüber hinaus Hilfen außerhalb der Familie skeptisch gegenüberstehen.

Weder von Eltern noch von Kindern werden Erwartungen formuliert, dass die Lehrkräfte bezüglich der Erkrankung die Initiative zum Gespräch ergreifen sollten oder dass dies als hilfreich angesehen wird. Die Schilderungen der Interviewten lassen darauf schließen, *dass die Initiative von den Betroffenen selbst ausgehen sollte.*

Offenmachung der elterlichen Erkrankung nützlich, überflüssig oder eine Bedrohung

Auch in Bezug auf die Offenmachung der Erkrankung im schulischen Kontext zeigen sich verschiedene Sichtweisen bei den Befragten.

Einige der befragten Eltern empfinden eine Offenmachung gegenüber den Lehrkräften als sinnvoll, beispielsweise damit diese Veränderungen der Kinder besser einschätzen können.

12EA: „Einfach, dass die Lehrer Bescheid wissen, wenn was ist, warum die Kinder so sind, warum die Kinder verändert sind." (Ehefrau, 46 Jahre)

Es wird allerdings deutlich, dass diese Einstellung nicht selbstverständlich ist und bei anderen Eltern auch die Tendenz vorhanden ist oder war, die Erkrankung zu verheimlichen aus Sorge vor Stigmatisierung oder anderen negativen Konsequenzen.

15E: „Weil am Anfang hab ich immer gesagt, sie soll das nicht in der Schule erzählen, weil dann hinterher gesagt wird, äh deine Mutter ist bescheuert." (Mutter, 50 Jahre)

Die Kinder stehen der Offenmachung der Erkrankung häufig auch eher skeptisch gegenüber.

9K1: „Jetzt war Elternsprechtag, da war das also hat meine Mutter denen dann auch erzählt, dass mein Vater ausgezogen ist und dass das gerade nicht so einfach war. Aber ich fand's eher überflüssig. So, wo man denkt, ja, hm, müssen die das jetzt wissen?" (Tochter, 14 Jahre)

An einigen Stellen wird klar, dass die meisten der befragten Kinder „Privates" und „Schule" klar auseinanderhalten und so keinen Sinn in der Offenmachung sehen.

> I: „Hast du schon mal mit nem Lehrer darüber gesprochen, dass es deiner Mama manchmal nicht so gut geht?"
> 13K1: „Hm nein. Hab ich noch nicht. [...] Die haben ja ne eigene Familie." (Sohn, 11 Jahre)
> 16K2: „Ja, ich glaub, das gehört nicht so inne Schule irgendwie." (Sohn, 14 Jahre)

Schule als Informationsquelle vs. Ahnungslosigkeit

Die befragten Kinder benennen die Schule teilweise als Informationsquelle über psychische Erkrankungen. Einerseits wird über Informationen im Rahmen von Aufklärung während des Unterrichts ohne persönlichen Bezug gesprochen:

> 14K2: „Ja, also das ist in der Schule hatten wir so ganz kurz das Thema mal." (Tochter, 13 Jahre)
> 17K1: „Dass die wirklich traurig sind, weil ja, die denken dann, das hatten wir, das Thema hatten wir in Politik, die denken dann so, dass sie das Gefühl haben, nicht ähm, ja, nicht dass sie keiner liebt." (Tochter, 10 Jahre)

Einige der Kinder berichten auch über Gespräche mit Lehrkräften, die ihnen allerdings selten hilfreiche Informationen geben konnten.

> I: „Was hast du da gefragt?"
> 4K: „Ja, auch was halt so normal ist sag ich mal, für einen Mann, ähm der Depressionen hat oder halt was Symptome dafür sind und Ähnliches."
> I: „Wussten die das?"
> 4K: „Ähm teils-teils. Also bei den Lehrern jetzt nicht unbedingt." (Sohn, 12 Jahre)
> I: „Und die Lehrerin? Was hat die so gefragt?"
> 5K2: „Ja, ähm, was ist das? Wie fühlt man sich dann? Und ähm was muss man dagegen machen? [...] So komisch. Ich wusste damals nämlich auch noch nicht so viel." (Sohn, 8 Jahre)

Hilfe in schulischen Belangen

Im Gegensatz zu Hilfe bezüglich der elterlichen Erkrankung, wird Hilfe in schulischen Belangen durch Lehrkräfte zumeist begrüßt.

16K2: „Bei Klassenarbeiten, wenn man mal denkt, dass man jetzt überhaupt nichts kann und so, dann haben wir n Lehrer in der Schule, der muntert einen dann immer auf und so." (Sohn, 14 Jahre)

Grundsätzlich ist die Bereitschaft bei einigen Kindern vorhanden, Hilfe von Lehrkräften anzunehmen, jedoch eher im Zusammenhang mit Schulischem statt im Zusammenhang mit der elterlichen Erkrankung.

Faktoren auf Eltern- oder Kindesseite, die mit der Bereitschaft zur Offenmachung der Erkrankung zusammenhängen könnten, wurden im Rahmen dieser Auswertung nicht identifiziert. Es kann von einer förderlichen Wirkung positiver Erfahrungen mit Hilfen und einer hemmenden Wirkung von Erwartungen von Stigmatisierung und anderer negativer Konsequenzen ausgegangen werden (siehe Wahl u. a. 2018).

7 Diskussion

Im Rahmen dieses Beitrags sollte die Rolle eruiert werden, die Familien der Schule und den Lehrkräften mit Blick auf die elterliche psychische Erkrankung zuschreiben. Zudem wurden Einstellungen von Eltern und Kindern in Bezug auf die Offenmachung der elterlichen Erkrankung betrachtet. Herausgekommen ist ein Dilemma, d. h. von sehr unterschiedlichen teilweise widersprechenden Aussagen der Familien, beeinflusst von unterschiedlichen Erfahrungen. Daher werden an dieser Stelle die möglichen Handlungsmöglichkeiten von Lehrkräften diskutiert, wie sie sich aus der aktuellen Forschung ergeben.

Für die befragten Kinder erfüllt die Schule, neben diversen Anforderungen, die sie mit sich bringt, eine wichtige Normalisierungs- und Schutzfunktion. Sie stellt einen verhältnismäßig „krankheitsfreien" Ort dar und bietet Raum für Freundschaften und außerfamiliäre Kontakte. Viele der interviewten Kinder sehen keinen Sinn darin, die Krankheit des Elternteils in der Schule offen zu machen und die Normalisierungsfunktion aufzugeben, zudem scheint für die Kinder häufig eine klare Trennung von Privatem und Schulischem zu bestehen. Die Perspektive der Eltern in Bezug auf die Rolle von Schule und Lehrkräften weicht hier von der der Kinder ab, dahingehend, dass sie einer Offenmachung positiver gegenüberstehen (obgleich auch bei ihnen Bedenken vorhanden sind). Sie sehen in den Lehrkräften teilweise eine hilfreiche Instanz, die die Kinder im Schulalltag beobachten und Informationen über Verhaltensänderungen an die Eltern rückmelden können.

Ähnliche Ergebnisse finden sich bei Brockmann und Lenz (2016), die darauf hinweisen, dass die Schule eine wichtige Schutz- und Lehrkräfte eine „Holding"-Funktion (auch in schwierigen Situationen Halt und Ruhe vermitteln) ausüben können.

Lehrkräfte könnten als Ressource und Ansprechpartner*innen fungieren. Da dies auch unabhängig von einer elterlichen psychischen Erkrankung der Fall ist, ist aufgrund unserer Ergebnisse zudem fraglich, ob eine Offenmachung der Erkrankung überhaupt nötig ist, bzw. welchen zusätzlichen Nutzen dies haben könnte. Mit Blick auf die Perspektive der Kinder scheint es zunächst so, dass allgemeine Unterstützung, also nicht bezogen auf die Erkrankung, und die Verfügbarkeit von Lehrkräften als vertrauensvolle Ansprechpartner, genügen könnte. Die Stigmatisierung psychischer Erkrankungen stellt einen wichtigen Einflussfaktor auf die Inanspruchnahme formaler und informaler Hilfen dar (Corrigan 2004) und wirkt sich auch aus Perspektive der betroffenen Familien auf die Hilfesuche aus (Wahl u. a. 2017). Allgemeine primärpräventive Maßnahmen, die z. B. auf die Förderung psychischer Gesundheit im Allgemeinen abzielen (wie z. B. „Mind Matters", www.mindmatters-schule.de), könnten den Kindern zusätzlich helfen, ohne sie „herauszustellen".

Die Tabuisierung psychischer Probleme in der Schule abzubauen, kann hilfreich sein (Brockmann/Lenz 2016) und durch Aufklärung und Schaffen eines entsprechenden Schulklimas unterstützt werden. Ein Abbau von Tabuisierung und Stigmatisierungstendenzen in Bezug auf psychische Erkrankungen könnte dazu führen, dass Kinder eher bereit sind, die elterliche Erkrankung offen zu machen, wobei selbst bei einem positiven Schulklima weiterhin die Gefahr besteht, Kinder in Loyalitätskonflikte zu bringen, wenn über die Situation zu Hause gesprochen wird (Brockmann/Lenz 2016). Wichtig scheint hierbei, die Kinder nicht zu Gesprächen zu drängen und anzuerkennen, dass die Kinder durch das Schützen des Privaten die für sie wichtige Normalisierungsfunktion der Schule aufrechterhalten. Überwinden die Kinder den Loyalitätskonflikt und/oder die Tabuisierungsneigung und vertrauen sich einer Lehrkraft an, kann diese in einem ersten Schritt als Ansprechperson fungieren und dem Kind vermitteln, dass jemand da ist, der ihm zuhört und es unterstützt. In einem zweiten Schritt kann die Lehrkraft eine Lotsenfunktion einnehmen und das Kind bzw. die Familie an das psychosoziale Hilfesystem weitervermitteln. Allerdings sollte dies nur geschehen, wenn von Kind und/oder Familie gewünscht oder falls die Belastungen für das Kind aus Sicht der Lehrkraft so immens sind, dass weiterführende Hilfe dringend benötigt wird. Bei letzterer Entscheidung kann es ratsam sein und Entlastung für die Lehrkraft bieten, sich zunächst (anonym) vom Jugendamt oder einer Beratungsstelle beraten zu lassen, um nicht durch ein voreiliges Handeln das Vertrauensverhältnis zur Schülerin oder zum Schüler zu gefährden. Eine Thematisierung psychischer Erkrankungen im Unterricht kann also einerseits dazu beitragen, dass die Kinder von sich aus zu Lehrkräften als Ansprechpartner Kontakt aufnehmen. Andererseits kann sie den Kindern unabhängig von einer Offenmachung Antworten auf Fragen geben, die sie in Bezug auf ihre Eltern beschäftigen. Hierfür ist insbesondere wichtig, dass im Rahmen der Aufklärung auch Alltagsbezüge hergestellt werden können und nicht nur Fakten und Fachwissen vermittelt wird. So kann die Schule zur Informationsquelle über psychische Erkrankungen und die Kinder ermutigt werden, sich bei Fragen zu dem Thema an ihre Lehrkräfte zu wenden.

Da die Kinder mit psychisch erkranktem Elternteil selbst ein erhöhtes Risiko für psychische Erkrankungen aufweisen (Rasic u. a. 2014), stellen sie eine relevante Zielgruppe für präventive Maßnahmen da. Primärpräventive Maßnahmen, die auf Ressourcen abzielen, können die Kinder unterstützen und ihre Resilienz fördern, ohne sie gesondert neben ihren Mitschülern und Mitschülerinnen herausstellen zu müssen. Es ist zum Beispiel denkbar, soziale Kompetenzen und Netzwerke im Rahmen von Gruppenangeboten (für alle Schülerinnen und Schüler, unabhängig von einer elterlichen psychischen Erkrankung) zu stärken, ohne auf psychische Erkrankungen eingehen zu müssen. So können Kinder unterstützt werden und die Schule behält gleichzeitig ihre Normalisierungsfunktion.

Ein Beispiel für ein Präventionsprogramm im schulischen Kontext liefert das von „Irrsinnig Menschlich e. V." entwickelte Projekt „Verrückt? Na und!" (www.irrsinnig-menschlich.de). Hierbei handelt es sich um ein eintägiges Schulprogramm für Jugendliche zwischen 15 und 20 Jahren, das der Sensibilisierung und der Förderung von Offenheit, Verständnis und Toleranz in Bezug auf psychische Gesundheit/Krankheit dienen soll. Es zeigt sich, dass das Projekt bei den Schüler*innen zu einer größeren Bereitschaft führt, sich bei Lehrkräften Hilfe für eigene psychische Schwierigkeiten zu holen und ihre Selbstwirksamkeitserwartung sich erhöht.[1]

So kann selektive ressourcenorientierte Prävention für diese Hochrisikogruppe betrieben werden, ohne dass sie als solche erkennbar ist und die Kinder nicht gesondert herausgestellt oder behandelt werden und dennoch besser für den Umgang mit einer elterlichen Erkrankung gewappnet werden.

Darüber hinaus können Lehrkräfte, unter der Voraussetzung, dass sie als Ansprechpartner*innen zur Verfügung stehen und von den Schüler*innen genutzt werden, eine Vermittlungsfunktion zu externen Angeboten im Versorgungssystem darstellen. Durch die Unterstützung der Kinder in Gruppen- oder Patenprogrammen (z. B. „Ressourcen fördern", Lenz 2010; „Kanu – gemeinsam weiterkommen", Bauer u. a. 2013) können auch Lehrkräfte langfristig entlastet werden.

Literatur

Bauer, U./Driessen, M./Leggemann, M./Heitmann, D. (2013): Psychische Erkrankungen in der Familie. Das Kanu-Manual für die Präventionsarbeit. Köln: Psychiatrie-Verlag.

---

1 Auf die Stigmatisierung psychischer Erkrankungen scheint das Projekt jedoch nur kurzfristig zu wirken (Conrad u. a. 2010).

Berg-Nielsen, T. S./Wichström, L. (2012): The mental health of preschoolers in a Norwegian popu-
lation-based study when their parents have symptoms of borderline, antisocial, and narcissistic
personality disorders: at the mercy of unpredictability. In: Child and Adolescent Psychiatry and
Mental Health. 2012; 6(1), S. 1-13.

Brockmann, E./Lenz, A. (2016): Schüler mit psychisch kranken Eltern. Göttingen: Vandenhoeck &
Ruprecht.

Caspi, A./Sugden K./Moffitt T. E./Taylor A./Craig I. W./Harrington H./McClay J./Mill J./Martin J./
Braithwaite A./Poulton R. (2003): Influence of life stress on depression: moderation by a poly-
morphism in the 5-HTT gene. In: Science 2003; 301(5631), S. 386-389.

Conrad, I./Heider, D./Schomerus, G./Angermeyer, M.C./Riedel-Heller, S. (2010): Präventiv und
stigmareduzierend? Evaluation des Schulprojekts „Verrückt? Na und!". In: Zeitschrift für Psychiatrie, Psychologie und Psychotherapie 2010; 58(4), S. 257-264.

Corrigan, P. (2004): How Stigma Interferes With Mental Health Care. American Psychologist, 2004;
59(7), 614-625.

Cooklin, A. (2006): Children of Parents with Mental Illness. In: Combrinck-Grahem, L. (Hrsg.):
Children in Family Contexts, Second edition: Perspectives on Treatment. The Guilford Press,
S. 265-291.

Earley, L./Cushway, D. (2002): The parentified child. In: Clinical child psychology and psychiatry
2002; 7(2), S. 163-178.

Goodman, S. H./Rouse, M. H./Connell, A. M./Robbins Broth, M./Hall, C. M./Heyward, D. (2011):
Maternal Depression and Child Psychopathology: A meta-Analytic Review. In: Clinical Child
and Family Psychology Review 2011; 14(1), S. 1-27.

Klein, M. (2002): Zur Langzeitentwicklung von Kindern stationär behandelter alkoholabhängiger
Eltern. In: Suchttherapie 2002; 3(4), S. 233-240.

Lenz, A. (2010): Ressourcen fördern. Materialien für die Arbeit mit Kindern und ihren psychisch
kranken Eltern. Göttingen: Hogrefe.

Lenz, A. (2014): Kinder psychisch kranker Eltern. Göttingen: Hogrefe.

Ramchandani, P. G./Murphy, S. (2013): Parental depression and the challenge of preventing mental
illness in children. In: The British Journal of Psychiatry 2013; 202, S. 84-85.

Rasic, D./Hajek, T./Alda, M./Uher, R. (2014): Risk of mental illness in offspring of parents with
schizophrenia, bipolar disorder, and major depressive disorder: a meta-analysis of family high-
risk studies. In: Schizophrenia Bulletin 2014; 40, S. 28-38.

Schreier, M. (2012): Qualitative content analysis in practice. Sage Publications.

Sollberger, D./Byland, M./Widmer, G. (2007): Biographische Identität zwischen Stigma und Tabu.
Kinder psychisch kranker Eltern. In: Mottier, V./von Mandach, L. (Hrsg.): Integration und
Ausschluss in Medizin, Psychiatrie und Sozialhilfe in der Schweiz: Zwischen Pflege, Stigmati-
sierung und eugenischen Konzepten. NFP 51. Zürich: Seismo Verlag, S. 129-145.

Wahl, P./Otto, C./Lenz, A. (2017): „…dann würde ich traurig werden, weil alle über meinen Papa
reden" – Die Rolle des Stigmas in Familien mit psychisch erkranktem Elternteil. In: Das Ge-
sundheitswesen 2017; 79, S. 987-992.

Wahl, P./Otto, C./Lenz, A. (2018): Beeinflussende Faktoren bei der Inanspruchnahme von Hilfen –
Hinweise aus einer qualitativen Interviewstudie in Familien mit psychisch erkranktem Elternteil. In: Prävention und Gesundheitsförderung, 2018, Online first. https://doi.org/10.1007/
s11553-018-0675-9.

Weissman, M. M./Wickramaratne, P./Gameroff, M. J./Warner, V./Pilowsky, D./Kohad, RG. G./
Verdeli H./Skipper J./Talati A. (2016): Offspring of Depressed Parents: 30 Years Later. In:
American Journal of Psychiatry 2016; 173, S. 1024-1032.

Winders, S. J. (2014): From extraordinary invulnerability to ordinary magic: A literature review of
resilience. In: Journal of European Psychology Students 2014; 5(1), S. 3-9.

Witzel, A. (2000): The Problem-Centered Interview, In: Forum: Qualitative Social Research 2000; 1,
Artikel 22

„Es wird immer schwieriger, den Kindern das Wissen zu vermitteln …"

Eine qualitative Untersuchung zur Perspektive der Lehrkräfte auf familiäre Probleme von Schüler*innen

Sandra Kirchhoff und Dirk Bruland

Einleitung

In diesem Beitrag wird zunächst die Aufgabe der Schule hinsichtlich Schüler*innen in familiären Krisensituationen auf der Ebene gesetzlicher und institutionell-normativer Erwartungen betrachtet. In einem weiteren Schritt wird die Lehrer*innenperspektive entfaltet. Im letzten Schritt werden die Handlungsspielräume von Lehrkräften und Spannungsfelder im Schulalltag anhand einer Gegenüberstellung von Interviewaussagen diskutiert. Es zeigt sich, dass Lehrkräfte über eine hohe Sensibilität verfügen, jedoch durch unklare Bestimmungen viele Handlungsunsicherheiten bestehen.

1 Die Aufgabe der Schule: Rechtliche Angaben und Erwartungen

Die *Aufgabe der Schule* wird vom zuständigen Bundesministerium wie folgt verstanden:

> „Das formalisiert-organisierte und didaktisch-systematisierte Lernen zu betreuen, zu kultivieren und auf bestimmte Steigerungsformen zu bringen, bleibt die Kernaufgabe von Schule" (BMFSFJ 2005, zit. n. Kilb/Peter 2016, S. 39).

Täglich im Unterricht begegnen Lehrkräfte Schüler*innen mit einer hohen Bandbreite an familiären Lebenswelten. Da kritische familiäre Lebensereignisse einen hohen Einfluss auf Kinder haben, wirken sie sich auch auf das Lernen und den Schulalltag aus (siehe hierzu Einleitung des Sammelbandes).

Mögliche *Auswirkungen familiärer Lebenssituationen auf Schüler*innen* werden hier beispielhaft anhand von Kindern psychisch kranker Eltern (KipkE) skizziert. Das Beispiel KipkE wird gewählt, da psychische Erkrankungen eine immer höher werdende gesellschaftliche Bedeutung einnehmen. Angenommen wird momentan, dass etwa 3,8 Millionen Kinder mit einem psychisch erkrankten Elternteil in Deutschland zusammenleben (vgl. Pillhofer u. a. 2016). Auf die Schule übertragen bedeutet dies, dass sich aktuell in jeder zweiten Schulklasse ein Kind mit einem Elternteil in ambulanter und in jeder dritten Klasse ein Kind mit einem Elternteil in stationärer Behandlung befindet (Brockmann/ Lenz 2016). Die krankheitsassoziierten Auswirkungen eines erkrankten Elternteils können sich als Belastungen in unterschiedlichen Ausprägungsformen auch bei den nicht erkrankten Familienmitgliedern wie den Kindern äußern (Bauer u. a. 2012). Ob und wie sich Belastungsaspekte bei Kindern zeigen, ist abhängig von dem Erleben der elterlichen Erkrankung. Jedoch haben betroffene Kinder ein drei- bis vierfach höheres Risiko eine psychische Störung auszubilden als nicht betroffene Kinder in der Allgemeinbevölkerung (Bauer u. a. 2012) und stellen somit eine Hochrisikogruppe dar. Die Anzeichen in der Schule sind vielfältig und ähneln zumeist den Anzeichen für andere familiäre Krisen. Einerseits können KipkE eine gesteigerte Leistungsbereitschaft zeigen (Beeck 2004, S. 15) verbunden mit einer für das Alter erhöhten Ausprägung der Autonomieentwicklung sowie des Verantwortungsbewusstseins (Parentifizierung[1]) (Riedel 2008, S. 92). Andererseits können Anzeichen auch Leistungsabfall, Konzentrationsprobleme sowie Unruhe, Rückzug vor Gleichaltrigen und Erwachsenen oder grenzverletzendes Verhalten wie aggressives bzw. oppositionelles Verhalten sein (Döpfner/Petermann 2008, S. 23; Wiegand-Grefe 2011, S. 72). Die Verhaltensänderungen bei Kindern können plötzlich auftreten oder sich schleichend über einen längeren Zeitraum einstellen (Lenz/Brockmann 2013, S. 132ff.). Aus Sorge vor Stigmatisierung ist die Krankheitssituation häufig ein Familiengeheimnis (Ohntrup u. a. 2011). Da die Familiensituation häufig mit Beeinträchtigungen der Schulleistung und/oder des Sozialverhaltens verbunden ist, erfordern die unterschiedlichen Belastungsmuster und möglichen Bewältigungsversuche von KipkE adäquat unterstützende Reaktionen von Lehrkräften.

Augenscheinlich gehört zu den allgemeinen *Erwartungen an die Profession der Lehrkräfte* die Fähigkeit, sich mit den besonderen Anforderungen der persönlichen Lebenssituation und den individuellen Voraussetzungen von Schüler*innen auseinanderzusetzen. Dies reicht entsprechend über die Kernaufgabe des Lehrens hinaus und ist beispielhaft (hier für NRW) wie folgt rechtlich formuliert:

---

1   Mit Parentifizierung ist gemeint: Nicht-altersgemäße Übernahme von familiärer Verantwortung und Zurückstellung eigener kindlicher Bedürfnisse, zugunsten beispielsweise der Übernahme vielfältiger Aufgaben im Haushalt, Sorge um Geschwister, Alltagsplanung etc. zur Aufrechterhalten der Familienstruktur.

- Die *Schule* vermittelt die zur Erfüllung ihres Bildungs- und Erziehungsauftrags erforderlichen Kenntnisse, Fähigkeiten, Fertigkeiten und Werthaltungen und *berücksichtigt dabei die individuellen Voraussetzungen der Schülerinnen und Schüler*. (§2 Abs. 4 SchulG NRW)
- Die integrierte Gesundheits- und Qualitätsentwicklung in Schulen berücksichtigt, dass auf allen Ebenen und in allen relevanten Bereichen der Gestaltung, Entscheidung und Umsetzung *die Vielfalt und Unterschiedlichkeit der Menschen* wertgeschätzt und *geachtet werden. In Verfolgung des Potenzial- und Ressourcenansatzes sind die Ziele auf die Verminderung ungleicher Bildungschancen* ausgerichtet. (Landesprogramm Bildung und Gesundheit NRW 2016)
- *Diversität* in einem umfassenden Sinne *ist Realität und Aufgabe jeder Schule.* Dabei gilt es, die verschiedenen Dimensionen von *Diversität zu berücksichtigen. Das schließt* sowohl Behinderungen im Sinne der Behindertenrechtskonvention ein als auch *besondere Ausgangsbedingungen, z. B.* Sprache, *soziale Lebensbedingungen*, kulturelle und religiöse Orientierungen, Geschlecht sowie besondere Begabungen und Talente. (KMK/HRK 2015)

Lehrkräfte sollen

„im Unterricht auf die jeweiligen Lernvoraussetzungen und insbesondere Lernschwierigkeiten, die besonderen Fähigkeiten, Neigungen und Interessen sowie auf die persönliche Lebenssituation der Schülerinnen und Schüler Rücksicht nehmen ..." (ADO § 8 Abs. 2).

Gesetzlich sind Lehrkräfte bei Auswirkungen von Beeinträchtigungen auf den Schulbereich angehalten, mit Maßnahmen frühzeitig zu reagieren:

„Drohendem Leistungsversagen und anderen Beeinträchtigungen von Schülerinnen und Schülern begegnet die Schule unter frühzeitiger Einbeziehung der Eltern mit vorbeugenden Maßnahmen." (§2 Abs. 9 SchulG NRW).

Darüber hinaus ist mit § 54 SchulG NRW Abs. 1 die Förderung der Schüler*innengesundheit angesprochen:

„Die Schulgesundheitspflege hat das Ziel, Krankheiten der Schülerinnen und Schüler vorzubeugen, sie frühzeitig zu erkennen und Wege zu ihrer Heilung aufzuzeigen."

Da hier kein Ausschluss erfolgt, ist die seelische Gesundheit, wie bei dem Risiko einer elterlichen psychischen Erkrankung, ebenfalls darunter zu verstehen. Zu den weiteren Aufgaben von Lehrkräften gehört die Beratung der Eltern und die Zusammenarbeit mit anderen professionellen Stellen wie der schulpsychologischen Beratung oder der Jugendhilfe (§5 Abs. 2, §44 Abs. 5 SchulG NRW) (siehe hierzu Brockmann/Lenz 2016).

Der Einfluss von familiären Krisen auf Schüler*innen, die Handlungsnotwendigkeit von Lehrkräften, die Aufgabe der Schule und die Erwartungen an diese hinsichtlich der Krisenbewältigung wurden bisher übersichtsartig dargelegt. Der Umgang mit familiären kritischen Lebensereignissen der Schüler*innen im Schulalltag ist bislang unbeleuchtet. Bezugnehmend auf eine explorative Studie im Rahmen des Forschungsprojektes TEACHER-MHL[2] wird im Folgenden dargestellt, wie familiäre kritische Lebensereignisse im Schulalltag von den tätigen Lehrkräften wahrgenommen werden, welche Bedeutung sie für diese einnehmen sowie ob, und wenn ja, welche Herausforderungen zur Unterstützung von Schüler*innen mit einem kritischen Familienereignis im Berufsalltag vorhanden sind. In der Gegenüberstellung dieser Ergebnisse mit der gesetzlichen Lage werden schulische Spannungsfelder anhand von Beispielen wie dem Datenschutz diskutiert.

2 Die Perspektive der Lehrkräfte aus dem Projekt TEACHER-MHL

Insgesamt wurden im Zeitraum von August 2015 bis März 2016 26 Lehrkräfte aus Nordrhein-Westfalen interviewt. 15 Lehrkräfte wurden in Einzelinterviews (Grundschule n = 8, weiterführende Schulen n = 7) mit problemzentrierten Interviews nach Witzel (1985) befragt. Da in den Einzelinterviews sehr unterschiedliche Vorstellungen zur Berufsrolle zur Sprache kamen, die großen Einfluss auf die Arbeit mit betroffenen Schülern haben, wurden ergänzend drei Fokusgruppeninterviews durchgeführt (n = 11; 2 Grundschulen, 1 Gymnasium). Ziel war es, die Datenlage der Einzelinterviews durch die Diskussion in Fokusgruppen vor allem zur Berufsrolle und zum Verständnis im Umgang mit betroffenen Schülern anzureichern.

Für die Interviews ebenso wie für die Fokusgruppen wurde eine Eröffnungsfrage gewählt, mit dem Fokus, wie viel Lehrkräfte allgemein über die familiäre Situation ihrer Schüler*innen erfahren. Dieser Einstieg gewährte einen weiten Einblick in die Wahrnehmung der Lehrkräfte von familiären Hintergründen

---

2   Im Rahmen des Forschungsprojektes TEACHER-MHL wurde der Frage nachgegangen, mit welchem Vorwissen und wie Lehrkräfte unterschiedlicher Schulformen Schüler*innen begegnen, die mit einem kritischen Lebensereignis wie der psychischen Erkrankung eines Elternteils konfrontiert sind. Das Projekt gehört zum bundesweiten, vom Bundesministerium für Bildung geförderten Forschungsverbund „Health Literacy im Kindes- und Jugendalter" (HLCA), welcher von 2015 bis 2018 bestand – Förderkennzeichen 01EL1424A (Zamora u. a. 2015). Siehe hierzu auch: http://www.hlca-consortium.de/

ihrer Schüler*innen. Im Verlauf des Interviews wurde an die besondere Thematik der „Schüler*innen mit einem psychisch kranken Elternteil" herangeführt, die im Projekt TEACHER-MHL eine zentrale Rolle einnimmt. Die induktive Auswertung erfolgte mittels qualitativer Inhaltsanalyse (Schreier 2012) und mithilfe von computergestützten Textanalysen (MAXQDA Version 11), um die manifesten Aussagen („Was wird gesagt?") zu ordnen und zu strukturieren. Einzel- und Fokusgruppeninterviews wurden gleichwertig behandelt.

Die nachstehende Ergebnisdarstellung erfolgt anhand der inhaltsanalytisch gebildeten Kategorien (Überschriften). Dargestellt werden Kernergebnisse, die in allen Interviews gleichgerichtete Tendenzen in den Aussagen hatten. In der Darstellung werden die Aussagen durch Ankerbeispiele, also durch besonders aussagekräftige Interviewpassagen untermauert. Die Intention ist, die Perspektive der Lehrkräfte anhand der Passagen für sich selbst sprechen zu lassen. Grund- und Weiterführenden Schulen werden dabei gleiche Anteile zugesprochen.

Veränderte Berufsrolle in veränderten Zeiten

Zunächst stellen die Lehrkräfte heraus, welchen Einfluss die familiäre Situation darauf hat, wie die Kinder in der Schule ankommen und wie empfänglich sie für schulbezogene Inhalte und Tätigkeiten sind.

> „Also ich denke, das familiäre Umfeld ist wichtig für die Motivation eines Kindes, um Lernen zu wollen, wenn es mit irgendwelchen Problemen zugepackt ist, dann ist da kein Freiraum mehr, um neugierig zu sein, um Dinge entdecken zu wollen, um Lernen zu wollen, weil sie völlig abgelenkt sind mit ihren Gedanken." (Grundschullehrkraft)

Zudem sehen Lehrkräfte Veränderungen der elterlichen Erziehungsaufgaben bei geringer werdenden Ressourcen im Zuge von gesellschaftlichen Veränderungen:

> „Das waren Aufgaben, die die Eltern früher nicht hatten (alle stimmen zu), sich in diese Handygeschichten einfuchsen … Ja, neue Erziehungsaufgaben, genau. Abgesehen über das mit der Verdichtung über G8, auch mehr Lernorganisation auf die Eltern zugekommen, auch das finde ich gerade deutlich zu Hause spürbar […] wo vielleicht in der heutigen Gesellschaft die Eltern auch weniger, ich weiß jetzt nicht wollen, aber weniger Ressourcen auch haben. Weil der Anteil von Alleinerziehenden, von Scheidung, von Entlassungen, von Betriebspleiten, dieser Anteil nimmt ja auch zu." (Grundschullehrkraft, Fokusgruppe)

Die Auswirkungen der berichteten Veränderungen werden in der Schule deutlich wahrgenommen. So kommen zusätzlich zu der vermeintlichen Kernaufgabe des Lehrens vielfältige Tätigkeiten hinzu, während eine Verschiebung des

Aufgabenschwerpunkts hinsichtlich einer Ausweitung der Erziehungsanteile stattfindet:

„… mit ganz viel Aufwand, was wir zusätzlich machen müssen, was (.) wesentlich mehr geworden ist, die Zusammenarbeit mit dem Jugendamt. (.) Familien zu unterstützen … Also wir müssen ganz viel mit (.) außerschulischen Angeboten zusammenarbeiten, um diesen Familien dann zu helfen. Also ein bisschen fängt das an, dass wir in die Richtung Sozialarbeiter gehen." (Grundschullehrkraft)

„Aber eigentlich ist meine Aufgabe, in meinen Fächern da irgendwie so viel zu fördern, dass jeder da das Klassenziel erreicht. … Aber im Endeffekt ist es glaube ich eher andersrum, dass der wesentliche Anteil das Erziehen ist, eigentlich bei uns. Und das andere so nebenher, ist jetzt vielleicht auch falsch gesagt, aber Unterrichten ist das kleinste Problem, was ich so tagsüber habe." (Lehrkraft weiterführender Schule)

Vorbereitung auf familiale Anforderungen

Eine Vorbereitung auf die Handlungsanforderungen von belastenden familiären Lebensumständen im Rahmen ihrer Ausbildung erhalten zu haben, wird von den interviewten Lehrkräften verneint:

„du wirst nur dafür ausgebildet, wie mache ich Unterricht, wie plane ich ein Unterrichtsziel, wie kriege ich eine Stunde rum. Du wirst aber jetzt nicht darauf vorbereitet, wie gehe ich mit Schülerproblemen um oder was mache ich wenn einer den Tisch umschmeißt und aus dem Raum läuft, was mache ich dann. Das ist alles erprobt im Alltag, ne? Und irgendwann hast du deinen Weg gefunden, aber das lernst du nicht an der Uni…" (Lehrkraft weiterführender Schule)

„Das hat mir nie einer gesagt, deswegen war das für mich auch so ein Schock, als ich die vierte Klasse hatte mit dem Kind, wo die Mutter halt ihre Karriere über das Kind gestellt hat. Da wusste ich im ersten Moment gar nicht, wie reagiere ich denn, an wen wende ich mich, was sind meine Schritte, was muss ich beachten. Ich habe nur gemerkt, ok da läuft irgendwas falsch, ich muss jetzt hier IRGENDWAS machen. Aber ich wusste nicht was und wie und wann." (Grundschullehrkraft kurz nach ihrem Referendariat)

Erkennen und Erfahren von familiären Krisen

Die Verfügbarkeit offizieller Daten über die familiäre Situation ist aufgrund von Datenschutzbestimmungen stark eingeschränkt. Lehrkräfte geben an, dass sie auf Grundlage der wenigen vorhandenen Informationen Rückschlüsse zur Familiensituation ziehen:

„Da gibt es den Datenschutz, dass die Eltern der (.) Übergabe von Informationen einstimmen müssen. Offiziell erfahren wir gar nichts über das familiäre Umfeld. Wir dürfen keine Daten erheben außer Namen und Geburtsdaten." (Grundschullehrkraft)

„Man findet natürlich so wer erziehungsberechtigt ist und so..., ne? Da kann man stellenweise auch Rückschlüsse ziehen, wenn beispielsweise die Mutter als Erziehungsberechtigte angegeben ist, aber -ich sag jetzt mal- der leibliche Vater nicht ..." (Lehrkraft weiterführender Schule)

Die Lehrkräfte kennen ihre Schüler*innen und erkennen Veränderungen ihres Verhaltens. Sie sehen eine Verbindung zwischen dem veränderten Verhalten ihrer Schüler*innen und der Familiensituation:

„Du siehst die hier jeden Tag für mehrere Stunden auch, ne? Und du merkst ja so die Entwicklung, wenn sich ein Schüler auf einmal komisch verhält, dann fragst du dich auch, was ist denn mit dem los?" (Lehrkraft weiterführender Schule)

„Also wenn es zu Hause halt nicht gut läuft, merkt man das natürlich dann auch im Unterricht oder auch in den Pausen und überhaupt. Halt ob ein Kind […] ausgelassen ist und ausgeglichen ist." (Grundschullehrkraft)

Häufig bleibt es bei Vermutungen über die familiäre Situation, die im Schulalltag eine herausragende Rolle spielen. Die Notwendigkeit, dass Eltern oder Schüler*innen sich öffnen, wird anhand des Ankerbeispiels verdeutlicht:

„aber da hatten wir die ganzen zwei Jahre hindurch irgendetwas ist da Zuhause, aber wir haben nicht herausbekommen was. … aber man hat da manchmal so ein Gefühl, ja man weiß irgendetwas ist da, aber wenn die Eltern oder Schüler sich nicht öffnen hat man keine Chance." (Lehrkraft weiterführender Schule)

„Die Vermutung hegt man dann auch nicht alleine, sondern man unterhält sich natürlich auch mal mit anderen Lehrern, die entweder bei diesem Gespräch sogar dabei waren oder anders schon Kontakte zu dieser Mutter hatten, wo man dann halt ja auch eher mal Unterstützung bekommt in dieser Vermutung. Ja es bleiben ja letztlich Vermutungen." (Grundschullehrkraft)

Informationen über die familiären Situationen gibt es in Ausnahmefällen informell, zumeist kommt die Situation überraschend:

„können wir dann nur mutmaßen und sind darauf (.) -ja- angewiesen, dass wir Informationen unter der Hand weiter bekommen. Was natürlich auch nicht so Gang und Gebe ist." (Grundschullehrkraft)

„Weil manchmal da stehen wir so vor Überraschungen, erfahren dann über drei Ecken etwas, was wirklich dramatisch ist. Und es hat uns niemand informiert. Und wir wundern uns dann und da würden wir uns dann wünschen, dass uns das nicht als Neugierde ausgelegt wird, sondern einfach, dass wir uns einfach mit der Situation dann besser beschäftigen" können. (Grundschullehrkraft, Fokusgruppe)

Für Lehrkräfte ist es hoch bedeutsam etwas von familiären Umständen zu erfahren, um adäquate Unterstützung für das Kind im Schulalltag anbieten zu können:

„ja, wenn ich das aber vorher schon gewusst hätte, hätte ich dann schon irgendwelche anderen Maßnahmen einleiten können." (Lehrkraft weiterführender Schule)
„Und im Grunde auch dann mehr Verständnis für das Kind haben. Weil wir dann wissen, was da im Augenblick jetzt Zuhause läuft." (Grundschullehrkraft, Fokusgruppe)

Das Wissen über Familiensituationen stellt Lehrkräfte vor Herausforderungen, was einerseits mit einer Hemmung Grenzen der Privatheit zu überschreiten und andererseits mit der bereits erwähnten fehlenden Ausbildung begründet wird.

„,habe ich das Kind vor Augen?' oder bin ich jetzt schon übergriffig im Sinne von im mische mich jetzt schon in das Familienleben ein, obwohl es mich gar nichts angeht." (Grundschullehrkraft, Fokusgruppe)
„Aber ich habe beim Elternsprechtag jetzt schon ein paar Mal heulende Eltern da sitzen gehabt, wo ich jetzt nicht so richtig wusste, woran es liegt ... und da dann nachzugehen, da habe ich das Gefühl, eben nicht ausgebildet zu sein, weil ich denke: Mein Gott, wenn ich da jetzt irgendwelche großen Dramen, also offenlege, damit kann ich nicht umgehen!" (Grundschullehrkraft, Fokusgruppe)

Schulische Rahmenbedingungen für die Unterstützung von betroffenen Kindern

Lehrkräfte berichten, dass sie im Unterricht alleine mit der Situation und den Schüler*innen umgehen müssen:

„Und dann musst du halt, dann bist du halt Einzelkämpfer. Bist du ja sowieso. Du stehst vor der Klasse und da sitzen 30 Schüler. Und du bist erstmal, musst gucken wie du klarkommst." (Lehrkraft weiterführender Schule)
„Aber so ein Schülerproblem, da bist du nie drauf vorbereitet. Du gehst in deinen Unterricht, dann kommen zwei Schüler „können wir mal mir Ihnen sprechen?" Dann sprichst du natürlich mit denen und dann kommen so riesen Probleme ans Tageslicht und du musst halt erstmal gucken. Eigentlich hast du Unterricht, aber du willst dich auch um den Schüler kümmern." (Lehrkraft weiterführender Schule)

Der Erziehungsauftrag[3] wird in den Interviews gegenüber dem Bildungsauftrag als uneindeutig angegeben. Die Form und der Umfang der Unterstützung von Schüler*innen werden abhängig vom Engagement der Lehrkräfte beschrieben:

> „Das ist persönliches Engagement, was man da einbringt, auch bei den Kolleginnen, das ist das Interesse daran, zum Wohle des Kindes zu handeln. (..) Und deswegen, (..) ja versuchen wir die Kontakte oder das auch aufzubauen und es ist halt unterschiedlich." (Grundschullehrkraft)
> „Ein Lehrer macht Hausbesuche, einer nicht. Und das finde ich ist auch immer so schwierig, am Lehrerbild, weil bei uns nicht klar geregelt ist: Was ist unsere Aufgabe? Was gehört zu meinem Beruf? Was muss ich erfüllen? Da würde ICH mir, von meiner Dienststelle wünschen, dass es klarere Vorgaben gibt. Das ist jetzt meine Rolle, wo gebe ich in eine andere Institution ab." (Lehrkraft weiterführender Schule)
> „Aber das ist ja meine persönliche Sache. Manch anderer, ich sag mal, meine Kollegin die die Klasse vorher hatte, die hat so ein dickes Fell, die sitzt das aus." (Grundschullehrkraft)

Die Unterstützungsmaßnahmen für Kinder, die genannt werden, sind zusammenfassend: emotionale Unterstützung, weiteres Übungsmaterial für die Schüler*innen geben, Struktur geben sowie Mobbing entgegenwirken. Weiterhin kann bei der Benotung ein pädagogischer Spielraum genutzt werden. Lehrkräfte fühlen sich allerdings stark eingeschränkt in den Unterstützungsmöglichkeiten für Schüler*innen.

> „Und ansonsten, das ja / pf. Ich, ne? Ich (.) bin da schon relativ (..) stark eingeschränkt, was ich da irgendwie machen kann, ne?" (Lehrkraft weiterführender Schule)

Bemängelt werden vor allem die fehlenden Kapazitäten die Kinder im Schulalltag zu unterstützen. Dies gründet zum einen auf dem zeitlichen Ablauf des Schultages und zum anderen auf der Anzahl der zu betreuenden Kinder:

> „Dass / Pausen sind ja irgendwie sowieso nicht so richtig Pausen, da hat man dann auch immer irgendwie was zu regeln oder sowas macht man dann auch zwischendurch, irgendwie und wenn mal irgendwie so ein Schülergespräch ist, das kann ja auch nur vormittags stattfinden, das muss ich ja auch irgendwie in der Freistunde machen, in der Pause oder so stattfinden, das läuft alles so (.) nebenher dann, ne?" (Lehrkraft weiterführender Schule)

---

3   Der Erziehungsauftrag wurde in den Interviews allgemein angesprochen, ohne dies auf eine bestimmte Thematik zu beziehen. Im allgemeinen Verständnis ging es um Maßnahmen für das Kind im Rahmen von familiären Problemlagen.

„Wenn man ein ‚durchschnittlicher Lehrer' ist, hat man fünf, sechs, sieben Kurse. Nehmen wir mal die Mitte: sieben Kurse. Und wenn sieben Kurse a 30 Kinder hat man ungefähr 200 bis 220 Schüler und Schülerinnen, die man jede Woche verarzten muss, sage ich jetzt mal, beschulen muss. So und das bleibt auf der Strecke. Oder anders herum formuliert, die Kinder bleiben dann auf der Strecke. Und man fühlt sich einfach in der Situation auch a) von der Menge der Schüler überschlagen und b) überfordert." (Lehrkraft weiterführender Schule)

Zusätzlich zu den Einschränkungen bei den Unterstützungsmöglichkeiten sprechen einige Lehrkräfte an, dass sie ihren eigenen Einflussbereich als begrenzt wahrnehmen, insbesondere wenn es um familiäre Krisen geht. Sie geben an, kindbezogen Angebote machen zu können, aber keinen direkten Einfluss auf die familiären Umstände zu haben. So ist es ihnen nicht möglich ggf. notwendige Handlungen der Eltern herbeizuführen.

„Was wir nicht können, ist […] ja, (..) eine Zwangsberatung der Eltern da quasi initiieren. Also wir haben eine Zusammenarbeit mit einer Familienberatungsstelle, da ist eine Pädagogin oder eine, was ist die, Sozialpädagogin? Genau, die die Eltern berät. Da können wir sagen: ‚Bitte gehen Sie da hin.' Wenn die Eltern das tun ist es gut. Wenn nicht, ja dann sind uns die Hände gebunden. Wir können aber sehr wohl uns beraten lassen im Zusammenhang mit einem Kind." (Grundschullehrkraft)

Insgesamt wird die Belastung für Lehrkräfte im Schulalltag deutlich:

„Also so ein Fall ist einfach total zeitaufwendig und auch nervenaufreibend. (…) Und dafür muss man dann die Zeit und auch die Kraft haben und auch wirklich selber als Lehrer psychisch einfach oder mit sich selber mit seiner Person total im Reinen sein und auch ausgeglichen sein, indem man einfach auch sein Privatleben nicht außer Acht lässt. Und das ist es einfach. Also […] ich finde einfach, dass da einfach, ja, einem oft die Zeit fehlen kann." (Grundschullehrkraft)

„Wir akzeptieren ganz vieles an Verhalten, was wir vor zehn Jahren nicht akzeptiert hätten. Das nehme ich jetzt als so normal hin, obwohl das schon auffällig ist. Und jetzt kümmere ich mich eigentlich nur noch um die Spitzen." (Grundschullehrkraft, Fokusgruppe)

„Also wir haben allein in den letzten vier Jahren hier, drei Langzeiterkrankungen bei Kolleginnen unter anderem Burnout und so Geschichten, die meines Erachtens, das ist jetzt eine individuelle Einschätzung, auch daraus resultieren, nämlich das zu sehr an sich heranlassen, noch viel mehr Zeit darein investieren, weil sie jedem absolut gerecht werden wollen, und dadurch diese völlige Überforderung in der Aufgabenvielfalt, die über uns hereingebrochen ist." (Grundschullehrkraft)

Unterstützung für Lehrkräfte

Für Unterstützung wenden sich die befragten Lehrkräfte vorrangig an das Kollegium und die Schulleitung, wobei sie informelle Unterstützung favorisieren. Allerdings wird in diesem Zusammenhang die Belastung im Kollegium angeführt:

„Kollegiale Fallberatung, das war eine schöne IDEE, die irgendwie nicht angenommen wurde. Also, das ist, glaube ich / läuft wenn dann eher informeller. Dass man einfach sagt: „Ey, komm! Das ist einer." (Grundschullehrkraft, Fokusgruppe)
„Ich weiß nicht, ab wann man dann irgendwie (..) das Jugendamt einschalten sollte da wäre ich persönlich jetzt eben ein bisschen vorsichtig. Da würde ich jetzt immer mit der Schulleitung Rücksprache halten." (Lehrkraft weiterführender Schule)
„aber die Kollegen haben ja auch alle ihre 28 Stunden und haben auch alle ganz viel zu tun und wenn du Glück hast und so ein Kollegium hast wie ich, da gibt es halt viel Beratung, da ruft man sich auch abends mal an." (Lehrkraft weiterführender Schule)

Unterstützung durch multiprofessionelle Zusammenarbeit wird gewünscht. Die Erfahrungen sind dabei sehr unterschiedlich:

„Anschließend hatten wir auch einen anderen Sozialarbeiter, der großartig war. Der hat wirklich einfach immer, also, wenn ich mich an ihn gewendet habe, fand ich es immer super, weil der einfach mit, ja, ganz vielen Sachen, die ich natürlich nicht weiß, als einfache Lehrkraft an welche Stellen man sich wenden kann, was man machen kann. Der hat einen immer super beraten und unterstützt bei solchen Sachen." (Grundschullehrkraft)
„Da habe ich jetzt im Moment auch so einen Fall. […] Es gibt Schulpsychologen, die dann für die Schule zuständig sind. Und, die dann beratend zur Seite stehen MÜSSEN. Allerdings habe ich da jetzt gerade die Erfahrung gemacht, dass die nicht hilfreich sind." (Grundschullehrkraft)
„Schwieriger wird es mit der Kooperation mit Jugendamt, weil da haben wir eine Bringschuld, aber wir bekommen keine Informationen zurück. Da / das erschwert das Arbeiten sehr, weil wir teilweise nicht wissen, was ist jetzt zu Hause los, ist jetzt eine Familienhilfe installiert, (.) auf welchem Punkt stehen wir?" (Grundschullehrkraft)

Die größten Herausforderungen sind bürokratische Hürden bei der Beantragung von Hilfe für Schüler*innen:

„Genau, genau. Und das ist, was mich echt, was wo ich so einen Hals kriege, ich sag mal diese Gutachten [über Lage des Kindes, Anm. d. A.] zu schreiben, das ist echt viel Arbeit. Ich würde sagen ich habe an dem ersten Gutachten, ich sag mal, zehn bis zwölf Stunden; im Freizeitbereich. Ich hab das grob überschlagen." (Grundschullehrkraft)

3 Gegenüberstellung der Perspektiven und Diskussion

Zunächst wurden die gesetzlichen Handlungsaufforderungen von Lehrkräften bei Schüler*innen mit familiären kritischen Lebensereignissen sowie die formalen Erwartungen an Lehrkräfte dargestellt. In den Gesetzen und beispielhaft angeführten Erläuterungen wurde deutlich, dass die Fähigkeit, sich mit den besonderen Anforderungen der individuellen Voraussetzungen der persönlichen Lebenssituation von Schüler*innen auseinanderzusetzen, zu der Profession der Lehrkräfte gehört. Im Anschluss wurde die Perspektive von Lehrkräften auf familiäre kritische Lebensereignisse im Schulalltag, vorgestellt. Problemlagen von Schüler*innen und deren familiärer Hintergrund nehmen aus der Sicht der Lehrkräfte einen sehr bedeutenden und zunehmenden Anteil im Schulalltag ein. In einer Gegenüberstellung der Perspektive von Erwartungen an Lehrkräfte und der Perspektive von Lehrkräften werden folgend Handlungsspielräume und Spannungsfelder herausgearbeitet.

Die DAK-Studie (DAK 2016) „Gesundheitsfalle Schule – Probleme und Auswege" bestätigt die Wahrnehmung der Lehrkräfte, dass die Anzahl der Schüler*innen mit gesundheitlichen Problemen, Verhaltensauffälligkeiten und Konzentrationsschwächen stark zunehme. Gesetzlich gilt es, wie eingangs dargestellt, bei Leistungseinbußen und anderen Beeinträchtigungen unter Einbezug der persönlichen Situation der Schüler*innen frühzeitig zu reagieren. In den Interviews wird einheitlich die Einstellung vertreten, dass der Fokus zwar auf die Schüler*innen gerichtet ist, aber ausschließlich an Schüler*innen gerichtete Maßnahmen keine adäquate Reaktion auf eine familiäre Belastungssituation der Schüler*innen sind, da die Ursachen ebenfalls im sozialen Umfeld, die außerhalb von Schule sind, liegen (können). Dem Erkennen der persönlichen Umstände der Schüler*innen kommt demnach eine zentrale Bedeutung zu. Die interviewten Lehrkräfte beklagen mangelnde Transparenz über Familienprobleme. In den Interviews wird zudem der Datenschutz als hinderlich für die Kenntnis von familiären Problemlagen angegeben, da eine Problemlage von der Schule meist erst selbst entdeckt und ergründet werden muss und Schule somit, wenn überhaupt, nur mit Verzögerungen auf ein familiäres Problem reagieren kann. An dieser Stelle gibt es zwei Aspekte zu betrachten: a) die gesetzliche Lage und b) die Berufsrolle. Gesetzlich ist eine Datenauskunft von z. B. Jugendämtern an die Schule grundsätzlich zulässig, wenn die Informationen dazu benötigt werden, um den institutionellen Aufgaben nachzukommen (vgl. Hoffmann 2016). Der gesetzliche Anspruch des Einbezugs der persönlichen Situation gehört unmissverständlich zu den Aufgaben einer Lehrkraft. Allerdings verweist der Datenschutz auch darauf, dass Betroffene einen besonderen Vertrauensschutz genießen und grundsätzlich ihre Einwilligung für eine Informationsweitergabe erforderlich ist (hier z. B. bei erzieherischen Hilfen §65 SGB 8). Dies führt zu einer von Lehrkräften wahrgenommenen Einbahnstraßeninformation

– Lehrkräfte geben Informationen weiter, bekommen allerdings gefühlt nur selten Informationen zurück. Im Erkennen der Familiensituation liegt eine besondere Relevanz, da entweder Schüler*innen oder Eltern sich öffnen, oder Lehrkräfte mit Vermutungen arbeiten müssen.

Kinder psychisch kranker Eltern verweisen auf ein psychologisches/psychiatrisches Handlungsfeld. Trudgen und Lawn (2011) stellen korrekt heraus, dass das schulische Aufgabenfeld nicht psychologisch ist und die Rolle von Lehrkräften nicht die Diagnose von Verhaltensauffälligkeiten/psychischen Störungen beinhaltet. Jedoch sollten Lehrkräfte in der Lage sein, Verhaltensänderungen und Probleme von Schüler*innen zu erkennen. Lehrkräfte sollen, wie eingangs beschrieben, frühzeitig Maßnahmen für Schüler*innen und Beratung für Eltern anbieten. Hier scheint ein Ausbildungsparadox zu bestehen: Lehrkräfte führen an, dass die Familie einen hohen Stellenwert im Schulalltag hat, da die familiäre Situation einen hohen Einfluss auf die Schüler*innen nimmt. Der Umgang mit familiären Situationen ist jedoch laut den Interviews kein nennenswerter Bestandteil der Lehrer*innenausbildung. Vor allem eine unzureichende Vermittlung von Inhalten zum Umgang mit Verhaltensauffälligkeiten bei Schüler*innen, zur Gesprächsführung mit Eltern und Wissen über kritische Familiensituationen, gerade in Bezug zu der in der Kategorie *veränderte Berufsrolle in veränderten Zeiten* aufgezeigten Wahrnehmungen, wird moniert. Es fehle an einem guten „Rüstzeug", um auf familiäre Situationen im Schulalltag zu reagieren. Berichtet wird, dass der Umgang mit diesen Situationen ein „Lernen von Fall zu Fall" ist. Darüber hinaus werden Maßnahmen zur Unterstützung durch Schule zwar in den gesetzlichen Verordnungen angesprochen, sie werden aber als uneindeutig wahrgenommen, was dazu führt, dass hier zum einen von persönlichem Engagement zum Wohle der Kinder und zum anderen von persönlicher Abgrenzung gesprochen wird. Bei der Suche nach Unterstützung für sich selbst machen die Lehrkräfte sehr unterschiedliche Erfahrungen mit anderen Institutionen und Professionen. Sie fühlen sich allgemein jedoch so, dass vornehmlich die jeweiligen Kooperationspartner über die Zusammenarbeit in Form der Informationsweitergabe und Leistungszuteilung (auch mittels bürokratischer Anforderungen) entscheiden. Die mangelnde Ausbildung und die Rolle im Hilfesystem tragen zu Unsicherheiten der Berufsrolle bei und führen zu einem hohen Belastungsempfinden unter Lehrkräften.

Weiterhin kommt es zu einer Abwertung der eigenen Unterstützung für Kinder. Opp (2007) verweist darauf, dass Schule ein soziales Klima anbieten kann, in dem positive Erfahrungen gemacht und Autonomiebestrebungen gefördert werden. Die Interviews zeigen, dass Lehrkräfte für besondere Lebenssituationen von Schüler*innen sensibilisiert sind. Sie betonen die Komplexität eines familiären (kritischen) Ereignisses im Schulalltag und die Notwendigkeit einer je fallbezogenen Betrachtung vor allem hinsichtlich einer Vielzahl von unterschiedlich interpretierbaren Belastungsanzeichen der Schüler*innen sowie variierender familiärer Ressourcen wie soziale Unterstützung und finanzielle Möglichkeiten. In den Interviews fällt auf, dass die eigenen Möglichkeiten pessimistisch bewertet bzw. abgewertet werden, da ein mangelnder Einfluss auf die Handlungen der Eltern berichtet wird, der für eine Unterstützung der Schüler*innen notwendig wäre. Dabei sind die Herausforderungen, die sich durch eine hohe Anzahl von Kindern pro Klasse (oder Unterrichtstag) und die unterschiedlichen Möglichkeiten an den Schulen (z. B. Verfügbarkeit von Schulsozialarbeiter*innen – siehe Beitrag Mesch und Foltin i. d. Band) ergeben, also die vorhandenen Rahmenbedingungen der Unterstützung, stets bei der Einschätzung des Möglichkeitsspielraums für unterstützendes Lehrer*innenhandeln zu berücksichtigen.

Schlussfolgerung

Das Berufsverständnis von Lehrkräften lässt viel Interpretationsspielraum bei Unterstützung von individuellen Problemen vor allem in der Umsetzung des Erziehungsauftrages zu. Der Umgang mit kritischen Familiensituationen wie der psychischen Erkrankung eines Elternteiles gehört nicht zur Lehrer*innenausbildung und kann daher nicht vorausgesetzt werden. Der Umgang mit familiären Krisen von Schüler*innen im Schulalltag ist dabei maßgeblich abhängig von dem unterschiedlichen Vorwissen der Lehrkräfte, der Einstellung zur Berufsrolle und den schulischen Rahmenbedingungen. Die in den Interviews genannten Einstellungen zeigen jedoch eine hohe Sensibilisierung für die Bedürfnisse von betroffenen Kindern im Schulalltag, die generell von den Lehrkräften fallbezogen und komplex betrachtet werden. Das Erkennen von bestimmten Lebenslagen ist allerdings erschwert. So haben Lehrkräfte im Schulalltag einen Fokus auf Schüler*innen. Selten erhalten Schulen jedoch formell Informationen über die Familiensituation der Schüler*innen, hier sind sie auf Vermutungen und Gespräche mit Eltern und/oder Schüler*innen angewiesen. Lehrkräfte können gezielte und individuelle Förderung (emotionale Unterstützung und Schulleistung) sowie problembezogenes Klassenmanagement (z. B. soziale Kontakte zu Mitschüler*innen erhalten) übernehmen, die maßgeblich für die soziale Entwicklung der Kinder sind. Jedoch fühlen sie sich nicht ausreichend durch die Lehramtsausbildung auf die Problemlagen von Kindern mit familiären Schwierigkeiten vorbereitet, was innerhalb ihrer pädagogischen Berufsrolle zu Unsicherheiten und Belastungen im Schulalltag führt. Wichtig ist also eine Diskussion bezüglich der Rolle der Schule bzw. der Lehrkräfte bei kritischen Familienereignissen und eine Klärung des Handlungsrahmens. Als Beispiel ist eine Diskussion mit der Frage, wie viel Einsicht Schule in das Familienleben ihrer Schüler haben sollte und wie die Privatsphäre zu schützen ist, erforderlich, wie sie seit längerem gefordert wird (u. a. Bibou-Nakou 2004).

Hier sind sowohl juristische als auch moralische Fragen differenziert zu diskutieren, was auch auf politischer Ebene zur Klärung der Schulrolle hinsichtlich familiärer Krisen beitragen kann (siehe auch: Bibou-Nakou 2004). In bildungspolitischen Debatten stehen allerdings momentan eher Forderungen nach Leistungssteigerung, mehr Vergleichbarkeit und Qualitätssicherung im Vordergrund (Teumer 2012). Somit wird wohl bis auf Weiteres das Rollenverständnis der Lehrkräfte im Spannungsverhältnis zwischen eigenen Ansprüchen wie z. B. der individuellen Förderung, dem Erhalt und der Förderung des Kindeswohls einerseits und den gegebenen Rahmenbedingungen der schulischen Institution (z. B. der Klassengröße) sowie der aktuellen Ansprüche an Wissensvermittlung und Leistungskontrolle andererseits bestehen bleiben, wobei sich die Autorin und der Autor über eine Fehleinschätzung an dieser Stelle freuen würden.

Literatur

Bauer, U./Driessen, M./Heitmann, D./Leggemann, M. (2012): Psychische Erkrankungen in der Familie. Das Kanu-Manual für die Präventionsarbeit. Köln: Psychiatrie Verlag.

Beeck, K. (2004): Kinder psychisch kranker Eltern – Ein Thema für die Schule! Eigenvertrieb Netz und Boden. Initiative für Kinder psychisch kranker Eltern.

Bibou-Nakou, I. (2004): Helping Teachers to Help Children Living with a Mentally Ill Parent. Teachers' Perceptions on Identification and Policy Issues. In: School Psychology International, 25(1), S. 42-58.

Brockmann, E./Lenz, A. (2016): Schüler mit psychisch kranken Eltern. Auswirkungen und Unterstützungsmöglichkeiten im schulischen Kontext. Göttingen: V&R unipress.

DAK (2016): DAK-Studie 2016 „Gesundheitsfalle Schule – Probleme und Auswege". URL: www.tinyurl.com/DAK-Studie-2016, Zugriffsdatum: 01.01.2019.

Döpfner, M./Petermann F. (2008): Ratgeber Psychische Auffälligkeiten bei Kindern und Jugendlichen: Informationen für Betroffene, Eltern, Lehrer und Erzieher. Göttingen: Hogrefe.

Hoffmann, B. (2016): Rechtliche Aspekte einer Kooperation. In: Kilb, R./Peter, J. (Hrsg.): Methoden der Sozialen Arbeit in der Schule. München und Basel: Ernst Reinhard, S. 44-48.

Kilb, R./Peter, J. (2016): Aktuelle Situation der Verzahnung zweier „Systeme" – Integration, Kooperation oder Konkurrenz. In: Kilb, R./Peter, J. (Hrsg.): Methoden der Sozialen Arbeit in der Schule. München und Basel: Ernst Reinhard, S. 33-39.

KMK (Kultusministerkonferenz) und HRK (Hochschulrektorenkonferenz) (2015): Lehrerbildung für eine Schule der Vielfalt. Gemeinsame Empfehlung von Hochschulrektorenkonferenz und Kultusministerkonferenz. URL: www.kmk.org/fileadmin/pdf/PresseUndAktuelles/2015/2015-03-18_KMK_HRK-Text-Empfehlung-Vielfalt.pdf, Zugriffsdatum: 12.03.2018.

Landesprogramm Bildung und Gesundheit NRW (2016): Vielfalt. https://www.bug-nrw.de/schwerpunktthemen/vielfalt-seit-2016/, Zugriffsdatum: 12.03.2018.

Lenz, A./Brockmann, E. (2013): Kinder psychisch kranker Eltern stärken. Informationen für Eltern, Erzieher und Lehrer. Göttingen: Hogrefe.

Ohntrup, J. M./Pollak, E./Plass, A./Wiegand-Grefe, S. (2011): Parentifizierung – Elternbefragung zur destruktiven Parentifizierung von Kindern psychisch erkrankter Eltern. In: Wiegand-Grefe, S./Mattejat, F./Lenz, A. (Hrsg.): Kinder mit psychisch kranken Eltern. Klinik und Forschung. Göttingen: Vandenhoeck/Ruprecht, S. 375-400.

Opp, G. (2007): Schule – Chance oder Risiko? In: Opp, G./Fingerle, M. (Hrsg.): Was Kinder stärkt. Erziehung zwischen Risiko und Resilienz. München: Ernst Reinhard, S. 227-244.

Pillhofer, M./Ziegenhain, U./Fegert, J. M./Hoffmann, T./Paul, M. (2016): Kinder von Eltern mit psychischen Erkrankungen im Kontext der Frühen Hilfen. Köln: NZFH.

Riedel, K. (2008): Empathie bei Kindern psychisch kranker Eltern. Köln: GwG-Verlag.

Schreier, M. (2012): Qualitative Content Analysis in Practise. London: Sage.

Teumer, S. (2016): Paradoxe Handlungsanforderungen an LehrerInnen im Spannungsfeld der Neugestaltung des Schulanfangs. Zeitschrift für Inklusion-online.net. URL: https://www.inklusion-online.net/index.php/inklusion-online/article/view/47/ (Zugriffsdatum: 12.03.2018).

Trudgen, M./Lawn, S. (2011): „What is the Threshold of Teachers' Recognition and Report of Concerns about Anxiety and Depression in Students? An Exploratory Study with Teachers of Adolescents in Regional Australia". In: Australian Journal of Guidance and Counselling, 21(2), S. 126-141.

Wiegand-Grefe, S./Halverscheid, S./Plass, A. (2011): Kinder und ihre psychisch kranken Eltern. Familienorientierte Prävention- Der CHIMPs Beratungsansatz. Göttingen: Hogrefe.

Witzel, A. (1985): Das problemzentrierte Interview. In: Jüttemann, G. (Hrsg.): Qualitative Forschung in der Psychologie. Grundlagen, Verfahrensweisen, Anwendungsfelder. Weinheim: Beltz, S. 227-255.

Zamora P./Pinheiro, P./Okan, O./Bitzer, E. M./Jordan, S./Bittlingmayer, U./Kessl, F./Lenz, A./ Wasem, J./Jochimsen, M./Bauer, U. (2015): „HealthLiteracy" im Kindes- und Jugendalter. Struktur und Gegenstand eines neuen interdisziplinären Forschungsverbunds (HLCA-Forschungsverbund). Prävention Gesundheitsförderung 10, S. 167-172.

Lehrerhandeln aus der Sicht von Schüler*innen in existentiellen Krisen

Vier Fallstudien zwischen falschem Mitleid und falscher Härte

Mai-Anh Boger und Jan Christoph Störtländer

Einleitung

Im Folgenden wird anhand zweier qualitativer Studien das Dilemma in der pädagogisch-professionellen Grundhaltung von Zugewandtheit und Distanznahme beschrieben. Es wird rekonstruiert, wie sich die Professionalität von Lehrkräften im Angesicht existentieller Krisen von Schüler*innen ausdrückt.

Aus strukturtheoretisch-psychoanalytischer Perspektive bedeutet professionelles pädagogisches Handeln und somit auch Lehrer*innenhandeln immer ein Handeln unter Bedingungen der Ungewissheit und in unauflösbaren Widersprüchen (Helsper 1996). Die Unauflösbarkeit von Widersprüchen (Antinomien) zeigt sich darin, dass der Fokus auf situationsspezifischen Abwägungen liegt, die ein Denken und Handeln in einfach gefassten Kategorien (richtig – falsch / gut – schlecht) übersteigen. Dies liegt auch daran, dass pädagogisches Handeln stets durch strukturelle und institutionelle Rahmenbedingungen mit ambivalentem Charakter beeinflusst wird.

Gerade in Situationen, in denen existentielle Krisen erscheinen, werden einige dieser Antinomien besonders brisant. Krisen sind existentiell, wenn sie nicht nur einzelne Fähigkeiten, Aspekte oder Entscheidungen betreffen, sondern den Menschen als Ganzes erfassen. In diesen existentiellen Krisen sind demnach nicht nur die Schüler*innen*rolle* oder das schulbezogene (Leistungs-) Verhalten relevant, sondern sie sind dadurch gekennzeichnet, dass die Persönlichkeitsentwicklung in einem umfassenden Sinne herausgefordert wird, sodass eine besondere Vulnerabilität der ganzen Person hervortritt. Hier kommen, mit Helsper gesprochen, besonders die Antinomien zwischen Nähe und Distanz sowie zwischen der Rekonstruktion eines Einzelfalls und seiner Bedürfnisse und der Subsumption dieser Bedürfnisse unter die Belange z. B. eines Klassenverbandes zum Tragen.

Da die Krise die ganze Person in ihrer sozialen Gegebenheit betrifft, sind Fallanalysen ein besonders geeignetes Mittel, da sie die Psychodynamik des Menschen unter Mitberücksichtigung aller relevanten Mitmenschen und sozialen Felder erlauben. Es lassen sich dadurch Strukturmerkmale des pädagogisch-professionellen Handelns in schulischen Kontexten nicht nur in ihren (Un-) Möglichkeiten (Antinomien), sondern auch in ihren institutionellen Grenzen rekonstruieren und reflektieren. So gilt es stets auch zu fragen, was im schulischen Rahmen *nicht* möglich ist beziehungsweise was zu einer Entgrenzung dieser besonderen Institution führen würde (vgl. Boger 2019a, S. 144ff.). Fallanalysen sind daher auch ein gutes Mittel, um in der akademischen Lehre über Professionalisierungstheorien zu sprechen (Wernet 2006) und von dort ausgehend induktiv die Antinomien des Lehrerhandelns (immer wieder neu) zu entdecken.

Unter dem Vorzeichen krisenhafter Lebenslagen werden in diesem Beitrag vier Fälle vorgestellt, um an ihnen zu zeigen, welche Ansprüche an pädagogische Professionalität aus ihnen ergehen. Die Fälle stammen aus zwei unabhängig voneinander durchgeführten qualitativen Studien. Beide haben gemein, dass sie von der Schüler*innenperspektive ausgehen. Der vielleicht markanteste Unterschied zwischen der Schüler*innenperspektive und der Perspektive von Lehrkräften besteht darin, dass die Schüler*innen in den Interviews viel darüber sagen können, was die Lehrkräfte nicht wissen (sollen). Während es bei psychischen Krisen und familialen Konflikten auf Lehrkräfteseite häufig um vage Ahnungen und Intuitionen geht, ist das komplementäre Bild auf Schülerseite von Techniken des Stigmamanagements (Goffman 1974; 2003) gekennzeichnet. Es geht um Praktiken der Sichtbarmachung und Unsichtbarmachung und des Umgangs mit (Un-)Sichtbarkeit: Welche Themen haben in der Schule einen Platz? Welche werden privatisiert oder tabuisiert?

Neben diesen Grundproblemen des Stigmamanagements und Privatisierens von Problemen weisen alle Fälle auf weitere Facetten des professionellen Umgangs mit ihnen hin. Exemplarisch soll daher gezeigt werden, wie sich solche Konflikte in der Schule analysieren lassen und was sich aus ihnen lernen lässt. Dazu werden die qualitativen Ergebnisse der beiden Studien mit Reflexionen der Gegenübertragung aus der Perspektive der Psychoanalytischen Pädagogik und strukturtheoretischen Professionalisierungstheorie verbunden.

1 Kurze Beschreibung der Studien und gemeinsame Fragestellung

Die ersten beiden Fälle – Yasin und Laura – stammen aus einer Studie von Jan Christoph Störtländer (2019). Ziel dieser qualitativ inhaltsanalytisch ausgerichteten Arbeit war es, die Perspektive von Schüler*innen eines zehnten Jahrganges einer Gesamtschule auf ein gelingendes Leben (Capabilities Approach, vgl. Nussbaum 2011) zu ermitteln und diese bildungstheoretisch (vgl. Klafki 2007; Köker/Störtländer 2017) so einzuordnen, dass auch allgemeindidaktische Rückschlüsse für die Lehrkräfteprofessionalisierung gezogen werden können (vgl. exemplarisch: Störtländer 2011; Heinrich/Störtländer 2017). Es zeigt sich hier, in welch komplexen Lebenslagen sich Jugendliche befinden, deren krisenhafter Gehalt sich besonders dann in den Erzählungen der Jugendlichen manifestiert, wenn sie über Bedingungen eines gelingenden Lebens reflektieren.

Die beiden Fälle Klara und Jana stammen aus dem Sample einer Studie von Mai-Anh Boger (2017; 2019b) aus dem inklusionspädagogischen Kontext. Ziel dieser Arbeit war das Generieren einer Theorie der Inklusion mithilfe der Grounded-Theory-Methode. Der Fokus lag dabei auf Praktiken des Sichtbarmachens und des Versteckens von psychischen Krisen in der Schule. Unerkannte Krisenfälle galten dabei als ein „Prüfstein" von Inklusionstheorien bezüglich der Frage, ob diese tatsächlich *alle* Schüler*innen bedenken, wie es gemäß des Anspruchs einer „Schule für alle" gefordert wird. So geraten durch eine Verengung des Inklusionsdiskurses auf einen biologistischen Behinderungsbegriff jene Fälle aus dem Blick, die schon immer gemeinsam unterrichtet wurden, deren Inklusion jedoch dennoch gefährdet ist, eben weil sie auf markante Weise „übersehen" und vergessen werden.

Sowohl aus bildungstheoretischer als auch aus inklusionstheoretischer Perspektive ergaben sich dabei zahlreiche Anschlüsse an die Professionalisierungsforschung. Dies hat für diesen Aufsatz zu folgender gemeinsamer Fragestellung der Sekundäranalyse geführt: *Was ist (un-)professionelles Verhalten in der Konfrontation mit psychischen/familialen Krisen im schulischen Kontext?*

2 Yasin – Wer hat die Hose an?

„Mein Vater wollte mir ein paar Sachen kaufen und (.) und ja wir waren / ich war in der Umkleidekabine und als ich jetzt gerade die Hose anziehen wollte, hat er diese Gardine aufgemacht, das gefällt mir halt nicht. Ich habe das ihm gesagt. Ich hatte an / gesehen, dass er eine Hose dabei hat. Ich habe dann gesagt ‚Vater du kannst mir gerne den / die Hose geben und dann kannst du jetzt bitte die Gardine zumachen.' Der hat das voll falsch verstanden, hat mich angeschrien und dann habe dann meine alte Hose angezogen, also nicht die neue und dann bin ich einfach weggegangen und dann hat mein Vater angefangen mich anzuschreien mitten in diesem Laden […] Ja und mir ist eigentlich nichts peinlich, aber es ist schlimm halt, wenn man das von seinem Vater so eine Reaktion bekommt."

Der 16-jährige Yasin ist im Alter von zehn Jahren mit seinem Vater aus der Türkei nach Deutschland gekommen, da dieser sich dort von seiner Frau getrennt hat. Er lebt jetzt mit seinem in einer Ausbildung befindlichen Vater und seiner arbeitslosen Stiefmutter in Deutschland. Yasin, der erst noch Deutsch lernen musste, ist es sehr wichtig, ein guter Schüler und ein guter Sohn zu sein, was nur bedingt in Einklang zu bringen ist und regelmäßig zu konfliktbehafteten Situationen führt, die in eine Krise münden können.

In Yasins Erzählung besteht das Leitmotiv in der Frage, wer eigentlich „die Hose anhat". Dies meint er zunächst ganz wörtlich, wenn er einen Konflikt mit dem Vater schildert, der ihm eine Hose kaufen will und im Laden dann vor aller Welt die Gardine der Umkleidekabine öffnet, um zu schauen, ob dem Sohn die Hose passt. Yasin verbittet sich das; der Vater, der im familiären Raum die symbolische Ordnung verkörpert, verbittet sich Yasins Zurückweisung seines Angebotes, eine Hose zu kaufen, und schreit seinen Sohn im Laden zusammen. Insgesamt wird Yasin zufolge in der Familie, aber auch in der Schule, viel geschrien, was ihn belastet, weil er dies als Akt der Gewalt zur Einsetzung einer symbolischen Ordnung wahrzunehmen scheint.

> „Ja bei den Klassenkameraden ist das schon eigentlich ganz gut angekommen, denn sie fanden gut, dass ich mich irgendwie […] zu diesem Thema gestellt habe oder dass ich das denen erzählt habe. MEIN Klassenlehrer fand es nicht gut, bei unseren Referaten seit der fünften ist es so, dass wir erst mal Vortrag machen und wer eine Frage hat, kann sich dann melden und ich nehme diese Person dran. Bei mir ist das so, wer sich länger meldet, der kommt als allererst dran und mein Lehrer hat dann plötzlich meinen Vortrag unterbrochen und dann hat angefangen plötzlich SELBST die Leute zu nehmen. Und ich fand das nicht gut, ich habe ihn erst mal gesagt, dass das nicht geht, ICH muss hier drannehmen, das machen wir seit der fünften so […]. Und dann hat er meine Meinung nicht respektiert, ja, dann habe ich gesagt, wenn es Ihnen nicht gefällt, können Sie gerne rausgehen".

In der Schule nun gibt es eine markante Situation im „Kampf um die Hose", welche Yasin sehr ausführlich beschreibt: Er interessiert sich seit der fünften Klasse sehr für Geschichte bzw. Gesellschaftslehre und versucht seit jeher auf eine sehr gute Note zu kommen. Ihm missfällt, dass die osmanische und arabische Geschichte kaum Raum im Curriculum hat. Vor kurzem hat er deswegen ein Referat über den Genozid an den Armeniern im osmanischen Reich gehalten; für das Thema musste er kämpfen. Nun ist es aber so, dass daheim väterlicherseits eine klare Deutung vorliegt (es hat keinen Genozid gegeben) und von Seiten der Lehrkraft ebenfalls eine klare Deutung (es hat einen Genozid gegeben). Yasin erkennt den Genozid an und versucht in seinem Referat eine differenzierte Betrachtung vorzunehmen, indem er über die Zeit vor dem Genozid berichtet und Beispiele liefert, wie vorher das Zusammenleben zwischen Armeniern und Türken in vielen Dingen gelungen ist. Dies missfällt der Lehrkraft derart, dass sie das Referat frühzeitig abbricht, was sich Yasin nicht gefallen lässt: „wenn es Ihnen nicht gefällt, können Sie gerne rausgehen", sagt er zu der Lehrkraft, als diese beginnt, entgegen der Klassenregel nach Abbruch selber Schüler*innen aufzurufen (eigentlich ist dies das Privileg der Referierenden).

Die ganze Situation eskaliert und führt zu einer schlechten Note, was Yasin frustriert (er strengt sich seitdem in seinem Lieblingsfach nicht mehr an) und was daheim zu einem großen Streit (und lautstarken Auseinandersetzungen) mit seinem Vater führt, der erwartet, dass Yasin unbedingt gute Noten schreibt (aber auch, dass er des Vaters Deutung über den Genozid folgt, was freilich inkommensurabel ist).

In Yasins Erzählung finden sich noch mehrere strukturähnliche Narrative, die alle darauf verweisen, dass er in einen starken Konflikt zwischen zwei dogmatischen Vaterfiguren verwoben ist, den aufzulösen er nach Kräften versucht. Am liebsten würde er dieser Situation entkommen, sie vermeiden, indem er Schule und Familie verlässt, so erzählt er. Allein, dies würde wahrscheinlich in eine stärkere Krise führen, da er an eben dieser Familie, seinen Freunden und auch an der Schule und schulischer Bildung hängt. Ein Ausweg könnte sein, dass das Machtspiel beendet wird, indem andere Kommunikationsspiele gepflegt werden als das väterliche und patriarchale Sprechverbot.

3   Laura – Mitleid mitten in der Gegenübertragungsfalle

„Meine beste Freundin ist suizid, also noch ein Stück schlimmer als ich und sie hat aber gleich gesagt, dass sie das überhaupt nicht in Ordnung findet und sie hat mir auch, also sie, sie hat nicht gesagt, du, du, du und hat mich dann halt ANgeschrien oder dergleichen, sondern sie hat einfach versucht, mir zwar gesagt, was sie davon hält und dass sie es nicht in Ordnung findet, aber mit ihr kann ich offen darüber reden so weil, weil sie verSTEHT mich, sie weiß, wie das ist, sie weiß, was für ein GEFÜHL das ist und mit ihr kann ich da halt immer so offen und ehrlich drüber reden, also, sie hat halt gesagt, dass sie das nicht in Ordnung findet, aber sie hat auch gesagt, dass sie, falls es mal so kommen sollte, ne, da würde sie sich eher mit mir zusammen ins Badezimmer setzen und sich sonst was aufschneiden, statt dass ich alleine da sitze und dann das Gefühl habe, ALLEIN zu sein, so da war sie halt, ist sie halt immer für mich da, wenn ich sie da in der Hinsicht brauche und da lacht sie mich auch nicht aus, dass sie sagt, ‚ja, DU schon wieder, ne?‘ Auch meine anderen Freunde, die davon wissen, gehen damit sehr locker um, also sie, sie ignorieren es nicht komPLETT und wenn sie mal sehen, dass da eine neue Narbe ist, dann versuchen sie das schon zu hinterfragen und auch sich um mich zu kümmern, aber es nicht so, dass sie jetzt jedes Mal darauf zurückkommen oder dass sie mich dafür als anderen Mensch sehen, so ist das nicht."

Die 15-jährige Laura ist Einzelkind und lebt zusammen mit ihrer Mutter und ihrem Stiefvater in bürgerlichen Verhältnissen. Laura ist eine gute Schülerin, sie unterhält zahlreiche Freundschaften und pflegt Reiten und Voltigieren als Hobby. Doch diese scheinbar privilegierte Lebenslage hat eine krisenhafte Seite, die Lauras Streben nach einem gelingenden Leben bedroht und die auf eine ambivalente Weise von institutioneller Seite bearbeitet wird.

Laura zeigt autoaggressives Verhalten, sie schneidet sich in die Arme, die Verletzungen und Narben zeigt sie auch freimütig während des Interviews, wobei sie den (männlichen) Interviewer hier in der Übertragung in die Rolle des Therapeuten bringt (so zumindest die Analyse meiner (J.C.S.) Gegenübertragung). Ihr wirklicher Therapeut wiederum attestiert Laura ihrer Erzählung zu Folge, dass sie sehr stark für ihr Alter sei und dass sie unter einem Borderline-Syndrom leide. Eine ausführliche psychoanalytisch basierte Deutung des Interviews mit Laura (Boger/Störtländer 2014) kommt zu dem Schluss, dass sich Laura in einer symbiotischen Struktur mit Dingen und Personen befindet, die ihr „ein und alles" sind. Dies beginnt mit ihrem Kaninchen. Es folgt die Mutter, zu der sie ein sehr ambivalentes Verhältnis hat. Einerseits findet Laura es unverschämt, dass sie ihre Mutter dabei erwischt, wie sie ihr Zimmer nach Rasierklingen durchsucht und möchte sie am liebsten verstoßen (Tendenz zur Auflösung der Symbiose), andererseits kann sie, so sagt Laura, auch nicht ohne sie leben. Es folgt die beste Freundin, die nicht nur unter Epilepsie leidet, weswegen Laura für sie da sein muss, sondern ihre „beste Freundin ist suizid" (Freud'sche Fehlleistung: Die Freundin wird zur Personifikation des Todes durch akzidentelle Substantivierung). Schließlich umspannt dieses symbiotisch-verschlingende Eine wirklich Alles; unter einer besseren Welt stellt sich Laura „eine Gesellschaft von Menschen für Menschen" vor; im Gegensatz zu den anderen Interviewten gelingt es ihr nicht, dies weiter zu spezifizieren, denn dazu müsste das Verhältnis vom einen und von allen zu einem Verhältnis zur symbolischen Ordnung hin aufgelöst werden.

> Laura: „Also meine Eltern leben getrennt, seit ich ein Jahr alt bin, (..) meine Mutter hat neu geheiratet (.) und ja eigentlich ist jeder Tag nichts anderes als wäre es jetzt me / würden meine Eltern noch zusammenleben, ich stehe morgens so um sechs Uhr auf, meine Mutter und mein Stiefvater sind dann schon aus dem Haus, (.) dann hier zur Schule, wenn ich Mittags nach Hause komme, kommt darauf an, ob ich lang oder kurz habe, ist meine Mutter meistens schon wieder da, mein Stiefvater kommt erst so gegen fünf Uhr nach Hause (..) und ja dann mache ich Mittags meine Hausaufgaben, beziehungsweise Montags, Dienstags, Mittwochs und Freitags, also Montags habe ich, voltigiere ich zwei Stunden, Dienstags unterRICHTE ich zwei Stunden Voltigieren und REITE eine Stunde, MIttwochs fahre ich direkt nach der Schule zum Tanzen. (.) Donnerstags dann LANGE Schule, Freitags meistens Nachhilfe."
> Jan (Interviewer): „Das klingt nach einem straffen Zeitplan."
> Laura: „Ja, eindeutig, das ist alles auf die einzigsten Sekunde durchorganisiert."

Um mit der Krise umzugehen, entwickelt Laura eine „Moral der Härte" – „jede Minute meines Tages ist durchgeplant", so sagt sie. Besonders in der Schule wird diese Moral der Härte und das „Ein und Alles" von Laura nun im wörtlichen Sinne durchexerziert. Von den vielen Beispielen in ihrer Erzählung, die dieser Fallstruktur entsprechen, scheint uns eine besonders markant, wenn es um Fragen professionellen Lehrerhandelns geht: Laura verEINnahmt ALLE in die Auseinandersetzung mit ihrem autoaggressiven Verhalten. Sie exponiert sich und zwingt so ihr Umfeld dazu, sie zu sehen und auch ihr Leid zu sehen, was freilich bei ihr selbst so nicht konnotiert ist: „Meine Narben gehören zu mir", sagt sie, alle Mitschüler*innen wüssten Bescheid und würden das so akzeptieren. Auch das Kollegium und die Schulsozialarbeit sind im Bilde und Laura und ihrer Situation empathisch bis mitleidig zugetan. Laura beschreibt sehr ausführlich, wie sie diese Zugewandtheit und dieses Mitleid spürt und obwohl sie diese im Sinne der Moral der Härte eigentlich nicht zulassen will, fühlt sie sich in der Schule, mit den Vertrauenslehrer*innen und den Sozialarbeiter*innen geborgen. Dieses wechselseitige Wohlwollen hat dazu geführt, dass man hier eine Art Deal ausgehandelt hat: „Wenn es mir mal nicht gut geht, kann ich ein paar Tage zu Hause bleiben", so beschreibt Laura diesen Deal, an dem die eben beschriebenen Akteursgruppen und ihr Therapeut beteiligt gewesen sind (also eine multiprofessionelle Kooperation), um Laura in ihrer Krise zu begegnen. Bei all der Exponiertheit schafft sich Laura hier mindestens eine Möglichkeit, nach Belieben nicht gesehen zu werden.

Doch dieser Deal scheint hochgradig ambivalent; das Grundproblem hier lautet zugespitzt: Einerseits handelt es sich bei der Empfindung des Mitleids von Seiten des Kollegiums um einen pädagogisch sinnhaften und begründbaren Impuls, um Lauras Moral der Abhärtung etwas entgegenzusetzen. Andererseits zeigt sich jedoch, dass die mitleidige Reaktion Teil der Psychodynamik ist, die Lauras Konflikt aufrechterhält. Statt einer verlässlichen symbolischen Ordnung wird ihr vorgelebt, dass Menschen aus dem spontanen Affekt heraus Dinge gewähren und versagen. Hinzukommt, dass Laura daheim in besonderem Maße dem Risiko unterliegt, ihre symbiotische Struktur zu verhärten. Auch hier scheint eine stabile symbolische Ordnung hilfreich, wenn nicht notwendig zu sein, um die Krise zu überwinden.

4   Klara – „dass es einfach niemanden interessiert hat"

„Ich fand das absolut unnachvollziehbar. Es hätte auch viel gebracht, vielleicht für andere Kinder, das im Nachhinein- weil da hat mich ja auch nie einer nach gefragt. Ich hatte das irgendwann so ein bisschen verarbeitet und dann wollte ich auch drüber reden eigentlich, äh ähm aber ich hatte das Gefühl, dass das absolut unerwünscht ist, sowas zu thematisieren. […] Man hätte das eigentlich total prima nutzen können im Schulkontext, um vorzubeugen und vielleicht irgendwie so eine ähm Gesprächskultur darüber herzustellen, aber das hat einfach niemand gemacht. Und ähm das ist mir bis heute ein Rätsel."

Klara wurde während ihrer Schulzeit magersüchtig und beobachtete dabei zunächst irritiert und sodann verärgert, „dass es einfach niemanden interessiert hat". Ihre Erzählung fokussiert das Themenfeld „Tabuisierung und Wegsehen". Noch Jahre später im Interview ist die „Wut" darüber, dass in der Schule alle weggesehen haben, deutlich zu hören.

Betroffene können sehr unterschiedlich stark politisiert sein. Während manche ihre Probleme selbst als ‚rein private' Probleme betrachten, verweisen andere explizit auf die gesellschaftliche Dimension einer Problemlage und rahmen dies auch als eine (je nach Kontext: gesellschafts-, geschlechter-, migrations-, sozial-, schul-)politische Frage. Klara gehört zu diesen Fällen, die ihre eigene Geschichte als etwas rahmen, das etwas enthält, das von allgemeinem Interesse ist, insofern es zur öffentlichen Ordnung der Schule gehört, einen achtsamen Umgang miteinander zu pflegen. Im Zentrum der relativ stark politisierten Erzählung Klaras stehen die Kategorien ‚öffentlich-privat' und ‚sehen/hinschauen und übersehen', was sie an anderer Stelle mit Begriffen aus dem Wortfeld/Themenfeld von „Zivilcourage" und „unterlassener Hilfeleistung" ausführt. So vergleicht sie das Wegsehen bei psychischen Problemen im schulischen Kontext damit, als Zeuge eines Autounfalls mit schwer Verletzten einfach weiterzufahren und nichts zu tun. In dieser Analogie vermutet sie einen Hauptgrund für das Wegsehen in der Angst der Lehrkräfte „etwas Falsches zu machen" und ruft – ganz so wie man es in Erste-Hilfe-Seminaren tut – dazu auf, lieber etwas falsch zu machen als gar nichts. Als zweiten Grund für das Wegsehen führt sie das Privatisieren von Problemen an. Sie argumentiert, dass ein Sichtbarwerden der privaten Probleme im öffentlichen Raum dazu verpflichte zu handeln. In der Autounfall-Analogie würde man schließlich auch keine unterlassene Hilfeleistung begehen, weil man der Meinung ist, einen Verletzten beim Notruf zu melden, sei Sache der Familie des Opfers.

Die Grenzen dieser Analogie verweisen sowohl auf psychodynamische Aspekte als auch auf Klaras Bild von Schule. Unfälle sind nicht vorgesehen, sie sind vehemente Störungen des Betriebsablaufs oder des Verkehrsflusses und vor allem sind sie – Gott sei Dank – die Ausnahme und nicht der Regelfall. Dies steht im starken Kontrast zu einer Vorstellung von psychischen Krisen als etwas, das zunächst ganz normal ist (insofern alle Menschen irgendwann in ihrem Leben psychische Krisen haben) und das nicht durch einen vehementen oder ereignishaften Einbruch gekennzeichnet ist, sondern Phänomene wie schleichende Verläufe, Schwankungen, Zuspitzungen und Deeskalationen kennt. In Klaras Narration wird dies auch dadurch deutlich, dass sie erzählt, auf einem relativ elitären Gymnasium gewesen zu sein, das nicht damit rechnet, dass es im gesetzten bürgerlichen Milieu zu größeren Problemen kommen könne. Sie zeichnet in diesem Sinne ein Bild bürgerlicher Kälte und persifliert dieses Weltbild, indem sie flüsternd davon erzählt, dass über Abschulung geflüstert wurde, wobei das Verweisen von Krisenfällen an ein schlechteres Gymnasium der Stadt dort ebenso als „Abschulung" gilt. Das Bild von Schule ist in Klaras Fall das eines elitären bürgerlichen Milieus, in dem menschliche Krisen nicht nur als unvorhergesehene „Unfälle" gelten (statt als Entwicklungsaufgaben, die Teil des Lebens sind), sondern dann auch noch ins Private abgeschoben und tabuisiert werden, um eine Fassade aufrecht zu erhalten. Diese Fassade des funktionierenden bürgerlichen Milieus vermittle, dass es für existentielle Probleme in der Schule keinen Platz gibt, was darüber gewährleistet wird, diese nicht offen anzusprechen, sondern zu flüstern, wegzuschauen oder das Thema diskret zu übergehen.

Was sich in jedem Fall aus der Erzählung Klaras lernen lässt, ist, dass es milieuspezifische Praktiken der Tabuisierung und (De-)Thematisierung von psychischen Krisen gibt. „Diskretion" wird weiter unten in der Erzählung Janas als positive Eigenschaft und Fähigkeit beschrieben. In dem bürgerlichen Milieu, das Klara beschreibt hingegen, wird „Diskretion" zu einer Technik des Wegsehens und zu einer Ausrede dafür, sich mit den Problemen anderer Menschen nicht zu befassen. So ist „Diskretion" als bourgeoiser Code nicht (mehr) eine Geste des Respekts, sondern viel eher ein Ausdruck der bürgerlichen Kälte und des Desinteresses aneinander, der unter dem *Vorwand* des Respekts legitimiert wird.

> „Aber ähm, was die Lehrer betrifft, hatte ich schon das Gefühl, dass man extrem stark auf- wie man als Arbeitnehmer manchmal so auf human ressources, so auf seine Arbeitskraft reduziert wird, dass man Schüler sehr stark als äh Gefäß, in das man Wissen stopft, reduziert wird, aber der Mensch, der hat irgendwo in seiner Freizeit seine Berechtigung, aber der gehört da irgendwie nicht hin."

Dieses kalte Bild von Schule ist derart stark ausgeprägt, dass Klara im weiteren Verlauf davon spricht, dass jede Schule ja auch ihre „Unternehmenskultur" (sic!) hat. Dergestalt Schulen als Unternehmen präsentierend, erscheint ihr der Schulapparat tatsächlich als ein Arbeitsplatz für junge Erwachsene, die vorübergehend noch „Schüler" genannt werden, aber bereits jetzt einfach ihre Arbeit zu machen und zu leisten haben. Auch in anderen Interviews in der Studie ist dieses Motiv sehr häufig vorzufinden. So erzählt eine weitere Interviewte, dass das Durchleben einer suizidalen Krise in der Schulzeit für sie der Moment war, in dem ihr klar wurde, dass man in diesem Laden „funktionieren muss". Das Motiv des Funktionieren-Müssens wird dabei stets doppelt verstanden: In der Gegenwart gibt es einen Zwang, die Schülerrolle als rollenförmiges Verhalten aufrecht zu erhalten, und mit Blick auf die Zukunft gilt es, das kapitalistische Diktat des Funktionieren-Müssens auf dem Arbeitsmarkt von früh an zu verinnerlichen. Diese Überzeugung gibt den Menschen das Gefühl, dass das Sichtbarwerden der privaten Probleme als Zusammenbruch der bürgerlichen Fassade eine Form des Versagens sei. Während dies die eben Zitierte traurig macht, wird Klara jedoch „wütend" über den Fassadenzwang und das Wegsehen. Ein Mittel, die Fassade herunterzureißen, besteht darin, die Menschen zu durchleuchten. So plädiert Klara auf die Frage hin, was sie am Schulsystem verändern würde, für ein verpflichtendes Screening.

> „Ich fand es sogar a- ähm begrüßenswert als die ganzen Vergleichsarbeiten und so was eingeführt wurden, weil ich immer den Eindruck hatte, dass viele Lehrer würfeln (lacht) – also dass es sowieso nicht unbedingt immer objektiv der Schüler äh betrachtet wird und ich hatte immer das Gefühl, wie gesagt, ähm auch bei anderen Mitschülern, ähm dass die äh quasi Arbeitnehmerpersönlichkeit und auch alle nichtfachlichen Kompetenzen überhaupt keine Rolle spielen. […] Sowohl in der Lehrerausbildung als auch ähm einfach schulpolitisch, also man kann auch dazu gezwungen werden zu seinem Glück, solche Sachen zu machen. Wenn so eine Diagnostik verpflichtend wäre, dann äh kann sich da ja keiner vor drücken, auch wenn er eigentlich nicht der Meinung ist, dass die Schule dafür nicht da ist."

Das Interessante an Klaras Erzählung ist, dass sie die bürgerliche Kälte nicht mit einer Forderung nach mehr ‚Wärme' beantwortet, sondern mit einem Plädoyer für einen noch besser funktionierenden Schulapparat. Aus dem zwischenmenschlichen Versagen folgt für sie, dass man die Dinge weniger zwischenmenschlich und stärker standardisiert angehen sollte: Ihr Vertrauen in Screenings und validierte Testverfahren ist größer als das in ihre Mitmenschen. Im starken Kontrast dazu ist die Erzählung Janas so sehr auf das Beispiel einer guten Lehrerin zentriert, dass es darin kaum noch um Schule als Institution und fast nur noch um zwischenmenschliche Nähe und Ansprache geht:

5 Jana – Ein Best-Practice-Beispiel für Lehrkräfte?

> „Dass sie das wirklich so dezent mal angedeutet hat, mit mir in Ru- alleine in Ruhe gesprochen hat, ohne dass andere das mitbekommen haben, dass sie auch meine Eltern vor allen Dingen kontaktiert hat, weil die wussten- die haben das zu dem Zeitpunkt noch gar nicht wirklich realisiert. Die haben das erst durch ihren Anruf halt wirklich wahrgenommen, dass da was nicht stimmt. Ja und... halt die- diese Lehrerin, also die ist- die hat das auch im Nachhinein noch bei ganz vielen Mädchen gemacht, wo ich es noch mitbekommen hab, dass sie zum Beispiel mir Bescheid gegeben hat, ähm ob ich nicht mal mit diesen Mädchen sprechen könnte, weil ich selbst auch in der Klinik war danach, auf ihren Rat hin. […] Und...also das finde ich wirklich super, wie sie das macht."

Jana unterlässt das politische Sprechen im strengen Sinne des Wortes: Sie stellt keine politischen Forderungen, sondern erzählt von einem gelungenen Beispiel aus der Praxis und erläutert, warum sie findet, dass die Lehrerin vorbildlich gehandelt hat. Auf meine Nachfrage nach Beendigung des Interviews, ob es ihre Hauptmotivation war, von dieser Lehrerin zu erzählen, bestätigt sie dies und führt aus, dass sie sich zum Interview gemeldet hat, weil sie wollte, dass die Menschen wissen, dass es auch solche Lehrer gibt. Insgesamt ist ihre Erzählung voller Wärme, Verbundenheit und Dankbarkeit. Auch Jana hatte – ebenso wie Klara – eine Essstörung in der Schulzeit. Als die Lehrerin dies merkte, hat sie Jana – wie in obigem Ausschnitt beschrieben – diskret, aber auch sachlich angesprochen. Diskretion bedeutet hier „dezent" und „alleine in Ruhe" mit Menschen zu sprechen, ist also kein Ausdruck von bürgerlicher Kälte (wie oben bei Klara), sondern ein Signal dafür, dass der Lehrerin bewusst ist, dass es sich um ein heikles Thema handelt. Es zeigt Respekt und Ernsthaftigkeit. Dass die Ansprache sachlich geschah, rekurriert darauf, dass die Unterhaltung nicht emotionalisiert oder aus dem Affekt heraus geführt wurde, sondern lösungsorientiert mit Blick auf Unterstützungsmöglichkeiten. In einem anderen Ausschnitt wählt Jana dafür die Formulierung „ganz normal angesprochen" – also ohne jede Dramatisierung oder Skandalisierung. Zwei Kontrastbilder gilt es hier festzuhalten: Das erste Kontrastbild lieferte Klara mit dem Bild des Unfalls. Eine „ganz normale" Ansprache ist jedoch nur möglich, wenn man psychische Krisen tatsächlich als „ganz normalen" Teil des pädagogischen Tagesgeschäfts versteht. Jana betont an mehreren Stellen, dass die Lehrerin im Best-Practice-Fall keine Reaktion der Art ‚Oh mein Gott – ein Unfall!' zeigte, sondern sowohl ihr als auch ihren Eltern einen Moment der Klarheit und Sachlichkeit schenkte. Das zweite Kontrastbild dazu besteht in Lehrern, „die einem Noten schenken" – wahrscheinlich „aus Mitleid" – eine Erfahrung, von der alle vier interviewten Personen [in der Studie von M.B.] berichten. Bei Jana klingt dies wie folgt:

> „Die war meine Bio-, hinterher Chemielehrerin. Ja, die hat immer so vor- ähm getan als wäre ich hm so das Opfer und als wäre ich äh ein ganz armes Mädchen und man müsste sich besonders um mich kümmern und besonders gute Noten geben [in karikierendem Tonfall], so nach dem Motto! [lacht] Also, ich habe wirklich hinterher gute Noten bekommen, obwohl ich das gleiche geleistet habe wie andere, also im Grunde in dem Fach nichts – und wirklich – ich glaub wirklich nur durch diesen Status, weil sie wusste, was bei mir los war. Also diese Bemutterung sozusagen."

„Bemutterung" verweist auf den Bruch mit dem rollenförmigen Verhalten durch Einzug von Verhaltensweisen, die einer familialen Rolle, nämlich der Mutterrolle, angehören. Diese Rollenentgrenzung wird im weiteren Verlauf als „unangenehm" beschrieben und entspricht einer Form des nicht-professionellen Verhaltens im Sinne eines nicht-(lehrer-)rollenkonformen Verhaltens. In

Janas Erzählung von einer guten Lehrerin wurde genau dies nicht getan, sondern das Mitgefühl wurde an der richtigen Stelle gezeigt. Sowohl aus professionstheoretischer als auch aus der Betroffenenperspektive ist also klar, dass das Verschenken von Noten einen *nicht* zu einer warmherzigen, guten Lehrkraft macht. Dies wird auch aus Schülerperspektive nicht anders gesehen.

Noch einen weiteren Aspekt des gelungenen Handelns der Lehrkraft gilt es hervorzuheben: Das Eingangszitat sagte bereits, dass die Lehrerin dies nicht nur für Jana gemacht hat.

> „Das war ungefähr ein Jahr später, nachdem ich auch aus der Klinik schon raus war, hatte mich meine Lehrerin drauf angesprochen, ob ich nicht mal mit ihr [einer Mitschülerin; M.B.] reden könnte…und dann haben wir uns getroffen irgendwann in der Pause und dann haben wir auch immer öfters geredet und sie war halt da genauso uneinsichtig wie ich am Anfang und das hat sich immer mehr gelöst und sie meinte auch hinterher, dank mir und dank meiner Lehrerin auch- und dadurch sind wir sehr gute Freundinnen und wir sind auch jetzt noch in Kontakt halt. Also wir konnten uns dann sehr gut austauschen auch. Dadurch, dass unsere Lehrerin uns sozusagen vermittelt hat."

Jana beschreibt vor allem diese Freundschaft unter betroffenen Peers als haltgebenden Raum der Heilung. Sie betont das Verstehen unter Gleichbetroffenen. Der Respekt der Lehrerin äußert sich also auch darin, dass diese um den Wert dessen weiß, was Betroffene einander zu geben haben. Das Kontrastbild dazu wäre eine Lehrerin, die versucht, alle Hilfe selbst zu geben und die den Wert von Unterhaltungen unter Peers verkennt. Was sich aus dem „Best-Practice-Beispiel" noch lernen lässt, ist also, dass sich der Fokus auf die Beziehungen der Schüler*innen untereinander lohnt: So beschreibt Jana nicht nur solidarische Freundschaften unter Mitschüler*innen, sondern (im weiteren Interviewverlauf) auch Szenen des Mobbings. Es gilt in diesem Sinne nicht nur zu reflektieren, was man im Einzelgespräch als Lehrkraft für Schüler*innen in psychischen Krisen tun kann, sondern eben auch Sorge zu tragen, dass eine Schulkultur gepflegt wird, in der Mobbing verhindert und zu gegenseitigem Respekt und Unterstützung erzogen wird. Mit Blick auf die Oberstufe beschreiben zwei der Interviewten, dass die größere Anonymität in den wechselnden Kursen im Vergleich zur Klassengemeinschaft vieles schlimmer gemacht habe. Janas Lehrerin zeigt sich in diesem Sinne klar als Ansprechpartnerin, sie überschätzt sich aber auch nicht selbst, sondern trägt Sorge dafür, dass solche Räume der Ansprache unter Peers gestiftet werden. Das Bezeichnende an der Best-Practice-Erzählung ist demnach, dass darin nicht nur die Beziehungen zwischen Schüler*innen und Erwachsenen auftauchen, sondern auch jenes in den Blick gerät, das sich Schüler*innen untereinander antun, aber auch jenes, was sie einander zu geben haben. Dass existentielle Krisen die ganze Person betreffen und nicht nur die Schülerrolle, bedeutet in diesem Sinne, dass alle Beteiligten in diesen Szenen nicht rollenförmig, sondern als Menschen erscheinen. Die Verletzungen, die man beim Mobbing auf dem Schulhof erfährt, legt man nicht zusammen mit der Schülerrolle nach dem letzten Klingeln ab. Ebenso gilt jedoch, dass sich Freundschaften, die sich in schweren Zeiten bilden und halten, von unschätzbarem Wert für die Persönlichkeitsentwicklung sind.

6   Vergleichende Fallanalyse

„Aber ich bin wirklich von jemandem, der super gern zur Schule gegangen ist, gute Noten hatte, zu jemandem [geworden], der immer noch gute Noten hatte, es aber gehasst hat wie die Pest" (Klara im Interview)

Die vier Fälle haben uns auf unterschiedliche Weise gezeigt, dass das Ausblenden familialer/psychischer Konflikte in schulischen Kontexten zu weiteren Konflikten führt. Das Beharren darauf, dass diese Probleme privat seien, kann schlimmstenfalls zu schweren Motivations- und/oder Lernstörungen führen. Außerdem – so haben insbesondere die Fälle von Yasin und Klara gezeigt – ist das Verschieben ins Private stets ein politischer Akt. Im Sinne des Slogans der Frauenbewegung „Das Private ist politisch" verweisen sie darauf, dass manche Lerninhalte und Unterrichtsfächer für manche Schüler*innen eine besondere Gegenwartsbedeutung haben, die intim mit der Krise verwoben ist (wie z. B. Migrations-/Fluchterfahrung im Geschichtsunterricht, Essstörungen und Körperschemastörungen im Sportunterricht). Diese zu negieren, führt zu einer Leugnung der Heterogenität der Schüler*innenschaft und zu einer Tabuisierung dieser „Themen der Anderen". In diesem Sinne lassen sich die didaktischen Fragen eben doch nicht klinisch steril von den zwischenmenschlichen Konflikten trennen. Während Klara schwer enttäuscht ihre Schule verlässt und ein negatives Bild von Lehrkräften behält, das vor allem von Misstrauen geprägt ist, zeigen sich bei Jana im Maximalkontrast Motive der Dankbarkeit und Verbundenheit. Wie mit psychischen Krisen in der Schule umgegangen wird, hat in diesen Fällen also nachhaltig die Motivation weiter zur Schule zu gehen und die Haltung gegenüber Lehrkräften beeinflusst. Während es Janas Lehrerin gelungen ist, einen Raum der Offenheit zu stiften, ist dies bei Klara offensichtlich nicht passiert: In ihrer Erzählung bleibt das rollenförmige Fassadenleben dominant und in ihren politischen Forderungen werden die Lehrkräfte ebenso als zu überwachende Objekte behandelt, wie in ihrer Erzählung die Schüler*innen von den Lehrkräften als zu überwachende Objekte behandelt werden.

Laura und Klara zeigen einen interessanten Kontrast auf institutioneller Ebene. Während Klara das Wegschauen moniert und es unerträglich findet, „dass es niemanden interessiert hat", zeigt sich bei Laura ein gegenläufiges

Muster: In ihrem Fall ist das Wegbleiben-Können von der Schule „wenn es mir mal nicht gut geht" vordergründig funktional konnotiert, aber dieses Wegsehen hat negative Konsequenzen für ihre Entwicklung: Laura spielt damit, sich einerseits zu exponieren und dann wiederum nach Belieben nicht gesehen zu werden, und zieht einen sekundären Krankheitsgewinn daraus, während Klara den Anspruch hat, dass dies in der Schule nicht möglich sein sollte. Während Klaras Vision einer guten Schule regelrecht panoptische Züge hat (flächendeckendes Monitoring, Screenings zur Früherkennung), zieht Laura es vor, trotz aller Exponiertheit, die sie beschreibt, mit Vertrauenspersonen das institutionell geregelte Wegsehen zu ermöglichen.

Fazit

Mit Helsper gesprochen zeigt sich im Falle Klaras ein Übermaß an Distanz durch bürgerliche Kälte. Im Falle Janas wurde von einem Übermaß an Nähe durch Bemutterung berichtet. Das „Best-Case-Szenario" hingegen handelte explizit von einer Lehrerin, welche die Antinomie von Nähe und Distanz unter anderem dadurch ausbalancierte, dass sie auch Nähe unter Peers, also unter Schüler*innen zu stiften vermochte. Lauras Sonderregelungen stehen in Widerspruch zur subsumptionslogischen Gleichbehandlung, wohingegen Yasin sehr wohl gleichbehandelt wird, allerdings zu Ungunsten einer Sensibilität für kulturelle und herkunftsmilieubedingte Differenz (seitens seines Vaters, seitens der Institution Schule etc.). Auch geschenkte oder verweigerte Noten sind ein solcher Ausdruck missglückter Aushandlungen antinomischer Beziehungen (siehe hierzu auch Graf und Lenz sowie Kirchhoff und Bruland i. d. Band).

Nach Helsper zeigt sich Professionalität in ebenjener Fähigkeit zur Fallreflexion, die mit Ambivalenztoleranz und einem kritischen Bewusstsein für die schulischen Rahmenbedingungen einhergeht. Das Ziel ist in diesem Sinne nicht, sich stets wie im Falle Janas zu verhalten, sondern ein Gefühl dafür zu entwickeln, wann ein Fall wie jener Janas vorliegt. Das Best-Case-Szenario ist also *nicht* deshalb der Best Case, weil dort ein absolut ‚richtiges' Handeln vorläge, das nun auf alle Fälle angewandt werden dürfe, sondern gerade das Wissen um die antinomischen Spannungen und das situationsadäquate Abwägen kennzeichnet diese Szene.

Obwohl die hier interpretierten Fälle in ihren existenziellen Krisen auf den ersten Blick wie Ausnahmen wirken, sind sie aus strukturtheoretischer Perspektive gerade also keine Ausnahmen, sondern verweisen auf den Regelfall des Antinomischen pädagogischer Beziehungen. So ließe sich zusammenfassen, dass es gerade darum geht, sich nicht von dem scheinbaren Ausnahmecharakter irreführen zu lassen, sondern – ganz so wie es Routine ist oder sein sollte – an einer reflexiven pädagogischen Haltung zu arbeiten.

Hinweise zur Forschungsethik

Die Arbeit und die zugehörige Deutung sind in ihren empirischen Ausrichtungen konkordant mit den Bestimmungen der Deutschen Gesellschaft für Erziehungswissenschaft (http://www.dgfe.de/wir-eber-uns/ethik-kommission.html) sowie der Deutschen Gesellschaft für Psychologie (https://www.dgps.de/index.php?id=185) und der hausinternen Regelung der Universität Bielefeld (https://www.uni-bielefeld.de/datenschutz/).

Literatur

Andresen, S./Fegter, S./Hurrelmann, K./Pupeter, M./Schneekloth, U. (2015): Child Poverty in Germany: Conceptual Aspects and Core Findings. In: Fernandez, E./Zeira, A./Vecchiato, T./Canali, C. (Hrsg.): Theoretical and Empirical Insights into Child and Family Poverty. Cross National Perspectives, S. 127-140.

Boger, M.-A. (2017): Theorien der Inklusion – eine Übersicht. Ausgabe 01/2017: Zeitschrift für inklusion-online.net. URL: https://www.inklusion-online.net/index.php/inklusion-online/article/view/413, Zugriffsdatum: 24.01.2019.

Boger, M.-A. (2019a): Die Methode der sozialwissenschaftlichen Kartographierung – Eine Einladung zum Mitfühlen – Mitdiskutieren – Mitdenken (als E-Book). Münster: edition assemblage.

Boger, M.-A. (2019b): Subjekte der Inklusion – Die Theorie der trilemmatischen Inklusion zum Mitfühlen. Münster: edition assemblage.

Boger, M.-.A./Störtländer, J. C. (2014): Affiliation without Filia? Combining Psychoanalysis and the Capabilities Approach. Presented at the 2014 HDCA Conference, Athens.

Geertz, C. (1973): Interpretation of Cultures. New York: Basic Books.

Deleuze, G./Guattari, F. (1977): Rhizom. Leipzig: Merve.

Goffman, E. (2003): Wir alle spielen Theater. Die Selbstdarstellung im Alltag. München: Piper.

Goffman, E. (1974): Stigma. Über Techniken der Bewältigung beschädigter Identität. Frankfurt a. M.: Suhrkamp.

Heinrich, M./Störtländer J. C. (2017): PISA als epochaltypisches Schlüsselproblem der Erziehungswissenschaft? Zur Befähigungsdeprivation angesichts der Verkürzung allgemeiner Bildung auf kognitive Leistungsfähigkeit am Beispiel von Fluchterfahrungen. In: Braun, K.-H./Stübig, F./Braun, H. (Hrsg.): Erziehungswissenschaftliche Reflexion und pädagogisch-politisches Engagement. Wolfgang Klafki Weiterdenken. Wiesbaden: VS, S. 93-108.

Helsper, W. (1996): Antinomien des Lehrerhandelns in modernisierten pädagogischen Kulturen. Paradoxe Verwendungsweisen von Autonomie und Selbstverantwortlichkeit. In: Combe, A./Helsper, W. (Hrsg.): Pädagogische Professionalität – Untersuchungen zum Typus pädagogischen Handelns. Frankfurt a. M.: Suhrkamp, S. 521-570.

Klafki, W. (2007): Neue Studien zur Bildungstheorie und Didaktik: Zeitgemäße Allgemeinbildung und kritisch-konstruktive Didaktik. Weinheim: Beltz.

Köker, A./Störtländer, J. C. (2017) (Hrsg.): Kritische und konstruktive Anschlüsse an das Werk Wolfgang Klafkis. Weinheim: Beltz.

Lübeck A./Heinrich M. (Hrsg.) (2016): Schulbegleitung im Professionalisierungsdilemma. Rekonstruktionen zur inklusiven Beschulung. Münster: MV-Verlag.

Nussbaum, M. C. (2011): Creating Capabilities – The Human Development Approach. Harvard: The Belknap Press.

Störtländer, J. C. (2011): Normativity in General Didactics. In: Jahrbuch für Allgemeine Didaktik. Hohengehren: Schneider, S. 145-156.

Störtländer, J. C. (2019): Bildung und Befähigung – Eine qualitative Studie zu kritisch-konstruktiver Didaktik und Capabilities Approach. Weinheim: Beltz.

Wernet, A. (2006): Hermeneutik, Kasuistik, Fallverstehen. Stuttgart: Kohlhammer.

Umso mehr kommt es auf die Lehrperson an

Defizitperspektiven von Lehrkräften an Schulen in sozialräumlich benachteiligten Lagen

Nina Bremm

1 Einleitung

Im Beitrag gehe ich der Frage nach, wie sich Orientierungen und Beziehungen von Lehrkräften zu benachteiligten Schüler*innen an sozialräumlich segregierten Schulen in Deutschland darstellen. Hierzu wurden im Rahmen des Projekts ‚Potenziale entwickeln – Schulen stärken' Daten von ca. 1.100 Lehrkräften an Schulen in benachteiligten Lagen im Ruhrgebiet erhoben. Eingesetzt wurde u. a. eine neu entwickelte Skala, die Orientierungen und Einschätzungen von Lehrkräften zur Leistungsfähigkeit von sozial benachteiligten Schüler*innen abbildet. Im Beitrag werden die Befunde theoretisch gerahmt und dargestellt und mit Blick auf spezifische Herausforderungen für die Schul- und Unterrichtsentwicklung sowie die Lehrkräfteprofessionalisierung an Schulen in sozial segregierten Lagen diskutiert.

Für Deutschland ist es ein vielfach belegter Befund, dass die Leistungsentwicklung von Schüler*innen mit den Merkmalen des Standorts der Schulen zusammenhängt, die sie besuchen. Internationale Studien zeigen, dass neben Herkunftsmerkmalen von Schüler*innen auch Kontextbedingungen des Sozialraums im Zusammenhang mit der Leistungsentwicklung von Lernenden an diesen Schulen stehen. Segregierte Stadtteile sind von einem hohen Anteil von Menschen mit niedrigen Schulabschlüssen und geringen Berufsqualifikationen, hoher Arbeitslosigkeit und Einkommensarmut, Hilfebezug und geringer sozialer Mobilität geprägt (Beckett/Wrigley 2014; Friedrichs/Triemer 2008). Da in Deutschland viele Familien mit Migrationsgeschichte – auch aufgrund Problemen in der Integrationspolitik – über eben solche soziodemografischen Merkmale verfügen, ist der Anteil von Menschen nichtdeutscher Herkunft in diesen Stadtteilen meist ebenfalls relativ hoch. Mieten sind dort oft niedrig und so für Familien mit geringen Einkommen oder im Hilfebezug bezahlbar. Gleichzeitig ist das Wohnumfeld meist weniger attraktiv und infrastrukturell schlecht ausgebaut, sodass eine Durchmischung von Bewohnern unterschiedlicher sozialer Herkunft ausbleibt und vornehmlich ‚sozial benachteiligte' Familien zusammenleben. Solche Auswirkungen von Stadtplanung und Sozialpolitik befördern soziale Segregation, und sie werden für schulische Bildungsprozesse relevant. Solche marginalisierten Sozialräume nämlich bieten weniger Anregungspotenzial i. S. d. typischerweise monolingualen und mittelschichtsorientierten schulischen Sozialisationsprozesse (vgl. Gogolin 1997). Kinder in solchen Räumen haben also weniger Möglichkeiten zum Erwerb ‚mittelschichtlich orientierte(-n)' (Rist 1970) in Schule verwertbaren Wissen und in Schule belohnter Verhaltensweisen. Ebenfalls verringert sind Anlässe, Ressourcen und Zutrauen, den Stadtteil zumindest zeitweise zu verlassen, um alternative und anschlussfähige Erfahrungsräume zu erleben (Bremm/Racherbäumer 2017).

2 Lernen, Anerkennung, Passungsverhältnisse und strukturtheoretische Bezüge

Forschung zu sogenannten Turnaround-Schulen in sozialräumlich deprivierter Lage kann zeigen, dass Lehrkräfte im Rahmen von Qualitätsentwicklungsprozessen oftmals mehr Verantwortung für die Leistungen ihrer Schüler*innen übernehmen, anstatt insbesondere schlechte Leistungen nur auf ihre Herkunft zurückzuführen (Klein 2017). Sie reflektieren und reagieren damit drauf, dass Schulen in benachteiligten Lagen der anspruchsvollen Aufgabe gerecht werden müssen, „to fit itself around the young people, rather than the other way around" (Smyth 2014, S. 233), um Lernprozesse ihrer Schüler*innen wirksam zu unterstützen. Der Habitus der Schüler*innen wird nicht automatisch als minderwertig abgewertet, sondern eingeordnet und anerkannt. Vor diesem Hintergrund werden die eigenen Anforderungen und Strukturen reflektiert. Solche Strategien können im Sinne der US-amerikanischen Forschung zu Resilienz von Lehrkräften an benachteiligten Standorten als adaptive ‚problem-solving-skills' (Castro u. a. 2016) interpretiert werden, deren Ausbildung – anders als den Autoren zufolge bspw. finanzielle Anreizsysteme – dabei helfen, professionelle Unzufriedenheit, Stress und Überarbeitungsgefühle und hohe Lehrkräfte- und Schulleitungsfluktuationen in benachteiligten Schulen abzumildern (ebd.).

Aus lerntheoretischer Perspektive stellen positive Beziehungen eine zentrale Vorrausetzung für individuelle Entwicklung dar. Begreift man Lernen als transformationalen Prozess der Selbst- und Weltaneignung, der sich über die routinenhafte Produktion, Einübung und Reflexion von sozialen Praktiken vollzieht, geschieht dies immer im relationalen Prozess der Selbstaneignung auch durch Reflexion von Dritten (Ricken/Reh 2012). Für diese Figuration spielt Anerkennung durch Dritte eine zentrale Rolle insofern, dass „Identität gerade nicht mehr als Selbsttransparenz und souveräne Autonomie, sondern als dezentrierte, relational bedingte Form der Selbstheit konzipiert werden muss" (vgl. Ricken/ Reh 2012, S. 41). Somit stellt Anerkennung bzw. die wertschätzende Bestätigung durch Dritte eine zentrale Vorrausetzung für die Ausbildung eines positiven Selbstverhältnisses dar (Honneth 2003). Machttheoretisch gefasst muss Anerkennung wiederum als Kampfgeschehen um sozial etablierte Normen und deren Verschiebungen gedacht werden (vgl. Ricken/Reh 2012). Dies verweist mit Blick auf sozial marginalisierte Räume auf strukturtheoretische Ansätze. Diese erweitern die stärker individuumszentrierten Analysen und Strategien zur Abmilderung von sozialer Ungleichheit, welche im wissenschaftlichen und gesellschaftlichen Diskurs zu einer Fokussierung von ‚Risikoschüler*innen' und individuellen Resilienzstrategien führen können, um wichtige Fragen sozialer Hierarchisierungen und Machtkonstellationen. Dies trägt wesentlich zur Erklärung des Fortbestehens sozialer Ungleichheit bei. Die kritische Diskursanalyse zeigt zudem, dass hierbei Sprache und Begriffe eine wichtige Rolle spielen. Sprache, die von Akteuren in einem bestimmten Feld benutzt wird, ist niemals als neutrales oder feldunabhängiges Konstrukt zu begreifen. Vielmehr ist Sprache immer ein historisch und sozial kontextualisiertes Werkzeug zur Aneignung von Realität (vgl. Freire 1970). Zudem ist ein gesellschaftlicher Diskurs immer mitbestimmt von gesellschaftlich dominanten Deutungsangeboten und Ideologien und beeinflusst somit, wie ethnische und soziale Hierarchien in den Institutionen – also auch dem Bildungssystem – verhandelt werden (Yuval-Davis 2010). Es kann theoretisch bezweifelt werden, ob das vorrangig mittelschichtorientierte Bildungssystem (Driessen 2001) seinen wiederholt von der Bildungspolitik proklamierten Anspruch erfüllen kann, ein Bildungsunterschiede angleichendes System zu sein. Empirische Ergebnisse zur Selektivität des Bildungssystems bestätigen den Zweifel (Anyon 2006).

Bourdieu (1971) arbeitet in seiner Forschung zum Habitus heraus, dass in Schule bewertete Leistungen nicht nur von fachlichen Fähigkeiten der Schüler*innen abhingen, sondern von einer mehr oder weniger großen Nähe zwischen ihren milieuspezifischen Verhaltensweisen und Präferenzen und den impliziten Anforderungen der Bildungsinstitutionen an diese (Bourdieu 1971, S. 35). Er rahmt dies mit einer machttheoretischen Perspektive, die zu erklären sucht, wie ‚verschleierte' gesellschaftliche Mechanismen, kollektive und milieuspezifisch habituell geprägte Wahrnehmungen, Bewertungen und Handlungen unterschiedlicher sozialer Gruppen hervorbringen, die zur Reproduktion gesellschaftlicher Machtverhältnisse beitragen. Möller (2017) nimmt drauf Bezug und stellt fest, dass Schulen durch Mechanismen Reproduktion ‚legitimer' Werte, Normen und Rituale ‚bildungsnaher' Milieus gekennzeichnet sind, denen ‚bildungsferne' Milieus eher fremd und daher häufig machtlos gegenüberstehen (Möller 2017; siehe auch den Beitrag Drucks/Bruland i. d. B.). Schulen stellen somit neben fachlichen Anforderungen – auch hier zeigt sich eine Benachteiligung von sozial deprivierten Kindern in Bezug auf ihr Vorwissen (vgl. Möller/Ehmke 2014) – auch bestimmte habituelle Anforderungen an Schüler*innen. Schulen gratifizieren ‚passende' habituelle Dispositionen und sie sanktionieren andere. Neuere Studien können den theoretisch postulierten Zusammenhang zwischen Schulhabitus und

Schüler*innenhabitus, Machtverhältnissen und Passungsproblemen für das deutsche Schulsystem auch empirisch rekonstruieren (Kramer 2010; Grundmann 2008; Brake 2004). Zudem nehmen Lehrkräfte die Werte, Normen und Rituale des schulischen Raums häufig unreflektiert als legitim wahr (Bourdieu/Passeron 1971). Damit geht oftmals eine Entwertung der Normen und Fähigkeiten marginalisierter Schüler*innen einher (Grundmann u. a. 2004a; Möller 2017). Typisch für marginalisierte Gruppen ist zudem, dass sie die so etablierten und verschleierten Machtverhältnisse zumeist selbst unreflektiert als legitim wahrnehmen und stützen (Bourdieu 1991; Gillborn 2006).

3 Qualitätsmerkmale von Schulen in benachteiligten Lagen

Forschung zu qualitätsvollen Schulen in benachteiligten Lagen macht deutlich, dass die konkrete Ausgestaltung der Einzelschule einen großen Einfluss auf den Zusammenhang von sozialräumlicher Lage, Schüler*innenzusammensetzung und Leistungsentwicklung zu haben scheint. So zeigen sich in sozialräumlich benachteiligten Lagen die vergleichsweise engsten Zusammenhänge von Merkmalen der Schul- und Unterrichtsqualität mit der Leistungsentwicklung von Schüler*innen (Palardy 2008). Neben klassischen Merkmalen der Schul- und Unterrichtqualität (bspw. Innnovationsbereitschaft, Kooperationspraxis, Time on Task, adaptive Unterrichtsgestaltung, vgl. zusammenfassend van Ackeren 2008) konnte für qualitätsvolle Schulen in sozialräumlich benachteiligten Lagen die Fähigkeit von Lehrkräften zum Aufbau positiver und wertschätzender Beziehungen zu Schüler*innen bei hohen Erwartungen an deren Leistungsfähigkeit (positive Schülerorientierung) als Schlüsselfaktor identifiziert werden (bspw. Rutledge u. a. 2015; Smyth 2014; Racherbäumer 2017).

3.1 Lehrer*in-Schüler*in-Beziehung

Annahmen der sogenannten ‚attachment theory' (Bowlby 1969) entsprechend, weisen Kinder, die positive, wertschätzende und sichere Beziehungen zu ihren Lehrkräften aufbauen können, empirisch positivere Entwicklungen in ihrer schulischen Leistungsfähigkeit, ihrer Motivation, ihrer Beziehungen zu Peers und ihrer Beteiligung am Unterricht auf (vgl. Sabol/Pianta 2012; Split/Oort 2011; Roorda u. a. 2011). Zudem können positive Beziehungen zu Lehrkräften dabei helfen, negative emotionale und Instabilität auslösende Erfahrungen, etwa psychische und physische Unsicherheit in der frühen Kindheit, zu überwinden (Buyse u. a. 2011). Können Schüler*innen hingegen keine positiven Beziehungen zu ihren Lehrkräften aufbauen, führt dies zu geringerer Motivation, schlechterer emotionaler Selbstkontrolle und einer schlechteren Leistungsentwicklung (Baker 2006; Brendgen u. a. 2006). In seinem ökosystemischen Ansatz beschreibt Bronfenbrenner (1977), dass Beziehungen zwischen Individuen immer auch von ihren sozialen Kontexten beeinflusst sind. Für die Qualität von Lehrkräfte-Schüler*innen-Beziehungen spielen demzufolge nicht nur individuelle Merkmale eine Rolle, sondern ebenso Merkmale der Meso-Ebene, wie bspw. die Schulkultur oder das Schulklima. Zusätzlich besitzen auch Merkmale der Makro-Ebene Relevanz, also Charakteristika des Sozialraums in dem sich eine Schule befindet aber auch bildungspolitische Strategien und Framings sowie öffentliche und mediale Diskurse[1] (Fitzpatrick u. a. 2015). US-amerikanische Studien können empirisch zeigen, dass Schüler*innen, die einer ethnischen Minorität angehören auch nach Kontrolle des Geschlechts, der familiären Konstellation, Lernproblemen, sozialen Auffälligkeiten und Schulleistungen von signifikant schlechteren Beziehungen zu ihren Lehrkräften berichten, als Kinder die der ethnischen Majorität angehörten (Jerome u. a. 2009; Thijs u. a. 2011). In ihrem systematic review können McGrath u. a. (2014) folgende Risikomerkmale für schlechtere Beziehungen zu Lehrkräften herausarbeiten: männliches Geschlecht, Angehörigkeit zu einer ethischen Minoritätsgruppe, niedriger sozioökonomischer Status, diagnostizierte Lernauffälligkeiten und schlechtere akademische Leistungen (McGrath u. a. 2014). Zudem scheinen die Einflüsse einer negativen Schüler*innen-Lehrkräfte-Beziehung für Angehörige dieser Risikogruppen besonders tiefgreifende Konsequenzen zu haben. So können Studien für diese Gruppe signifikant stärkere Zusammenhänge mit dem Sozialverhalten, den Beziehungen zu Peers, Einstellungen gegenüber der Schule, der Selbstkontrolle, der Regelmäßigkeit des Schulbesuchs, der schulischen Motivation und der akademischen Leistungsfähigkeit nachweisen, als für Schülerinnen, die der Risikogruppe nicht angehören (vgl. zusammenfassend McGrath u. a. 2014). Jedoch zeigt sich, dass Lehrkräfte, die um eine positive Beziehung mit Schüler*innen inklusive Verantwortungsübernahme für Lernprozesse bemüht sind, die Leistungsentwicklung von benachteiligten Schüler*innen positiv beeinflussen (Pianta/Allen 2008).

3.2 Leistungserwartungen und Defizitorientierungen

Studien aus dem anglo-amerikanischen Raum können zeigen, dass insbesondere hohe Erwartungen von Lehrkräften an die Fähigkeiten von Schüler*innen leistungsförderlich wirken (vgl. Archambault u. a. 2012; Demanet/van Houtte

---

1 Bezugnehmend auf solche theoretischen Überlegungen erscheinen Attribuierungen wie ‚Brennpunktschule‘ oder die Bezeichnung ‚Schule in schwieriger Lage‘ als besonders problematisch (vgl. dazu auch Bremm u. a. 2016).

2012). Jedoch können die Institution Schule und die Lehrkräfte durch Praxen und Routinen der Differenz(-re-)produktion auch zur (zumeist völlig unbeabsichtigten) nachhaltigen Marginalisierung der sozialen Akteure in benachteiligten Schulen beitragen und somit Ungleichheiten und segregierende Tendenzen zusätzlich verstärken. So weisen internationale empirische Befunde auf prekäre Prozesse in benachteiligten Lagen hin: Je niedriger das soziale Herkunftsmilieu der Schüler*innen, desto niedrigere Erwartungen haben Lehrkräfte an deren Leistungsfähigkeit (Tenenbaum/Ruck 2007; Argirdag u. a. 2013; Brault u. a. 2014). Niedrige Erwartungen hängen empirisch wiederum mit einer niedrigeren Leistungsentwicklung, geringerer Motivation und geringeren Selbstwirksamkeitserwartungen von Schüler*innen zusammen (Agirdag u. a. 2013; Archambault 2012; Rosenthal/Jacobsen 1968).

Forschung zu Urteilen von Lehrkräften liefern zudem Hinweise darauf, dass demographische und sozial konstruierte Schüler*innenmerkmale, wie das Geschlecht, der Migrationshintergrund, und sogar auch der Vorname eines Kindes, in die Bewertung von Schüler*innen durch Lehrkräfte einfließen können (vgl. bspw. Kaiser 2015; Huxel 2012). Studien aus der Psychologie können zudem zeigen, dass sich Merkmale wie die Leistungsmotivation, die Anstrengungsbereitschaft und die Ausdauer beim Lernen zwischen Schüler*innen unterschiedlicher sozialer Herkunft unterscheiden (vgl. zusammenfassend Ditton 2012). Und gerade diese Merkmale können wiederum Einfluss auf die Leistungsbeurteilung durch Lehrkräfte nehmen (bspw. Maaz u. a. 2008; Lorenz u. a. 2016). Ungleichheitsverstärkend können hier sogenannte Cooling-Out-Prozesse (Goffmann 1962) wirken: Schüler*innen, die während ihrer Bildungskarriere wiederholt Misserfolgserfahrungen durchleben, zeigen ggf. abfallende Bildungsaspiration, Motivation und Anstrengungsbereitschaft sowie Störungen in der Entwicklung eines positiven akademischen Selbstkonzepts. So kann Sorhagen (2013) signifikante Interaktionen zwischen Fehleinschätzungen der Leistungsfähigkeit von Kindern in der dritten Klasse und ihren gemessenen Leistungen im Alter von 15 Jahren nachzeichnen. Wurde die Leistungsfähigkeit in der frühen Schulzeit – objektiviert wurde dies mit Leistungstests – unterschätzt, erreichten Schüler*innen in der neunten Klasse signifikant schlechtere Leistungen in Mathematik, Leseverständnis, Wortschatz und verbalem Argumentieren. Diese Fehleinschätzungen von Lehrkräften hatten bei Schüler*innen aus sozial benachteiligten Familien einen noch signifikant verstärkten Einfluss auf die Leistungsentwicklung (Sorhagen 2013).

Mit Blick auf die Unterrichtsgestaltung zeigen sich für die individuelle Lehrkraft Zusammenhänge zwischen niedrigen Erwartungen an Schüler*innen und der Wahrscheinlichkeit von qualitätsvoller Unterrichtsgestaltung, Feedback und persönlicher und vertrauensvoller Kommunikation zwischen Lehrkräften und Schüler*innen (Rubie-Davies 2007). Besonders bemerkenswert für die Qualitätsentwicklung von Schulen in sozialräumlich benachteiligten Lagen ist der Befund

zu werten, dass fast die Hälfte der Varianz in den Einschätzungen der Leistungsfähigkeit von Schüler*innen eine Varianz zwischen den Schulen ist. Schulspezifi-
sche – wie die Autoren vermuten, vor allem schulkulturelle – Merkmale scheinen
somit eine große Rolle zu spielen (Agirdag u. a. 2013). Brault u. a. (2014) untersuchen diese Schuleffekte detailliert und finden einen Zusammenhang zwischen der
Schüler*innenzusammensetzung einer Schule, dem Schulklima und den Erwartungen von Lehrkräften an ihre Schüler*innen (Brault u. a. 2014). Mithilfe von
Mehrebenenanalysen zeigen die Autoren anhand eines kanadischen Samples von
70 Schulen in benachteiligten Lagen, dass die Einschätzung der Leistungsfähigkeit
durch die Lehrkräfte von Merkmalen der Schulorganisation und der Schulkultur
moderiert werden. Als Schulkultur verstehen sie die ‚einzigartige Persönlichkeit‘
einer Schule als soziale Organisation, die Schulen voneinander unterscheidet,
stabil ist und menschliches Verhalten, Einstellungen, Werte und Zufriedenheit
beeinflusst (vgl. Brault u. a. 2014, S. 150).

Defizitorientierungen gegenüber Schüler*innen und ihren Eltern können mit
niedrigeren Leistungserwartungen und Externalisierung von Verantwortung
einhergehen (Nelson/Guerra 2014). Dies geschieht häufig, wenn Lehrkräfte Ungleichheiten in der Leistungsentwicklung von Schüler*innen damit erklären, dass
diese zu Beginn ihrer Bildungskarriere kein Vorwissen, Fähigkeiten und Erfahrungen vorweisen, die anschlussfähig an die geforderten Inhalte wären und dass
Eltern kein Interesse für die Bildungsprozesse ihrer Kinder hätten (Flessa 2009;
Valencia 2010). Dieses Denken wird in der US-amerikanischen Literatur als ‚Defizitorientierung‘ beschrieben (Padilla 1981; Valencia 1997, 2010). Dem endoge-
nen Modell von Valencia (1997) folgend, werden Defizitorientierungen in der
Schul- und Unterrichtsforschung als Einschätzungen von Lehrkräften bezeichnet,
die schlechtere Leistungsentwicklungen von Schüler*innen bestimmter ethischer
und/oder sozialer Gruppen nicht als Ergebnis strukturtheoretisch zu verortender
gesellschaftlicher Auf- und Abwertungsdynamiken – und damit auch gesellschaftlicher Machtverhältnisse – verstehen, sondern in (kulturellen, ethnischen,
genetischen) Spezifika der sozialen Gruppen verorten (Valencia 1997). Defizitorientierungen fokussieren somit als ‚Mangel‘ wahrgenommene soziale, sprachliche
und akademische Praxen gesellschaftlicher Minderheiten und erklären schlechtere schulische Leistungsentwicklungen dieser Gruppen aus der Differenz zwischen
häuslicher und schulischer Praxis (Luke u. a. 2013). Problematisch an dieser Perspektive scheint, dass Differenzen in Praxen unterschiedlicher gesellschaftlicher
Gruppen in Abweichungen zu einer schulischen und gesellschaftlichen ‚Norm‘
umgedeutet werden, und diese Abweichung als Grund für schulisches Scheitern
ins Feld geführt wird (Cummins 2001), anstatt Möglichkeiten einer adaptiven
und ressourcenorientierten Schul- und Unterrichtsgestaltung zu reflektieren und
umzusetzen. Vielmehr wird unter Bezugnahme auf das meritokratische Prinzip
(Leistungsprinzip) die Verantwortung für den Erfolg von Lernprozessen allein bei
Schüler*innen selbst bzw. bei ihren Eltern gesehen, Unterschiede im in Schule als

relevant gesetztem Vorwissen und der Einfluss von Beziehungen, Leistungserwartungen und Leistungsbewertungen hingegen nicht als problematisch reflektiert (vgl. Bremm u. a. 2017). Somit wird das dialektische Passungsverhältnis zwischen Schule und Lebenswelt ignoriert und Möglichkeiten der Schule und der einzelnen Lehrkraft für die Gestaltung von Lehr-Lernprozessen unterschätzt (Gutierrez u. a. 2009). In der Folge schreiben Lehrkräfte ihrem eigenen Handeln wenig Wirkmächtigkeit zu, was wiederum Konsequenzen für die qualitätsvolle Ausgestaltung von Unterricht haben kann: werden Gründe für schulisches Versagen einzig in Schüler*innen verortet, so scheint die Investition in bspw. die Unterrichtsvorbereitung oder strategische Schulentwicklung sinnlos (García/Guerra 2004). Hieraus kann ein Teufelskreislauf von ‚self-fulfilling prophecies‘ erwachsen, was eine ständige Reifikation (Vergegenständlichung) der eigenen Situationsbewertung beinhaltet. Befunde zeigen, dass auch wenn Schulentwicklungsbemühungen von externer Stelle oder von Seiten der Schulleitung eingefordert werden, Defizitorientierungen aufweisende Lehrkräfte sich tendenziell dagegen verweigern, ihre professionelle Praxis zu verändern (García/Guerra 2004; Pohan/Aguilar 2001; Valencia u. a. 2001). Als besonders problematisch müssen Defizitorientierungen dann gelten, wenn sie nicht nur einzelne Lehrkräfte an Schulen betreffen, sondern sie als Teil der Schulkultur in Praxen und Routinen der Einzelschule eingehen.[2] Dies erscheint vor dem Hintergrund von Befunden zu erfolgreichen Schulen in benachteiligten Sozialräumen besonders prekär: gerade für diese Schulen scheinen die Formulierung von Visionen, verbunden mit starker Innovationsorientierung und Veränderungsbereitschaft, außerdem Zutrauen in die Leistungsfähigkeit von Schüler*innen, eine chancenorientierte Grundhaltung, eine Anerkennungskultur sowie transparente, hohe Leistungserwartungen besonders wichtig zu sein (Muijs 2004; OECD 2011; Cavanagh 1997; Joyce u. a. 1999; Scheerens/ Bosker 1997; Drucks u. a. 2010; Vaughn 2013; Herrmann 2010; Strickland u. a. 2014). Erste qualitative empirische Arbeiten (vgl. bspw. Hertel 2014; Fölker u. a. 2016) können zeigen, dass Schulen als Organisationen im Sinne ihrer Schulkultur in unterschiedlicher Weise kollektiv auf die skizzierten Herausforderungen reagieren. Racherbäumer (2017) kann in ihrer Analyse drei Typen unterscheiden, die sie als (1) ressourcenorientierte Unterstützung, (2) Pathologisierung der Schüler*innen und ihrer Lebenswelt und (3) Fokussierung auf Defizite bezeichnet, wobei sich Typ drei empirisch am häufigsten zeigte. Es wurde bisher noch nicht versucht, Defizitorientierungen für den deutschen Kontext quantitativ nachzuzeichnen.[3]

---

2 Wie dies bereits empirisch für die Leistungseinschätzungen in sozial benachteiligten Schulen gezeigt werden konnte (vgl. Kapitel 2.1)

3 Hier spielen sicherlich auch Zweifel daran, ob solche Orientierungen vor dem Hintergrund sozialer Erwünschtheit und politischer Korrektheit im Rahmen von Fragebogenerhebungen überhaupt zu erfassen sind, eine Rolle.

4 Fragestellungen und methodisches Design

Aus dem dargestellten Forschungsstand ergeben sich folgende Fragestellungen:

1. Wie schätzen Lehrkräfte in sozialräumlich benachteiligten Lagen Beziehungen zu ihren Schüler*innen ein?
2. Wie schätzen Schüler*innen in sozialräumlich benachteiligten Lagen Beziehungen zu ihren Lehrkräften ein?
3. Wie stellen sich Defizitorientierungen von Lehrkräften in Bezug auf ihre Schüler*innen in sozialräumlich benachteiligten Lagen dar?
4. Nehmen Schüler*innen in sozial benachteiligten Lagen Defizitperspektiven von Lehrkräften wahr?

Um diesen Fragen empirisch nachgehen zu können, werden Daten aus dem Projekt ‚Potenziale entwickeln – Schulen stärken' genutzt (vgl. van Ackeren u. a. 2016). ‚Potenziale entwickeln – Schulen stärken' ist ein gemeinsames Projekt des Instituts für Schulentwicklungsforschung der Technischen Universität Dortmund, der AG Bildungsforschung der Universität Duisburg-Essen, sowie der Stiftung Mercator und wird in Kooperation mit der Qualitäts- und Unterstützungsagentur – Landesinstitut für Schule NRW durchgeführt. Die Projektlaufzeit beträgt fünf Jahre (2014-2019). Das Projekt ist in einen Forschungs- und einen Entwicklungsteil gegliedert. Im Forschungsteil steht die Analyse von Entwicklungsbedarfen und Stärken von Schulen an benachteiligten Standorten im Vordergrund. Ziel des Entwicklungsteils ist es, datengestützt Schulentwicklungsprozesse in diesen Schulen anzustoßen oder zu unterstützen. 36 Schulen der Sekundarstufe in der Metropole Ruhr haben sich zur Teilnahme entschlossen (13 Gymnasien, sechs Realschulen, sechs Hauptschulen und elf Gesamtschulen). Auf Grundlage einer umfassenden, fast alle schulischen Akteursgruppen einbeziehenden Fragebogenstudie wurden zunächst Bedarfe und Stärken der Projektschulen analysiert. Im Fokus der Eltern- und Schüler*innenbefragung standen sozioökonomische Hintergrundinformationen, das elterliche Unterstützungsverhalten in Bezug auf Lerninhalte der Schule und die Sprachpraxis im Elternhaus. Das Lehrkräftekollegium und die Schulleitung wurden zu Qualitätsmerkmalen auf Schul- und Unterrichtsebene befragt, so etwa zur wahrgenommenen Arbeitsbelastung, Kooperation, zum Arbeitsklima und zur Unterrichtsqualität, zu der parallel auch die Schüler*innen Auskünfte gaben. Zudem wurden Lehrkräfte nach ihren Einstellungen und Orientierungen gegenüber ihren Schüler*innen befragt. Hierzu wurden bereits in der deutschen Forschung etablierte quantitative Skalen eingesetzt. Da bisher kein Instrument vorliegt, das Defizitorientierungen von Lehrkräften quantitativ abzubilden erlauben würde, wurde eine Skala neu entwickelt und nach einem Pretest an zwei Schulen in der Ausgangserhebung eingesetzt.[4]

4.1 Stichprobe

Die Datengrundlage für die im Folgenden berichteten Ergebnisse bilden die in der Eingangsbefragung des Projekts erhobenen Angaben von Lehrkräften (n = 1.105), Schüler*innen der sechsten und achten Klasse (n = 3.183) und ihrer Eltern (n = 2.146) an 36 Schulen der Sekundarstufe I in der Metropole Ruhr aus dem Jahr 2015. Alle Projektschulen zeichnen sich durch sozial benachteiligte Standortbedingungen aus. Die Quoten des Fragebogenrücklaufs liegen für alle Befragtengruppen im Durchschnitt über 50 Prozent (Lehrkräfte: 50,1%; Schüler*innen: 82,5%; Eltern: 55,6%). Im Folgenden werden die Individualdaten zunächst auf Schulebene aggregiert dargestellt, sodass letztlich Werte von 35 Projektschulen einbezogen werden. Für eine Schule erlauben die geringen Rücklaufquoten keine Darstellung auf der Aggregatebene. Insgesamt liegen Daten von 13 Gymnasien, sechs Haupt-, fünf Real- und elf Gesamtschulen vor.

4.2 Instrumente

Die eingesetzten Skalen sind in Tabelle 1 mit Beispielitems und ihren inneren Konsistenzen dargestellt. Die Lehrer*in-Schüler*in-Beziehung wurde durch jeweils fünf Items aus Schüler*innensicht und aus Lehrkräfteperspektive erfasst, Defizitorientierungen von Lehrkräften gegenüber ihren Schüler*innen durch sechs Items und die Einschätzung von defizitorientierte Perspektiven durch die Schüler*innen mit sechs Items. Aus den Einzelitems konnte jeweils eine Skala mit guter bis exzellenter Reliabilität (α von 0,815 bis 0,910) gebildet werden. Zur Bestimmung der Defizitorientierungen von Lehrkräften und der Wahrnehmung von Defizitorientierungen durch Schüler*innen wurden zwei neue Skalen entwickelt, da bis dahin keine entsprechenden quantitativen Instrumente vorlagen (Bremm 2017). Gemessen werden damit, wie theoretisch in Kapitel 3 herausgearbeitet, (1) Einstellungen von Lehrkräften, die eine ggf. geringer Lern- und Leistungsfähigkeit von Schüler*innen an deren Herkunftsmerkale rückbindet (Beispielitem: *Schüler*innen unserer Schule bringen kaum Fähigkeiten mit, an denen ich im Unterricht ansetzen könnte*), und (2) Wahrnehmungen von defizitperspektiven durch Schüler*innen (Beispielitem: *Ich habe das Gefühl, dass ich Dinge gut kann, die die Lehrer gar nicht bemerken*). Die Skalen wurden

---

4   Für eine detaillierte Beschreibung des Vorgehens vgl. Hillebrand et al. 2017.

zunächst im Rahmen eines Pretests an vier Schulen erfolgreich getestet und dann zum ersten Messzeitpunkt der Pess-Studie eingesetzt. Die erzielten Reliabilitäten liegen in einem sehr guten Bereich (α = 0,815; 0,866).

Zur Erfassung der sozioökonomischen und -kulturellen Zusammensetzung der Schüler*innenschaft kommt der Sozialindex zum Einsatz, der u. a. im Kontext nationaler Schulleistungsvergleichsstudien für „faire" Vergleiche zwischen Schulen bei Ergebnisrückmeldungen Verwendung findet (vgl. Bos u. a. 2006). Um die familiäre Ressourcenausstattung der Schüler*innen möglichst umfassend abzubilden, werden in Anlehnung an die Kapitaltheorie von Bourdieu (1983) die drei Kapitalformen (ökonomisches, kulturelles und soziales Kapital) durch unterschiedliche Indikatoren aus der Schüler*innen- und Elternbefragung operationalisiert. Die Indikatoren des Sozialindex werden dabei – wie auch in anderen Studien (vgl. Bos u. a. 2006) – über das sog. Partial-Credit-Raschmodell Rasch-skaliert[5]. Die Werte werden von der Individual- auf die Schulebene aggregiert und normiert (M=100; SD=20). Anschließend wird die Stichprobe in vier Quartile gegliedert, die den Vergleich von sehr stark benachteiligte Lagen (1) bis benachteiligte Lage (4) zulässt.[6]

Tab. 1: Instrumente Pess Ausgangserhebung 2015

Nr.	Skala/Item	Befragten-gruppe	Beispielitem (Itemanzahl)	Antwort-format	n	MW	SD	α
Input [7]	Schüler mit Migrationshinter-grund	S	Entweder Kind und mind. einer der beiden Elternteile im Ausland geboren	(0) nein (1) ja	2739	0,43	/	/
	Deutsch als Umgangssprache zu Hause	S	Oft/Immer Deutsch als Umgangssprache zu Hause (mit beiden Eltern)	(0) nein (1) ja	3156	0,92	/	/
	Eltern mit Abitur	E		(0) nein (1) ja	2055	0,49	/	/
	Familien mit mehr als 100 Büchern zu Hause	S		(0) nein (1) ja	3115	0,27	/	/

---

5 Für eine detaillierte Beschreibung des Vorgehens vgl. Hillebrand et al. 2017.

6 Insgesamt umfasst die Stichprobe nur Schulen der Standorttypen 4 und 5, die im Standorttypenkonzept als stark benachteiligt und sehr stark benachteiligt beschrieben werden (vgl. Isaac 2015). Der eingesetzte Sozialindex ermöglicht jedoch eine präzisere und differenziertere Zuordnung der Schulen und wird daher als Trennvariable eingesetzt.

7 Bei den Inputvariablen handelt es sich ausschließlich um Einzelitems.

Nr.	Skala/Item	Befragten-gruppe	Beispielitem (Itemanzahl)	Antwort-format	n	MW	SD	α
Prozess	Lehrer-Schüler-Beziehung	L	Den meisten Lehrkräften ist es wichtig, dass die Schüler*innen sich wohlfühlen. (5)	(1) stimme nicht zu – (4) stimme zu	1049	3,19	0,41	0,907
	Schüler-Lehrer-Beziehung	S	Den meisten Lehrkräften ist es wichtig, dass die Schüler*innen sich wohlfühlen.	(1) stimme nicht zu – (4) stimme zu	3131	2,92	0,68	0,850
	Defizitorientierte Einstellungen gegenüber einer ethnisch hetero-genen und sozial benachteiligten Schülerschaft	L	An unserer Schule stehen wir Lehrkräfte vor der Aufgabe, die fehlen-den Grundlagen für das Lernen, die das Eltern-haus der Schüler*innen nicht bereitstellt, aus-gleichen zu müssen. (6)	(1) trifft nicht zu – (4) trifft zu	1045	2,38	0,66	0,866
	Defizitorientierte Einstellungen gegenüber einer ethnisch hetero-genen und sozial benachteiligten Schülerschaft	S	Meine Lehrer sagen, dass es für mich später schwer wird, einen Beruf zu bekommen.	(1) trifft nicht zu – (4) trifft zu	1012	2,58	0,78	0,815

Legende: L = Lehrkräfte; S = Schülerinnen und Schüler; n = Fallzahl; M = Mittelwert; SD = Standardabweichung; α = Cronbach's Alpha

5 Ergebnisse

5.1 Lehrer*in-Schüler*in-Beziehung (Lehrerperspektive)

Über die gesamte Stichprobe (n = 1049) ergibt sich ein positives Bild bezüglich der eingeschätzten Lehrkräfte-Schüler*innen-Beziehung. Bei einem theoreti-schen Skalenmittelwert von 2,5, schätzen die Lehrkräfte die Beziehung zu ihren Schüler*innen mit einem Wert von 3,19 als positiv ein. Teilt man die Schulen nach ihrem Sozialindex in vier gleichgroße Quartile und vergleicht somit vier Gruppen von Schulen mit absteigend benachteiligten Standortbedingungen (Q1 = sehr stark benachteiligt; Q4 = benachteiligt), zeigen sich keine signifikan-ten Unterschiede in der Einschätzung der Beziehung in den beiden weniger benachteiligten Gruppen. Hingegen sind die Unterscheide zwischen Q2 und Q3 sowie zwischen Q3 und Q4 signifikant: Lehrkräfte in stärker benachteiligten Schulen schätzen ihre Beziehung zu Schüler*innen in eher bevorzugteren Lagen signifikant besser ein. Dies bestätigt auch der hochsignifikante Korrelationsko-effizient nach Pearson von 0,198***. Allerdings zeigen sich die Werte auch in den stark und sehr stark benachteiligten Schulen im Vergleich zum theoreti-schen Mittelwert der Skala noch als insgesamt positiv.

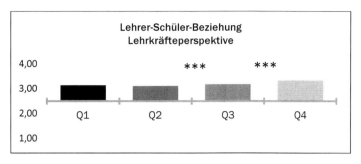

Abb. 1: Lehrer*in-Schüler*in-Beziehung Lehrkräfteperspektive, ***p <= 0,001; **p <= 0,01; *p <= 0,05)

5.2 Schüler*in-Lehrer*in-Beziehung (Schüler*innenperspektive)

Mit Stichprobenmittel schätzen auch die Schüler*innen die Beziehung zu ihren Lehrkräften bei einem Mittelwert von insgesamt positiv, jedoch im Vergleich zu den Einschätzungen der Lehrkräfte doch etwas verhaltener ein. Auch die Streuung fällt mit 0,67 im Vergleich zur Lehrkräftebefragung (0,41) etwas größer aus. Schaut man sich die Verteilung nach Quartilen an (vgl. Grafik 2), fällt auf, dass einzig das relativ bevorzugtere Quartil (Q4) signifikant negativere Einschätzungen der Schüler*innen-Lehrkräfte-Beziehung berichtet, als die restlichen Gruppen. Die bei den Lehrkräften gefundene Tendenz zu einer mit steigender Deprivilegierung der Schülerschaft eher verhaltener werdenden Einschätzung der Beziehungsgüte findet sich somit bei Schüler*innen nicht wieder. Im Gegenteil wird tendenziell mit steigender Privilegierung die Beziehung zu Lehrkräften eher etwas kritischer gesehen. Insgesamt liegen die Werte jedoch auch hier in allen Quartilen über dem theoretischen Mittelwert.

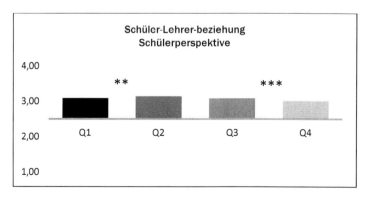

Abb. 2: Schüler*in-Lehrer*in-Beziehung (Schüler*innenperspektive); ***p <= 0,001; **p <= 0,01; *p <= 0,05

5.3 Defizitorientierte Einstellungen gegenüber einer ethnisch heterogenen und sozial benachteiligten Schüler*innenschaft (Lehrkräfteperspektive)

Über die gesamte Stichprobe gesehen liegt die Defizitorientierung mit einem Mittelwert von 2,38 unter dem theoretischen Mittelwert der Skala von 2,5. Somit ist in der Gesamtgruppe der Schulen tendenziell eher eine ablehnende Einschätzung in Bezug auf Defizitperspektiven zu erkennen. Schaut man sich die Quartile jedoch im Vergleich an, zeigt sich ein linearer Zusammenhang zwischen dem Grad der sozialen Benachteiligung der Schulen und dem Grad der Defizitperspektiven der Lehrkräfte. Dies bestätigt auch der hochsignifikante Korrelationskoeffizient nach Pearson von 0,585***. Jedoch liegen nur die beiden benachteiligsten Quartile (Q1 und Q2) über dem theoretischen Mittelwert der Skala, nur diese sind demnach überhaupt als regelrechte Defizitperspektiven zu interpretieren (vgl. Abb. 3). Betrachtet man die Skala exemplarisch auf Einzelitembasis und nach Einzelschulen getrennt, wird dies deutlicher: Beispielsweise stimmen der Aussage ‚Viele Schülerinnen und Schüler unserer Schule sind eigentlich nicht beschulbar' – die vor dem Hintergrund der in schulischen Lernsettings zentralen Grundannahme grundsätzlicher Bildsamkeit aller Schüler*innen – eine starke Defizitorientierung zum Ausdruck bringt, in einzelnen Schulen über 60% der Lehrkräfte zu. Im Mittel aller Schulen beantworten diese Frage knapp 25% aller Lehrkräfte mit einer Zustimmung.

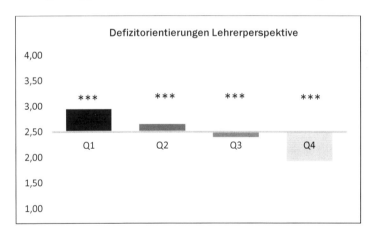

Abb. 3: Defizitorientierungen Lehrkräfteperspektive; ***p <= 0,001; **p <= 0,01; *p <= 0,05

5.4 Defizitorientierte Einstellungen gegenüber einer ethnisch heterogenen und sozial benachteiligten Schüler*innenschaft (Schüler*innenperspektive)

Ein ganz ähnliches Bild ergibt sich bei der Analyse der durch Schüler*innen wahrgenommenen, auf sie selbst gerichteten Defizitperspektiven von Lehrkräften. Auch hier ist ein linearer Zusammenhang von sozialer Benachteiligung der Schulen und ansteigenden Defizitperspektiven zu beobachten. Die Unterschiede zwischen den einzelnen Quartilen sind für alle Gruppen hoch signifikant. Jedoch können auch hier nur die Aussagen der Schüler*innen aus den beiden benachteiligteren Quartilen als Hinweise aus Defizitperspektiven gewertet werden, da nur sie über dem theoretischen Skalenmittelwert von 2,5 liegen.

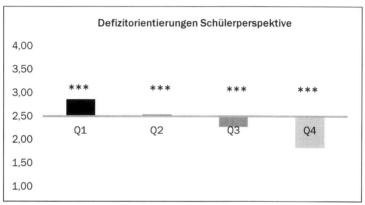

Abb. 4: Defizitorientierungen Schüler*innenperspektive; ***p <= 0,001; **p <= 0,01; *p <= 0,05

6 Diskussion

Die Ergebnisse zeigen in drei von vier untersuchten Dimensionen signifikante Zusammenhänge des Grades der sozialräumlichen Benachteiligung der Schüler*innenschaft mit der Güte der Lehrkräfte-Schüler*innenbeziehung sowie mit Defizitperspektiven aus Schüler*innen- und Lehrer*innensicht. Hierbei geht eine steigende Benachteiligung der Schüler*innenschaft in einer Schule mit tendenziell schlechteren Einschätzungen der Lehrkräfte-Schüler*innen-Beziehung durch die Lehrkräfte und mit stärkeren Defizitperspektiven dieser sowie mit Schüler*innenseitig stärkerer Wahrnehmung von Defizitperspektiven einher. Einzige Ausnahme bildet hier die Einschätzung der Beziehungsqualität zwischen Lehrkräften und Schüler*innen durch letztere. Hier zeigt sich ein tendenziell gegenläufiger Trend: Schüler*innen aus Schulen mit eher weniger benachteiligter Schüler*innenschaft nehmen ihre Beziehungen zu Lehrkräften eher kritischer wahr als diese in stärker benachteiligten Schulen. Ein ähnlicher Befund ergab sich bereits in Analysen zu Lehrkräfte-Eltern-Beziehungen im Rahmen des Projekts Potenziale entwickeln – Schulen stärken, aus dem auch die vorliegenden Analysen stammen. So zeigten sich dort die gleichen Muster einer eher kritischeren Perspektive auf die Beziehungen zu Lehrkräften bei weniger sozioökonomisch benachteiligten Eltern, während Lehrkräfte die Beziehungen zu eher benachteiligten Eltern negativer einschätzen (Eiden u. a. 2016). Hier könnten machtstrukturelle und habituelle Mechanismen zum Tragen kommen: Bourdieu folgend, haben Lehrkräfte als gesellschaftlich und institutionell machtstärkere Gruppe einen per se anderen Blick auf Passungsprobleme als Eltern. Sie sind geneigt, ihre Normalitätsvorstellungen als fraglos richtig anzusehen und deren Geltung durchzusetzen. Ihre habituelle Beanspruchung von Definitionshoheit in schulischen und außerschulischen Angelegenheiten kommt einer Umdeutung von Differenz in Defizite gleich (Grundmann u. a. 2004b; vgl. auch Drucks/Bruland i. d. Band), die gerade gegenüber besonders marginalisierten Gruppen durchgehend beobachtet wird. Auf der anderen Seite ist es gerade für marginalisierte Gruppen wahrscheinlich, dass sie die etablierten und verschleierten Machtverhältnisse habituell selbst als legitim wahrnehmen und sogar stützen (Bourdieu 1991; Gillborn 2006). Zugleich ist der Umgang mit Definitionsansprüchen derer, denen geltende Maßstäbe fremd und kaum erreichbar erscheinen, habituell nicht nur von Resignation oder gar Rebellion, sondern auch von Strategien der Überanpassung geprägt (Vester u. a. 2001; Grundmann u. a. 2004a). Dies ist eben bei den am stärksten benachteiligten Milieus der Fall.

Interessant ist der Befund, dass Defizitorientierungen nur in den zwei am stärksten benachteiligten Schulgruppen zu identifizieren waren. Obwohl alle 36 untersuchten Schulen mit Standorttypen 4 und 5 des NRW-Standorttypenkonzepts über eine stark oder sehr stark benachteiligte Schüler*innenschaft verfügten, zeigt sich in den vorliegenden Analysen, dass nur die am stärksten benachteiligten 50% der Schulen überhaupt Defizitperspektiven aufwiesen und dass diese in den 25% am stärksten benachteiligten Schulen noch einmal deutlich und auch signifikant stärker ausfielen. Hier könnten Mechanismen zum Tragen kommen, die Baumert und Kollegen bereits Mitte der 2000er Jahre als kritische Schwellenwerte von Kompositionseffekten beschrieben haben (Baumert u. a. 2006). Ihren Analysen folgend, könnten auch die präsentierten Ergebnisse als Hinweise auf die Relevanz der aggregierten Benachteiligung von Schüler*innen an Schulen in sozioökonomisch und kulturell segregierten Stadtteilen für Beziehungsqualitäten und Defizitperspektiven gewertet werden. Neben Fragen der Ressourcenverteilung und segregierenden Entwicklungen entgegenwirkenden Steuerungsüberlegungen, kommt hier die Frage ins Spiel, welche Strategien auf Bildungssystems,- Schul- und Unterrichtsebene hilfreich sein können, um Beziehungen zu festigen und Defizitperspektiven zu reflektieren und zu durchbrechen. Exemplarisch lässt sich das komplexe Problemfeld an dem jahrzehntelang geführten gesellschaftlichen, bildungspolitischen und auch in Schulen und Klassen geführtem Diskurs um die Anerkennung von Mehrsprachigkeit, so bspw. der türkischen Herkunftssprache als Ressource für Bildungsprozesse, nachzeichnen (vgl. bspw. Gogolin 2010). War der öffentliche Diskurs bis in die 2010er Jahre vor allem von einer Fokussierung auf das Deutsche als Zielsprache bei gleichzeitigem Verbot des Türkischen bis hin zur Restriktion der Kommunikationen auf dem Schulhof bestimmt, nimmt die Anerkennung und Nutzbarmachung von Herkunftssprachen in der jüngsten Vergangenheit immer mehr Raum ein. Begleitet wurde dies von einer wissenschaftlich und gesellschaftlich breit geführten Debatte, die zeigt, dass Reflexion und systemische Veränderungen durchaus möglich sind. Lehrkräfte im Rahmen des praktischen Schulentwicklungsteils des Projekts Potenziale entwickeln – Schulen stärken berichten davon, genau zu reflektieren, welche Verhaltensweisen und Anforderungen wirkliche Relevanz für den Lernprozess der Schüler*innen haben, diese transparent zu machen und Unterstützung beim Erlernen dieser zur Verfügung zu stellen. Zugleich würden andere Routinen und Konventionen, die nicht in unmittelbarem Zusammenhang mit dem Lernen der Schüler*innen stehen, als unnötig fallengelassen. Einige Länder, wie bspw. Hamburg, haben zusätzlich auf bildungsadministrativer Ebene curriculare Änderungen vorangetrieben, die es zulassen, das Türkische als zweite Fremdsprache bis zum Abitur zu führen. In solchen Bewegungen spiegelt sich die Möglichkeit von Entwicklungen unter den Zieldimension Reflexion und Abbau von Defizitperspektiven sowie Ressourcenorientierung und -nutzung.

Im Gegensatz zu einem solchen Überlegungen zugrundeliegenden sozialkonstruktivistischen Verständnis, das davon ausgeht, dass Differenzen in der sozialen Interaktion konstruiert und überwunden werden können, steht im Zentrum kognitionspsychologischer Überlegungen die Vorstellung von Dispositionen, die grundsätzlich schon Vorhanden und auch schwer veränderbar sind (Sturm 2016). Nimmt man die skizzierte Forschung zum Einfluss von Beziehungen und Anerkennung auf die Leistungsentwicklung von Schüler*innen ernst, so ist geboten, genauer auf die Dialektik und die Passung oder gerade nicht-Passung zwischen Organisation und Individuen zu schauen – gerade dann, wenn normativ gesellschaftlicher Konsens über das Ziel herrscht, soziale Ungleichheiten zu reduzieren oder gar abzubauen.

Literatur

Agirdag, O./van Avermaet, P./van Houtte, M. (2013): School Segregation and Math Achievement: A Mixed-Method Study on the Role of Self-Fulfilling Prophecies, 115(3). URL: http://www.tc record.org/content.asp?contentid=16895, Zugriffsdatum: 19.01.2019.

Anyon, J. (2006): Social class, school knowledge, and the hidden curriculum: Retheorizing reproduction. In: Dimitriadis, G./McCarthy, C. (Hrsg.): Ideology, Curriculum, and the New Sociology of Education: Revisiting the Work of Michael Apple. New York: Routledge, S. 37-45.

Bandura, A. (1982): Self-efficacy mechanism in human agency. In: American Psychologist, 37(2), S. 122-147. URL: https://doi.org/10.1037/0003-066X.37.2.122, Zugriffsdatum: 19.01.2019.

Baumert, J./Stanat, P./Watermann, R. (2006): Schulstruktur und die Entstehung differenzieller Lern- und Entwicklungsmilieus. In: Diess.: (Hrsg.) Herkunftsbedingte Disparitäten im Bildungswesen: Differenzielle Bildungsprozesse und Probleme der Verteilungsgerechtigkeit. Wiesbaden: VS Verlag für Sozialwissenschaften, S. 95-188.

Beckett, L./Wrigley, T. (2014): Overcoming stereotypes, discovering hidden capitals. Improving Schools, 17(3), S. 217-230. URL: https://doi.org/10.1177/1365480214556419, Zugriffsdatum: 19.01.2019.

Bos, W./Pietsch, M./Gröhlich, C./Janke, N. (2006): Ein Belastungsindex für Schulen als Grundlage der Ressourcenzuweisung am Beispiel von KESS 4. In: Bos, W./Holtappels, H. G./Pfeiffer, H./ Rolff, H.-G./Schulz-Zander, R. (Hrsg.): Jahrbuch der Schulentwicklung, Bd. 14, Daten, Beispiele und Perspektiven. Weinheim/München: Juventa. S. 149-160.

Bourdieu, P./Passeron, J.-C. (1971): Die Illusion der Chancengleichheit: Untersuchungen zur Soziologie des Bildungswesens am Beispiel Frankreichs. Texte und Dokumente zur Bildungsforschung. Stuttgart: Klett.

Bourdieu, P. (1991): Language and symbolic power. Cambridge, Mass.: Harvard University Press.

Bowlby, J. (1975): Bindung: Eine Analyse d. Mutter-Kind-Beziehung. Kindler-Studienausgabe. München: Kindler.

Brake, A./Kunze, J. (2004): Der Transfer kulturellen Kapitals in der Mehrgenerationenfolge. Kontinuität und Wandel zwischen Generationen. In: Engler, S./Krais, B. (Hrsg.): Bildungssoziologische Beiträge. Das kulturelle Kapital und die Macht der Klassenstrukturen: Sozialstrukturelle Verschiebungen und Wandlungsprozesse des Habitus. Weinheim/München: Juventa, S. 71-95.

Brault, M.-C./Janosz, M./Archambault, I. (2014): Effects of school composition and school climate on teacher expectations of students: A multilevel analysis. In: Teaching and Teacher Education, 44, S. 148-159. URL: https://doi.org/10.1016/j.tate.2014.08.008, Zugriffsdatum: 19.01.2019.

Bremm, N./Klein, E.D. (2017): „No excuses"? Deficit frameworks and responsibility for student success in schools serving disadvantaged communities in Germany. ECER, Copenhagen, 25.08.2017.

Bremm, N./Racherbäumer, K. (2017): Intersectionality and social space: Educational justice in deprived schools. Improving Schools. Thousand Oakes: SAGE, 21(1), S. 5-18. URL: https://doi.org/10.1177/1365480217749005, Zugriffsdatum: 19.01.2019.

Bremm, N./Eiden, S./Neumann, C./Webs, T. (2017): Evidenzbasierter Schulentwicklungsansatz für Schulen in herausfordernden Lagen. Zum Potenzial der Integration von praxisbezogener Forschung und Entwicklung am Beispiel des Projekts „Potenziale entwickeln – Schulen stärken". In: Manitius, V./Dobbelstein, P. (Hrsg.): Beiträge zur Schulentwicklung. Schulentwicklungsarbeit in herausfordernden Lagen. Münster, New York: Waxmann, S. 140-159.

Bronfenbrenner, U. (1977): Toward an experimental ecology of human development. In: American Psychologist, 32(7), S. 513-531. URL https://doi.org/10.1037/0003-066X.32.7.513, Zugriffsdatum: 19.01.2019.

Buyse, E./Verschueren, K./Doumen, S. (2011): Preschoolers' Attachment to Mother and Risk for Adjustment Problems in Kindergarten: Can Teachers Make a Difference? In: Social Development, 20(1), S. 33-50. URL: https://doi.org/10.1111/j.1467-9507.2009.00555.x, Zugriffsdatum: 19.01.2019.

Cavanagh, S. (1997): Content analysis: concepts, methods and applications. Nurse Researcher, 4(3), S. 5-16. URL: https://doi.org/10.7748/nr.4.3.5.s2, Zugriffsdatum: 19.01.2019.

Cummins, J. (2001): HER Classic Reprint: Empowering Minority Students: A Framework for Intervention. In: Harvard Educational Review, 71(4), S. 649-676. URL: https://doi.org/10.17763/haer. 71.4.j261357m62846812, Zugriffsdatum: 19.01.2019.

Demanet, J./van Houtte, M. (2012): Teachers' attitudes and students' opposition. School misconduct as a reaction to teachers' diminished effort and affect. In: Teaching and Teacher Education, 28(6), S. 860-869. URL: https://doi.org/10.1016/j.tate.2012.03.008, Zugriffsdatum: 19.01.2019.

Ditton, H. (2016): Der Beitrag von Schule und Lehrern zur Reproduktion von Bildungsungleichheit. In: Becker, R./Lauterbach, W. (Hrsg.): Bildung als Privileg: Erklärungen und Befunde zu den Ursachen der Bildungsungleichheit, 5. Aufl., S. 281-312. Wiesbaden: Springer URL: VS. https://doi.org/10.1007/978-3-658-11952-2_9, Zugriffsdatum: 19.01.2019.

Driessen, G. W. J. M. (2001): Ethnicity, Forms of Capital, and Educational Achievement. In: International Review of Education, 47(6), S. 513-538.

Eiden, S./Bremm, N./van Ackeren, I. (2016): Kooperation von Eltern und Lehrkräften an Schulen in sozial benachteiligten Kontexten. Beitrag auf der Jahreskonferenz der Gesellschaft für empirische Bildungsforschung (GEBF). Berlin, März 2016.

Flessa, J. (2009): Educational Micropolitics and Distributed Leadership. In: Peabody Journal of Education, 84(3), S. 331-349. URL: https://doi.org/10.1080/01619560902973522, Zugriffsdatum: 19.01.2019.

Freire, P. (2014): Pedagogy of the Oppressed: 30th Anniversary Edition. New York: Bloomsbury Publishing. URL: http://gbv.eblib.com/patron/FullRecord.aspx?p=1745456, Zugriffsdatum: 19.01.2019.

Friedrichs, J./Triemer, S. (2008): Gespaltene Städte? Soziale und ethnische Segregation in deutschen Großstädten (1. Aufl.). Wiesbaden: VS /GWV Fachverlage, Wiesbaden.

García, S. B./Guerra, P. L. (2016): Deconstructing Deficit Thinking. In: Education and Urban Society, 36(2), S. 150-168. URL: https://doi.org/10.1177/0013124503261322, Zugriffsdatum: 19.01.2019.

Gillborn, D. (2006): Critical Race Theory and Education: Racism and anti-racism in educational theory and praxis. In: Discourse: Studies in the Cultural Politics of Education, 27(1), S. 11-32. URL: https://doi.org/10.1080/01596300500510229, Zugriffsdatum: 19.01.2019.

Goffman, E. (1962): Asylums: Essays on the social situations of mental patients and other inmates. Chicago: Aldine.

Gogolin, I. (Hrsg.) (1997): Großstadt-Grundschule: Eine Fallstudie über sprachliche und kulturelle Pluralität als Bedingung der Grundschularbeit. Interkulturelle Bildungsforschung: Bd. 1. Münster/New York/München/Berlin: Waxmann.

Grundmann, M. (2008): Handlungsbefähigung – eine sozialisationstheoretische Perspektive. In: Otto, H.-U./Ziegler, H. (Hrsg.): Capabilities – Handlungsbefähigung und Verwirklichungschancen in der Erziehungswissenschaft, S. 131-142. Wiesbaden: VS. URL: https://doi.org/ 10.1007/978-3-531-90922-6_8, Zugriffsdatum: 19.01.2019.

Grundmann, M./Bittlingmayer, U. H./Dravenau, D./Groh-Samberg, O. (2004a): Bildung als Privileg und Fluch – zum Zusammenhang zwischen lebensweltlichen und institutionalisierten Bildungsprozessen. In: Becker, R./Lauterbach, W. (Hrsg.): Bildung als Privileg? Erklärungen und Befunde zu den Ursachen der Bildungsungleichheit, S. 41-68. Wiesbaden: VS. URL: https://doi.org/10. 1007/978-3-322-93532-8_2, Zugriffsdatum: 19.01.2019.

Grundmann M./Bittlingmayer U./Dravenau D./Groh-Samberg O. (2004b): Die Umwandlung von Differenz in Hierarchie. Schule zwischen einfacher Reproduktion und eigenständiger Produktion sozialer Ungleichheit. In: Zeitschrift für Soziologie der Erziehung und Sozialisation 24, Nr. 2, S. 124-145.

Gutiérrez, K. D./Morales, P. Z./Martinez, D. C. (2009): Re-mediating Literacy: Culture, Difference, and Learning for Students From Nondominant Communities. In: Review of Research in Education, 33(1), S. 212-245. URL: https://doi.org/10.3102/0091732X08328267, Zugriffsdatum: 19.01.2019.

Herrmann, J. (2010): Abschlussbericht zum Projekt "Schulentwicklung im System – Unterstützung von Schulen in schwieriger Lage". Hamburg. URL: https://li.hamburg.de/contentblob/3025990/ 10f5368b00d310f451855b5023816cd1/data/pdf-abschlussbericht-zum-projekt-schulentwicklung-im-system-pdf-datei.pdf, Zugriffsdatum: 19.01.2019.

Hillebrand, A./Webs, T./Wisberg, E./Holtappels, H. G./Bremm, N./van Ackeren, I. (2017): Schulnetzwerke als Strategie der Schulentwicklung: Zur datengestützten Netzwerkzusammenstellung von

Schulen in sozialräumlich deprivierter Lage. In: Journal for Educational Research Online (1), S. 118-143. URL: URN: urn:nbn:de:0111-pedocs-129716, Zugriffsdatum: 19.01.2019.

Honneth, A./Fraser, N. (2017): Umverteilung oder Anerkennung? Eine politisch-philosophische Kontroverse, 5. Auflage. Suhrkamp-Taschenbuch Wissenschaft: Vol. 1460. Frankfurt a. M.: Suhrkamp.

Huxel, K. (2012): Lehrerhandeln im sozialen Feld Schule. In: Fürstenau, S. (Hrsg.): Interkulturelle Pädagogik und sprachliche Bildung: Herausforderungen für die Lehrerbildung. Wiesbaden: VS, S. 25-39, URL: https://doi.org/10.1007/978-3-531-18785-3_2, Zugriffsdatum: 19.01.2019.

Isaac, K. (2016): Der Sozialindex und die Vorhersagekraft von Lernstandserhebungen in Nordrhein-Westphalen. Analysen zur Relevanz diagnostischer Testverfahren. In: Groot-Wilken, B./ Isaac, K./ Schräpler, J.-P. (Hrsg.): Beiträge zur Schulentwicklung. Sozialindices für Schulen: Hintergründe, Methoden und Anwendung, 1. Aufl., S. 141-157. Münster, New York: Waxmann.

Kaiser, J./Möller, J./Helm, F./Kunter, M. (2015): Das Schülerinventar: Welche Schülermerkmale die Leistungsurteile von Lehrkräften beeinflussen. In: Zeitschrift Für Erziehungswissenschaft, 18(2), S. 279-302.

Klein, E. D. (2018): Erfolgreiches Schulleitungshandeln an Schulen in sozial deprivierter Lage. Eine Zusammenschau zentraler Grundlagen und Befunde aus der nationalen und internationalen Bildungsforschung. Expertise im Auftrag der Wübben Stiftung. URL: https://duepublico.uni-duisburg-essen.de/servlets/DocumentServlet?id=45206, Zugriffsdatum: 19.01.2019.

Kramer, R.-T./Helsper, W. (2010): Kulturelle Passung und Bildungsungleichheit – Potenziale einer an Bourdieu orientierten Analyse der Bildungsungleichheit. In: Krüger, H.-H. (Hrsg.): Studien zur Schul- und Bildungsforschung: Vol. 30. Bildungsungleichheit revisited: Bildung und soziale Ungleichheit vom Kindergarten bis zur Hochschule. Wiesbaden: VS, S. 103-127.

Maaz, K./Baumert, J./Cortina, K. S. (2008): Soziale und regionale Ungleichheit im deutschen Bildungssystem. In: Cortina, K. S./Baumert, J./Leschinsky, A./Mayer, K. U./Trommer, L. (Hrsg.): rororo Sachbuch: Vol. 62339. Das Bildungswesen in der Bundesrepublik Deutschland: Strukturen und Entwicklungen im Überblick. [der neue Bericht des Max-Planck-Instituts für Bildungsforschung]. Reinbek bei Hamburg: Rowohlt-Taschenbuch, S. 205-243.

Masters, G. N. (1982): A rasch model of partial credit scoring. In: Psychometrika, 47(2), S. 149-174.

McGrath, K. F./van Bergen, P. (2015): Who, when, why and to what end? Students at risk of negative student-teacher relationships and their outcomes. In: Educational Research Review, 14, S. 1-17. URL: https://doi.org/10.1016/j.edurev.2014.12.001, Zugriffsdatum: 19.01.2019.

Müller, K./Ehmke, T. (2012): Soziale Herkunft als Bedingung der Kompetenzentwicklung. In: Prenzel, M./Sälzer, E./Klieme, E./Köller O. (Hrsg.): PISA 2012. Fortschritte und Herausforderungen in Deutschland. Münster u. a.: Waxmann, S. 245-275.

Möller, C. (2017): Der Einfluss der sozialen Herkunft in der Professorenschaft. In: Hamann, J. (Hrsg.): Macht in Wissenschaft und Gesellschaft. Wiesbaden: Springer, S. 113-139.

Muijs, D./Harris, A./Chapman, C./Stoll, L./Russ, J. (2004): Improving Schools in Socioeconomically Disadvantaged Areas – A Review of Research Evidence. In: School Effectiveness and School Improvement, 15(2), S. 149-175. URL: https://doi.org/10.1076/sesi.15.2.149.30433, Zugriffsdatum: 19.01.2019.

Nelson, S. W./Guerra, P. L. (2013): Educator Beliefs and Cultural Knowledge. In: Educational Administration Quarterly, 50(1), S. 67-95. URL: https://doi.org/10.1177/0013161X13488595, Zugriffsdatum: 19.01.2019.

Nespor, J. (1987): The role of beliefs in the practice of teaching. In: Journal of Curriculum Studies, 19(4), S. 317-328. URL: https://doi.org/10.1080/0022027870190403, Zugriffsdatum: 19.01.2019.

Palardy, G. J. (2008): Differential School Effects among Low, Middle, and High Social Class Composition Schools: A Multiple Group, Multilevel Latent Growth Curve Analysis. In: School Effectiveness and School Improvement, 19(1), S. 21-49.

Pfaff, N./Fölker, L./Hertel, T. (2015): Schule als Gegenraum zum Quartier – Sozialräumliche Segregation und die Prekarität grundlegender schulischer Bedingungen. In: Fölker, L./Hertel, T./ Pfaff, N. (Hrsg.): Brennpunkt(-)Schule: Zum Verhältnis von Schule, Bildung und urbaner Segregation. Opladen: Budrich, S. 67-84.

Pianta, R. C./Allen, J. P. (2008): Building capacity for positive youth development in secondary school classrooms: Changing teachers' interactions with students. In: Shinn, M./Yoshikawa, H. (Hrsg.): Toward positive youth development: Transforming schools and community programs, 1, S. 21-40.

Pohan, C. A./Aguilar, T. E. (2016): Measuring Educators' Beliefs About Diversity in Personal and Professional Contexts. In: American Educational Research Journal, 38(1), S. 159-182. URL: https://doi.org/10.3102/00028312038001159, Zugriffsdatum: 19.01.2019.

Quiocho, A. M. L./Daoud, A. M. (2008): Dispelling Myths about Latino Parent Participation in Schools. In: The Educational Forum, 70(3), S. 255-267. URL: https://doi.org/10.1080/001317 20608984901, Zugriffsdatum: 19.01.2019.

Racherbäumer, K. (2017): Rekonstruktionen zu Bedeutung und Funktionen der Lehrer-Schüler-Beziehung aus Sicht von Lehrerinnen und Lehrern an Schulen in sozial benachteiligter Lage. In: Manitius, V./Dobbelstein, P. (Hrsg.): Beiträge zur Schulentwicklung. Schulentwicklungsarbeit in herausfordernden Lagen. Münster, New York: Waxmann, S. 123-140.

Reh, S./Ricken, N. (2012): Das Konzept der Adressierung. Zur Methodologie einer qualitativ-empirischen Erforschung von Subjektivation. In: Miethe, I./Müller, H.-R. (Hrsg.): Qualitative Bildungsforschung und Bildungstheorie. Opladen/Farmington Hills: Barbara Budrich, S. 35-56.

Rokeach, M. (1968): A Theory of Organization and Change within Value-Attitude Systems. In: Journal of Social Issues, 24(1), S. 13-33. URL: https://doi.org/10.1111/j.1540-4560.1968.tb 01466.x, Zugriffsdatum: 19.01.2019.

Roorda, D. L./Koomen, H. M. Y./Spilt, J. L./Oort, F. J. (2011): The Influence of Affective Teacher–Student Relationships on Students' School Engagement and Achievement. In: Review of Educational Research, 81(4), S. 493-529. URL: https://doi.org/10.3102/0034654311421793, Zugriffsdatum: 19.01.2019.

Rosenthal, R./Jacobson, L. (1968): Pygmalion in the classroom. In: The Urban Review, 3(1), S. 16-20. URL: https://doi.org/10.1007/BF02322211, Zugriffsdatum: 19.01.2019.

Rost, J. (2004): Lehrbuch Testtheorie – Testkonstruktion. Bern: Huber.

Rubie-Davies, C. M. (2007): Classroom interactions: Exploring the practices of high- and low-expectation teachers. In: The British Journal of Educational Psychology, 77(Pt 2), S. 289-306. URL: https://doi.org/10.1348/000709906X101601, Zugriffsdatum: 19.01.2019.

Rutledge, S. A./Cohen-Vogel, L./Osborne-Lampkin, L./Roberts, R. L. (2015): Understanding Effective High Schools: Evidence for Personalization for Academic and Social Emotional Learning. In: American Educational Research Journal, 52(6), S. 1060-1092. URL: https://doi.org/10.3102/0002831215602328, Zugriffsdatum: 19.01.2019.

Sabol, T. J./Pianta, R. C. (2012): Recent trends in research on teacher-child relationships. In: Attachment/Human Development, 14(3), S. 213-231. URL: https://doi.org/10.1080/14616734.2012.672262, Zugriffsdatum: 19.01.2019.

Scheerens, J./Bosker, R. (1997): The foundations of educational effectiveness. Oxford: Pergamon.

Smyth, J. (2014): Improving schools in poor areas: It's not about the organisation, structures and privatisation, stupid! In: Improving Schools, 17(3), S. 231-240.

Sorhagen, N. S. (2013): Early teacher expectations disproportionately affect poor children's high school performance. In: Journal of Educational Psychology, 105(2), S. 465-477. URL: https://doi.org/10.1037/a0031754, Zugriffsdatum: 19.01.2019.

Souto-Manning, M./Swick, K. J. (2006): Teachers' Beliefs about Parent and Family Involvement: Rethinking our Family Involvement Paradigm. In: Early Childhood Education Journal, 34(2), S. 187-193. URL: https://doi.org/10.1007/s10643-006-0063-5, Zugriffsdatum: 19.01.2019.

Spilt, J. L./Koomen, H. M. Y./Thijs, J. T. (2011): Teacher Wellbeing: The Importance of Teacher–Student Relationships. In: Educational Psychology Review, 23(4), S. 457-477. URL: https://doi.org/10.1007/s10648-011-9170-y, Zugriffsdatum: 19.01.2019.

Tenenbaum, H. R./Ruck, M. D. (2007): Are teachers' expectations different for racial minority than for European American students? A meta-analysis. In: Journal of Educational Psychology, 99(2), S. 253-273. URL: https://doi.org/10.1037/0022-0663.99.2.253, Zugriffsdatum: 19.01.2019.

Valencia, R. R. (2010): Dismantling contemporary deficit thinking: Educational thought and practice. The critical educator. New York: Routledge. URL: http://site.ebrary.com/lib/alltitles/ docDetail.action?docID=10416727, Zugriffsdatum: 19.01.2019.

Valencia, R. R./Valenzuela, A./Sloan, K./Foley, D. E. (2016): Let's Treat the Cause, Not the Symptoms: Equity and Accountability in Texas Revisited. In: Phi Delta Kappan, 83(4), S. 318-326. URL: https://doi.org/10.1177/003172170108300411, Zugriffsdatum: 19.01.2019.

Valencia, R. R./Solórzano, D. G. (1997): Contemporary deficit thinking. In: Valencia, R. R. (Hrsg.): The evolution of deficit thinking: Educational thought and practice, S. 160-210.

van Ackeren, I. (2008): Schulentwicklung in benachteiligten Regionen Eine exemplarische Bestandsaufnahme von Forschungsbefunden und Steuerungsstrategien. In: Lohfeld, W. (Hrsg.): Gute Schulen in schlechter Gesellschaft. Wiesbaden: VS, S. 47-58.

Van Ackeren, I. van, Bremm, N./Eiden, S./Neumann, C./Racherbäumer, K./Holtappels, H.G./ Hillebrand, A./Webs, T./Wisberg, E. (2016): Potenziale entwickeln – Schulen stärken. Forschungs- und Entwicklungsprojekt für Schulen an benachteiligten Standorten in der Metropole Ruhr. In: Schulverwaltung, 27(2), S. 41f.

Vester, M./von Oertzen, P./Geiling, H./Hermann, T./Müller, D. (2001): Soziale Milieus im gesellschaftlichen Strukturwandel, Frankfurt a. M.: Suhrkamp.

Vitaro, F./Brendgen, M./Barker, E. D. (2016): Subtypes of aggressive behaviors: A developmental perspective. In: International Journal of Behavioral Development, 30(1), S. 12-19. URL: https://doi.org/10.1177/0165025406059968, Zugriffsdatum: 19.01.2019.

Yuval-Davis, N. (2010): Theorizing identity: Beyond the ‚us' and ‚them' dichotomy. In: Patterns of Prejudice, 44(3), S. 261-280. URL: https://doi.org/10.1080/0031322X.2010.489736, Zugriffsdatum: 19.01.2019.

Zarate, M. E. (2007): Understanding Latino Parental Involvement in Education: Perceptions, Expectations, and Recommendations. Tomas Rivera Policy Institute. URL: http://files.eric.ed. gov/fulltext/ED502065.pdf, Zugriffsdatum: 19.01.2019.

Schulsozialarbeit – Im Spannungsfeld zwischen fachlichen Standards und derzeitigen Rahmenbedingungen

Dorle Mesch und Wolfgang Foltin

Einleitung

Im vorliegenden Artikel stellen wir das Arbeitsfeld Schulsozialarbeit vor und arbeiten die Chancen heraus, die ein bedarfsgerechter Einsatz der Fachkräfte der Schulsozialarbeit an Schulen für den Umgang mit und die Bewältigung von familiären (Lebens-)Krisen bietet. Wir erläutern die gemeinsamen, rechtlichen Grundlagen der pädagogischen Arbeit aller an Schulen wirksamen Professionen und erklären die besonderen Rahmenbedingungen und Arbeitsaufträge der Schulsozialarbeit. Wir geben eine Übersicht über die fachlichen Standards dieses Arbeitsfeldes und nehmen dabei insbesondere die Grundprinzipien der sozialen Arbeit an Schulen sowie die Kernkompetenz „Vernetzung" in den Blick. Schließlich veranschaulichen wir die Bedeutung eines professionsübergreifend gemeinsamen, ganzheitlichen Bildungsverständnisses als Grundlage multiprofessionellen Handelns in der systemisch-lösungsorientierten Arbeit mit von Krisen betroffenen Kindern und Jugendlichen. Eine offensive und adäquat ausgestattete Schulsozialarbeit kann hierzu einen zentralen Beitrag in der Prävention und Intervention sowie in der notwendigen Schulentwicklung leisten.

1 Familiäre kritische Lebensereignisse – Krisenbearbeitung durch Schulsozialarbeit

Wie in diesem Band bereits zu Beginn aufgezeigt wurde: Kinder und Jugendliche, die entweder selbst oder durch Familienmitglieder mit kritischen Lebensereignissen konfrontiert werden, zeigen auch in Schule durch ihr Verhalten ihren Bedarf. Dieses Verhalten wird in Schule häufig als auffällig wahrgenommen oder gerät bei introvertierten Verhaltensweisen erst bei der Wahrnehmung von Bildungseinbrüchen in den Fokus. In Stresssituationen sind Menschen weniger konzentriert, weniger aufmerksam, die Aufnahmefähigkeit sowie die kognitive Verarbeitung von Informationen lassen nach. Krisen spiegeln sich häufig in gescheiterten Bildungsverläufen wider.

„Krisen können jederzeit auftreten, somit auch in der Schule. Dabei sind es nicht nur die plötzlich auftretenden krisenhaften Ereignisse durch *äußere Umstände*, sondern auch die Entwicklungen und die Veränderungen im Lebensläufen, die *persönliche Krisen* auslösen können." (Drewes/Seifried 2012, S. 9, Hervorh. i. O.)

Familiäre Krisen machen sich als Stressoren bemerkbar, deren Verarbeitung zum einen Zeit, zum anderen die Begleitung durch andere Menschen bedarf. Gerade in Krisenzeiten benötigen Menschen Halt und Sicherheit. Schule wird hier von Kindern/Jugendlichen als sicherer und verlässlicher Ort wahrgenommen, sofern das Schulklima durch eine zugewandte, kommunikative und wertschätzende Atmosphäre geprägt ist.

In Schulen finden sich alle Themen des Lebens, die einem Kind bzw. einem Jugendlichen begegnen können und die es von diesem zu bewältigen gilt: Trennungen/Scheidungen, Tod/Verlust von Familienangehörigen, eigene (chronische) Erkrankungen oder die Erkrankung von Familienangehörigen (z. B. psychische Erkrankungen, Suchterkrankungen), Identitätskrisen, Geschlechterthematiken, Gewalterfahrungen/Kriegserfahrungen bzw. Straftaten, Armut, Kindeswohlvernachlässigungen oder Kindeswohlgefährdungen etc.

Diesen Lebensthemen und deren Bewältigung wenden sich Fachkräfte der Schulsozialarbeit aktiv zu. Rademacker (2009, S. 13) definiert Schulsozialarbeit wie folgt:

„Schulsozialarbeit umfasst alle Formen kontinuierlicher Zusammenarbeit von Jugendhilfe und Schule, die eine Tätigkeit von sozialpädagogischen Fachkräften am Ort Schule und die Zusammenarbeit mit Lehrkräften dort zur Wahrnehmung von Aufgaben der Kinder- und Jugendhilfe für die Schülerinnen und Schüler zum Ziel haben."

Die Angebote von Fachkräften der Schulsozialarbeit in Schule haben eine Spannbreite von präventiven Angeboten im alltäglichen Miteinander bis zu intervenierenden Maßnahmen bei als krisenhaft erlebten Situationen im schulischen Alltag. Fachkräfte der Schulsozialarbeit arbeiten präventiv, indem sie resilienzfördernde Angebote zur Salutogenese in Schule leisten. Fachkräfte der Schulsozialarbeit richten sich mit ihrer Arbeit folglich an *alle* Kinder und Jugendlichen in einer Schule.

In Krisen vernetzen die Fachkräfte der Schulsozialarbeit die Lebenswelten (Elternhaus, Schule etc.) von jungen Menschen, um diese ressourcenorientiert und lösungsorientiert auf ihrem Weg zur Bewältigung von (Lebens-)Krisen begleiten zu können. In internen und externen Netzwerken bauen Fachkräfte der Schulsozialarbeit Hilfesysteme/Unterstützsysteme auf.

Zur Bewältigung von familiären Krisen, die sich auf die Bildungsbiografien von Kindern und Jugendlichen auswirken, ist es notwendig, dass Lehrkräfte und Fachkräfte der Schulsozialarbeit eine gelingende, synergetische multiprofessionelle Zusammenarbeit entwickeln. Aus diesem Grund ist es hilfreich, dass Lehrkräfte um die Aufgaben und Angebote von Fachkräften der Schulsozialarbeit ebenso wissen wie um die derzeitigen Rahmenbedingungen der Schulsozialarbeit, welche Auswirkung auf die Qualität der Arbeit der Fachkräfte von Schulsozialarbeit hat.

2 Rechtliche Grundlagen

Schulgesetz NRW

Alle pädagogischen Fachkräfte, die in den Schulen den Bildungs- und Erziehungsauftrag verantworten, sind verpflichtet, alle Kinder und Jugendlichen individuell zu fördern. *„Jeder junge Mensch hat ohne Rücksicht auf seine wirtschaftliche Lage und Herkunft und sein Geschlecht ein Recht auf schulische Bildung, Erziehung und individuelle Förderung."* (§ 1 Abs. 1 SchulG NRW) „Die Schule vermittelt die zur Erfüllung ihres Bildungs- und Erziehungsauftrags erforderlichen Kenntnisse, Fähigkeiten, Fertigkeiten und Werthaltungen und *berücksichtigt dabei die individuellen Voraussetzungen der Schülerinnen und Schüler."* (§ 2 Abs. 4 SchulG NRW) Das Recht auf individuelle Förderung beinhaltet auch die Berücksichtigung von krisengeprägten Lebensphasen bzw. Lebensbedingungen.

Erlass zur Beschäftigung von Fachkräften für Schulsozialarbeit in NRW (BASS 21-13 Nr. 6)

Der Arbeitsauftrag der Schulsozialarbeit wird in einem gesonderten Erlass festgelegt. „Schulsozialarbeit soll wie die Jugendsozialarbeit insbesondere dazu beitragen, individuelle und gesellschaftliche Benachteiligungen durch besondere sozialpädagogische Maßnahmen auszugleichen." (vgl. Abs. 1.4). Der „Nachteilsausgleich" von benachteiligten Kindern und Jugendlichen steht im Mittelpunkt der Aufgaben der Schulsozialarbeit. Dabei sollen die Fachkräfte der Schulsozialarbeit sowohl präventiv aktiv werden als auch in Krisensituationen intervenieren. „Mitwirkung bei der Entwicklung, Umsetzung und Evaluation von systemisch angelegten Förderkonzepten und Angeboten zur Vorbeugung, Vermeidung und Bewältigung von Lernschwierigkeiten, Lernstörungen und Verhaltensstörungen sowie zu besonderen Begabungen" (vgl. Abs. 1.4) Der Schulsozialarbeit obliegt hierbei das Schnittstellenmanagement. „Fachkräfte für Schulsozialarbeit steuern die Kooperation mit bildungsrelevanten außerschulischen Partnern und vertreten die Schule in Netzwerken mit außerschulischen Partnern im Sozialraum der Schule und im Lebensraum der Kinder und Jugendlichen" (vgl. Abs. 4.1).

Auch die Fachkräfte für Schulsozialarbeit, die mit einem besonderen politischen Arbeitsauftrag ausgestattet sind (Bildungs- und Teilhabeberater, Förderung multiprofessioneller Teamarbeit) und bei kommunalen und freien Trägern beschäftigt sind, orientieren sich an diesem Auftragsrahmen. (BUT-Folgefinanzierung-Fördersteckbrief 2015; MPT-Erlass 2017; Spogis/Mavroudis 2015)

3 Fachliche Standards von Schulsozialarbeit

Die fachlichen Standards von Schulsozialarbeit werden in den rechtlichen Rahmenbedingungen (s. o.) inhaltlich beschrieben. Ihre inhaltliche Ausgestaltung basiert jedoch auf den tatsächlichen personellen, materiellen, räumlichen, systemischen Ressourcen sowie der jeweiligen Trägerschaft. Aus diesem Grund bedarf es an Schulen eines *Konzeptes für Schulsozialarbeit*, welches besonders eng mit den Bereichen Individuelle Förderung, Gesunde Schule, Ganztag, Beratung, Schulentwicklung, Sozialraum vernetzt ist. Schulsozialarbeit ist eine Querschnittsaufgabe und aufgrund dessen in vielen Arbeitsbereichen verortet.

4 Prinzipien der Schulsozialarbeit

Die Arbeit der Fachkräfte der Schulsozialarbeit basiert auf *Prinzipien*, deren Ursprung in der *Kinder- und Jugendhilfe* (SGB VIII) liegen:

- *Freiwilligkeit:* Angebote von Fachkräften der Schulsozialarbeit sollten freiwillig aufgesucht und wahrgenommen werden. Dies beinhaltet durchaus die Möglichkeit, dass unter anderem durch Lehrkräfte Empfehlungen ausgesprochen werden und auf die Angebote von Fachkräften der Schulsozialarbeit aufmerksam gemacht wird.
  Fachkräfte der Schulsozialarbeit führen durchaus auch Gespräche in Zwangskontexten z. B. bei akuten Kriseninterventionen. Kinder und Jugendliche können in solchen Settings für eine Beratung auf freiwilliger Basis gewonnen werden.
- *Bewertungsfreiheit/Wertschätzung:* Fachkräfte der Schulsozialarbeit begegnen Kindern und Jugendlichen in Bewertungsfreiheit. Ihre Arbeit ist geprägt von der Wertschätzung der Person gegenüber. Die damit verbundenen Werte (Respekt, Vorurteilsfreiheit, Neutralität, Achtsamkeit) und Normen werden von Fachkräften der Schulsozialarbeit eindeutig vertreten, benannt und vorgelebt. Eine zugewandte, ernstnehmende und wertschätzende Haltung wird von Fachkräften der Schulsozialarbeit verbunden mit dem Agieren in einem durch Rechte, Gesetze, Normen/Regeln bestimmten Raum.
- *Vertraulichkeit/Schweigepflicht:* Der Schutz von Kindern und Jugendlichen steht für Fachkräfte der Schulsozialarbeit an erster Stelle. Daran schließt sich die Stärkung von Kindern und Jugendlichen an.

Kindern und Jugendlichen wird eine von Vertraulichkeit und Verschwiegenheit geprägte Gesprächssituation geboten. Fachkräfte der Schulsozialarbeit achten dies. In ihrer Arbeit haben Fachkräfte der Schulsozialarbeit durchaus im Blick, an welchen Stellen es wichtig und entscheidend ist, Sorgeberechtigte und Lehrkräfte aktiv mit einzubinden bzw. zu informieren. Dies geschieht weitestgehend in Zusammenarbeit und vor allem in Absprache mit den beteiligten Kindern und Jugendlichen.

Fachkräfte der Schulsozialarbeit arbeiten hier mit Kindern und Jugendlichen, um sie für einen offenen und vom Miteinander geprägten Weg zu gewinnen.

Liegt eine Selbst- oder Fremdgefährdung vor, endet die Schweigepflicht von Fachkräften der Schulsozialarbeit ebenso wie von allen anderen Verantwortlichen. In solchen Situationen sind sie verpflichtet, verantwortliche Personen (je nach Sachlage Sorgeberechtigte, Schulleitung, Jugendhilfe; Polizei/Feuerwehr) zu informieren, um den Schutz aller Beteiligten sicherzustellen. Kinder und Jugendlichen sind über diese Grenzen der Schweigepflicht vorab zu informieren.

- *Ressourcenorientierung/Lösungsorientierung:* Fachkräfte der Schulsozialarbeit richten in ihrer Arbeit den Fokus auf vorhandene Ressourcen von Kindern, Jugendlichen und den Systemen, in denen sie sich befinden. Die Basis hierfür ist eine positive und stabile Beziehungsgestaltung, die es ermöglicht, kooperativ und lösungsorientiert passgenaue und stabilisierende Veränderungen herbeizuführen.

- *Abbau von Benachteiligungen/Stigmatisierungen und Herstellung von gleichen Bildungschancen/Bildungsgerechtigkeit:* Fachkräfte der Schulsozialarbeit wirken (gemeinsamen mit Lehrkräften) Benachteiligungen und Stigmatisierungen entgegen. Gemeinsam arbeiten die Professionen im System Schule daran gleiche Bildungschancen für Kinder und Jugendliche zu schaffen, damit Bildungsgerechtigkeit zunehmend hergestellt ist.

5   Schulsozialarbeit ist Vernetzung

Professor Herwig-Lempp von der Fachhochschule Merseburg hat die nachfolgende These formuliert: Soziale Arbeit ist die Königsdisziplin im psychosozialen Feld. „Statt von der Königsdisziplin könnte man auch etwas nüchterner (und in systemischer Sprache) von einer Profession 2. Ordnung sprechen, deren besondere Stärke gerade darin liegt, dass sie (neben eigenen Aufgabenfeldern) auch eine Meta-Ebene zu den anderen Disziplinen und Berufen einnimmt." (Herwig-Lempp/Kühling 2012) Soziale Arbeit leistet etwas, was andere Akteure dieses Arbeitsfeldes nicht leisten können – *Vernetzung!* Für Schulsozialarbeit gilt diese Aussage insbesondere. Schulsozialarbeit findet in Netzwerken statt.

Fachkräfte der Schulsozialarbeit arbeiten in *schulinternen sowie externen Netzwerken*. Sie sind geschult und durch den o. g. Erlass beauftragt, innerhalb der Schule geeignete außerschulische Hilfen abzuwägen, um diese unter Beteiligung von Kindern/Jugendlichen sowie deren Sorgeberechtigten in die Tat umzusetzen und ggf. an außerschulische Kooperationspartner*innen zu vermitteln. Sofern nicht eine akute Kindeswohlgefährdung zum Handeln drängt, benötigen solche Prozesse Zeit. Fachkräfte der Schulsozialarbeit bauen Hilfe- und Unterstützungsnetzwerke auf und moderieren diese. Verschiedene Modelle haben sich dabei besonders bewährt.

Schulsozialarbeit arbeitet eng mit Beratungslehrkräften zusammen

An vielen Schulen gibt es Beratungslehrkräfte oder Vertrauenslehrkräfte, die auch einen Beratungsauftrag haben und somit eine besondere Mitverantwortung für die Kinder und Jugendlichen in Lebenskrisen tragen. Hier hat sich bewährt, dass sich diese Lehrkräfte mit besonderer Beauftragung mit den Fachkräften der Schulsozialarbeit in Beratungsteams vernetzen. In regelmäßigen (wöchentlichen) Treffen werden die aktuellen Beratungsbedarfe an den Standorten erörtert und Arbeitsaufträge verteilt. Viele Beratungsteams leisten auch konzeptionelle Beiträge zur Schulentwicklung.

Die kollegiale Erziehungsberatung und Erziehungsplanung in einem multiprofessionellen Team

Auf der Grundlage der Vernetzung in Beratungsteams hat sich ein Modell einer strukturierten und ritualisierten Fallberatung für Auftrag gebende Lehrkräfte entwickelt. In der kollegialen Erziehungsberatung und Erziehungsplanung (KEB) bieten multiprofessionell besetzte Teams (Beratungslehrkräfte, sonderpädagogische Lehrkräfte, Fachkräfte der Schulsozialarbeit) insbesondere Klassenleitungen eine Intervision an, die einem festen Ablauf folgt. Ergänzt wird dieses eher schon bekannte Instrument der Fallbesprechung durch ein „Reflecting Team", welches in Anwesenheit der Auftraggeber Hypothesen zum Fall entwickelt und darauf aufbauend mit ihnen gemeinsam einen Handlungsplan erstellt. Hierin werden die Arbeitsaufträge aller Beteiligten sowie die Fallführung festgelegt. Fachkräfte der Schulsozialarbeit koordinieren und moderieren die KEB. Das Angebot wird durch die Schulleitung fest in der Stundentafel verankert (Foltin/Wirtz 2017).

Runder Tisch (auch Unterstützerkonferenz genannt)

Fachkräfte der Schulsozialarbeit initiieren und moderieren auch „Runde Tische". Diese Maßnahme lehnt sich an das Konzept der Hilfeplangespräche in der Jugendhilfe an. Unter Beteiligung der von Lebenskrisen betroffenen Kinder und Jugendlichen sowie (in der Regel) deren Sorgeberechtigten werden alle an dem Fall arbeitenden Fach- und Lehrkräfte (auch externe Kooperationspartner*innen) und bei Bedarf auch die Schulleitung eingeladen. Gemeinsam wird zunächst der aktuelle Sachstand erörtert (pädagogische Diagnostik). Dann werden mögliche Handlungsoptionen besprochen und die Betroffen motiviert, diese für konstruktive Veränderungen zu nutzen. Überlegungen, welche Kooperationspartner*innen noch eingeschaltet werden müssen, damit das Maßnahmenpaket wirksam wird, können diskutiert und beschlossen werden. Gleichzeitig kann der „Runde Tisch" auch für die Grenzsetzung in Bezug auf Regelverstöße im schulischen Kontext genutzt werden.

Schulsozialarbeit ist Bestandteil von schulinternen Krisenteams

Es gibt familiäre Krisen, die sich nicht nur in Schule zeigen, sondern auch Auswirkung auf weitere „Betroffene" in Schule haben. Todesfälle, bestimmte Erkrankungen, Kindeswohlgefährdungen etc. können dazu führen, dass Kinder und Jugendliche in Klassen, deren Eltern oder auch in Schule tätige Personen emotional berührt bzw. betroffen sind oder an ihre Grenzen gelangen.

Fachkräfte der Schulsozialarbeit sind idealerweise Mitglieder der *schulinternen Krisenteams* einer Schule. In hoch eskalierten Krisensituationen arbeiten sie eng mit Schulleitungen und weiteren geschulten Mitgliedern eines Krisenteams zusammen. Ist das schulinterne Krisenteam tätig, liegt die Steuerung zur Bewältigung bei der Schulleitung.

In Nordrhein-Westfalen wird die multiprofessionelle Zusammenarbeit zur Bewältigung von Krisen im vom Ministerium für Schule und Bildung und der Unfallkasse NRW herausgegeben „Notfallordner" aufgezeigt. Unter der Leitlinie „Hinsehen und Handeln" sind alle Lehrkräfte und Fachkräfte der Schulsozialarbeit verpflichtet, in Krisensituationen entsprechend vorzugehen.

Schulsozialarbeit fördert die Wirksamkeit von externen Netzwerken

Damit externe Netzwerke bei Bedarf konstruktiv für die Lösung oder Begleitung von Lebenskrisen der Kinder und Jugendlichen zur Verfügung stehen, haben sich zwei Modelle der „Netzwerkepflege" besonders empfohlen:

- *Team trifft Team:* Gerade die Kooperation mit der Jugendhilfe und hier insbesondere mit dem Allgemeinen Sozialen Dienst (ASD) ist von besonderer Bedeutung. Der ASD verantwortet nicht nur die Maßnahmen der erzieherischen Hilfen des Kinder- und Jugendhilfegesetzes (KJHG), der ASD ist auch im Bereich der Abwehr von Kindeswohlgefährdung federführend. Deshalb kann ein regelmäßiger, persönlicher Austausch über den Stand der fachlichen Zusammenarbeit dazu beitragen, dass die Kooperation in den Akutfällen reibungslos verläuft. Wenn sich Beratungsteams (oder dort wo es noch keine Beratungsteams gibt), Fachkräfte der Schulsozialarbeit und ASD-Teams mindestens einmal pro Jahr über die Fragestellungen „Was läuft gut, was nicht, was fehlt, damit es besser wird" auseinandersetzen,

können Missverständnisse (unklare Arbeitsaufträge, Verdacht auf unge-
rechtfertigte Delegationen) oder Blockaden (Konkurrenzdenken, „Feindbil-
der") vermieden werden.

- *Arbeitskreise:* Die Fachkräfte der Schulsozialarbeit vertreten ihre Schulen in
dauerhaften oder bedarfsorientierten kommunalen und überregionalen Arbeitskreisen, in denen sich Fachkräfte der Sozialen Arbeit oder anderer Professionen austauschen. Ziel dieser Mitwirkung ist die Etablierung stabiler
Netzwerke, in denen sich die vertretenen Institutionen und Professionen
gegenseitig unterstützen und die vorhandenen Ressourcen bedarfsorientiert
einsetzen.

6 Gemeinsame Aufgaben von Lehrkräften und Fachkräften der Schulsozialarbeit

Alle pädagogisch Tätigen in Schule sind mit Blick auf familiäre Krisen in der
Verantwortung, Gefahren für Kinder und Jugendliche abzuwenden und diese
in ihrer Lebenskrise verantwortungsvoll mit außerschulischen Verantwortlichen (z. B. Sorgeberechtigten, Jugendamt, Schulpsychologie, Ärzt*innen, Therapeut*innen, Beratungsstellen etc.) zu begleiten. Sowohl im Sozialgesetzbuch
VIII als auch im Schulgesetz Nordrhein-Westfalen sind die erzieherischen Ver-
antwortlichkeiten benannt.

Für Kinder und Jugendliche sind Lehrkräfte hier wichtige (häufig auch die
ersten) Ansprechpartner*innen. Es gehört zu den Aufgaben von Lehrkräften,
hier Settings zu schaffen, in denen Kinder/Jugendliche Gelegenheit haben, sich
vertrauensvoll und in einem vorurteilsfreien Rahmen mitteilen zu können.
Hierzu zählen Sprechzeiten, Klassenrat, Lernberatungen innerhalb der individuellen Förderung.

Es zählt zu den erzieherischen Aufgaben in Schule, Kindern und Jugendlichen Halt und Sicherheit zu bieten sowie Wege zur Bewältigung von herausfordernden Lebenssituationen aufzuzeigen. Kinder bzw. Jugendliche selbst sind bei
der Lösungsfindung aktiv zu beteiligen.

Lehrkräfte haben die Möglichkeit, schulintern die fachliche Expertise von
Fachkräften der Schulsozialarbeit anzufragen. Ebenso kommt es vor, dass Fachkräfte der Schulsozialarbeit sich an Lehrkräfte wenden, um mit diesen gemeinsam das *Klassenklima oder Soziales Lernen* positiv zu fördern oder einen *Klassenrat* ein- oder durchzuführen.

Fachkräfte der Schulsozialarbeit arbeiten unter anderem in der *Prävention*
eng mit Lehrkräften zusammen, um ein entsprechendes Klassen- und Schulklima zu schaffen, in *Konzepten der individuellen Förderung* entsprechende
Zeitfenster für Gesprächsanlässe vorzusehen, gemeinsame Beratungen durchzuführen und notwendige Hilfen zu installieren.

Nicht allen Kindern/Jugendlichen gelingt es, sich in einer in der Schule akzeptierten Form und Verhaltensweise mit ihren Lebensthemen mitzuteilen. Lehrkräfte sind aufgefordert, frühzeitig zusammen mit Fachkräften der Schulsozialarbeit eine *gemeinsame pädagogische Diagnostik* vorzunehmen oder Fachkräfte der Schulsozialarbeit mit ihren gezielten Angeboten zur *Intervention* einzubinden bzw. diesen notwendige Interventionen zu ermöglichen.

Fachkräfte der Schulsozialarbeit sind aufgrund ihrer Ausbildung darin geschult, mit Blick auf die gesetzlichen Grundlagen (Grundgesetz, Menschenrechte, Kinderrechte, UN-Behindertenrechtskonvention, Schulgesetz, Sozialgesetzbuch VIII und X, Strafgesetzbuch – um die für Fachkräfte der Schulsozialarbeit Wichtigsten zu nennen) schwierige Lebenssituationen anzusprechen, Beratungen bzw. notwendige Gespräche zu führen und notwendige Interventionen zu planen sowie durchzuführen.

7 Multiprofessionalität gemeinsam verantwortungsvoll gestalten – Mit dem Wissen um Diskrepanz von Anspruch und Realität

Für Lehrkräfte und Fachkräfte der Schulsozialarbeit ist es wichtig, gemeinsam an einer gelingenden multiprofessionellen Zusammenarbeit in Schule zu arbeiten bzw. sie dort, wo sie noch nicht praktiziert wird, einzuführen. Dabei ist es wichtig, mit der Diskrepanz von Anspruch (Bedarfe an den Schulen durch vielfältige Problemlagen und Themenfeldern) und Realität (gesetzliche Rahmenbedingungen der Schulsozialarbeit für die Finanzierung und Ressourcenzuteilung, Lehrer*innenstellenbesetzung) verantwortungsvoll umzugehen und diese in den internen und externen Netzwerken transparent zu machen. Mit Blick auf die zahlreichen jungen Menschen in krisenhaften Lebenssituationen gilt es, zielführende und notwendige Standards gemeinsam zu entwickeln und umzusetzen.

Für Lehrkräfte ist es entscheidend, das Expert*innentum von Fachkräften der Schulsozialarbeit zu kennen, um mit diesen gezielt und mit Blick auf den jeweiligen Auftrag der jeweiligen Professionen zusammenzuarbeiten.

Lehrkräfte sind in der multiprofessionellen Zusammenarbeit somit auch in der Rolle der „Ermöglicher". Lehrkräfte ermöglichen Kindern und Jugendlichen den Zugang zu notwendigen Hilfen und Angeboten. Sie ermöglichen Fachkräften der Schulsozialarbeit ihre Arbeit. Sie fragen diese gezielt an oder arbeiten mit Fachkräften der Schulsozialarbeit äußerst eng und vertrauensvoll zusammen, wenn sich diese an sie wenden, um bestimmte Interventionen mit Blick auf Kinder, Jugendliche oder Klassen durchzuführen.

8 Ganzheitliches Bildungsverständnis: Schulsozialarbeit als Beitrag zu einer ganzheitlichen Bildung – Chancen und Hindernisse

Derzeit zeigt sich in den Schulen, dass Schulsozialarbeit als Beitrag zu einer ganzheitlichen Bildung noch nicht flächendeckend und qualifiziert ausgebaut ist. Dies hat Auswirkungen auf die Qualitätsstandards „einer ganzheitlichen Bildung" und „Schulsozialarbeit" sowie auf die „gelebte Multiprofessionalität" in Schule.

> „Allerdings gelingt es derzeit nur begrenzt, formale und informelle Lernorte erfolgreich miteinander zu verzahnen. Insbesondere die Kooperation in multiprofessionellen Teams kann an vielen Stellen verbessert werden. Es ist wichtig, dass Lehrkräfte und das pädagogische Personal an (Ganztags-)Schulen gleichberechtigt zusammenarbeiten und dass gegenseitige Erwartungen konstruktiv genutzt werden. Nur so können sich die Potenziale der unterschiedlichen Professionen entfalten und Synergieeffekte entstehen." (Bühler-Niederberger u. a. 2016, S. 5)

Eine Gleichberechtigung der Professionen und der durch sie verantworteten Arbeitsaufträge kommt insbesondere dadurch zum Ausdruck, dass sich das schulische Bildungsverständnis nicht mehr nur auf Gestaltung von Unterricht und die – im besten Fall – individuelle Wissensvermittlung reduziert. Individuelle Förderung vollzieht sich sowohl in den durch curriculare Vorgaben und durch Leistungsbewertung geprägten Lerneinheiten als auch gleichwertig durch informelles Lernen in den offenen Begegnungsangeboten, Freizeitmöglichkeiten und in den vielfältigen Beratungs- und Begleitungsformen. Die Einbeziehung des systemischen Kontextes der Kinder und Jugendlichen ist sowohl in Hinblick auf die Familien als auch auf den Sozialraum und die Peergroups unerlässlich.

Gemeinsame Grundlage allen pädagogischen Handelns muss die Erkenntnis sein, dass die Beziehungsarbeit zu den Kindern und Jugendlichen die Basis des Zugangs zu ihnen ist.

> „Wer Kinder zu kompetenten, starken und selbstbewussten Persönlichkeiten erziehen will, muss in Beziehungen denken und in Beziehungsfähigkeit investieren. Das ist das Geheimnis einer Schulkultur, in der niemand als Verlierer zurückgelassen wird." (Hüther/Hauser 2013)

Die Wirkungsforschung zur Unterrichtsgestaltung, aber auch zur Gestaltung von Projekten und Beratung in der sozialen Arbeit (Letzteres vgl. Zoom 2017) bestätigt diese Aussage.

Hieraus lassen sich die notwendigen Rahmenbedingungen für Lehrkräfte, Fachkräfte der Schulsozialarbeit und andere an Schulen tätige Professionen

(Sonderpädagogik, Integrationspädagogik, Schulpsychologie etc.) ableiten, die für die Umsetzung der Beziehungsarbeit unerlässlich sind:

- Der Planung gemeinsamer Beziehungsarbeit in den Erziehungs- und Beratungsprozessen muss ebenso viel Raum gegeben werden wie der Planung von Unterrichtsreihen und -stunden.
- Die Zeitfenster für multiprofessionelle Teamarbeit müssen ebenso fix in die Stundentafel eingebunden werden wie die Unterrichts- und AG-Stunden.
- Lehrkräfte, insbesondere Klassenleitungen müssen für die Nutzung der Unterstützungs- bzw. Kooperationsangebote vom Unterricht frei gestellt werden, damit sie z. B. in der KEB und bei „Runden Tischen" ihre Handlungsoptionen erweitern und ihre Handlungsfähigkeit stärken können.

In Bezug auf den Umgang mit Kindern und Jugendlichen in (Lebens-)Krisen könnte ein ganzheitliches Bildungsverständnis in dem nachfolgend exemplarisch beschriebenen Handlungsverlauf zum Ausdruck kommen:

Wenn Klassenleitungen eine deutliche Veränderung im Verhalten eines Kindes oder eines Jugendlichen feststellen, können sie zunächst ihr normales Handlungsrepertoire (Einzelgespräche, Elterngespräche, Recherche in der Klasse etc.) nutzen, um die Beziehungsarbeit zu leisten. Stoßen sie mit ihren Handlungsoptionen an Grenzen, bitten sie die Fachkräfte der Schulsozialarbeit um Mitarbeit und Unterstützung. Wo bereits ein multiprofessionelles Beratungsteam Teil der Schulgemeinde und des pädagogischen Handlungskonzeptes ist, beantragen sie eine kollegiale Erziehungsberatung und -planung.

Die (Lebens-)Krise des Kindes/Jugendlichen wird aus verschiedenen, professionellen Blickwinkeln diagnostiziert, ein Handlungsplan erstellt und die Aufgabenverteilung sowie der Ablaufplan in einer Zielvereinbarung festgeschrieben. Unter der koordinierenden Leitung der Fallführung – das können je nach Indikation entweder die Klassenleitungen oder auch die anderen Professionen sein – werden die beschlossenen Maßnahmen umgesetzt. Hierzu können sowohl „Runde Tische" als auch Beratungsangebote in unterschiedlichen Settings sowie die Kontaktaufnahme zu und die Vermittlung an externe Kooperationspartner*innen zählen. Im externen Netzwerk können z. B. Hilfen zur Erziehung (Jugendhilfe), therapeutische Unterstützungen (Familien-/Lebensberatungsstellen), psychiatrische Diagnosen und Therapien (Kinder- und Jugendpsychiatrie) oder Angebote anderer Fachberatungsstellen initiiert werden. In finanziellen familiären Krisen können Fördermittel aus dem Bildungs- und Teilhabepaket vermittelt und der Kontakt zu Schuldner*innenberatungsstellen hergestellt werden.

In der Beratungsarbeit wird den Kindern und Jugendlichen sowie ihren Erziehungsberechtigten wertschätzend begegnet, ihre Blickwinkel und Lösungsideen werden als wichtige Ressourcen betrachtet. Alle internen und externen

Kooperationspartner*innen arbeiten „auf Augenhöhe" arbeitsteilig und gleichberechtigt zusammen.

Nach einem festgesetzten Zeitraum wird überprüft, ob die Intentionen des Handlungsplanes erreicht wurden und die Maßnahmen gegriffen haben. Falls nicht, muss erneut in den Erziehungsberatungs- und Planungsprozess eingestiegen werden.

An Schulen, an denen das ganzheitliche Bildungsverständnis „gelebt" und solche Strukturen gesetzt werden, wächst nicht nur das Lösungs- bzw. Handlungspotential beim Umgang mit Kindern und Jugendlichen in (Lebens-)Krisen, es wächst auch die Arbeitszufriedenheit aller Mitwirkenden. Dieser Effekt potenziert sich dort, wo die multiprofessionelle Zusammenarbeit frühzeitig präventiv sowohl im Unterrichtskontext als auch bei allen anderen pädagogischen Angeboten der Schule verankert wird.

Die Umsetzung ist allerdings sehr stark abhängig von den personellen Ressourcen der beteiligten Professionen. Schulsozialarbeit ist derzeit stark geprägt von den jeweiligen Rahmenbedingungen der Finanzierung, Trägerschaft, Vor-Ort-Bedingungen und struktureller Verortung im System.

9 „Offensive" Schulsozialarbeit als Jugendhilfe-Expertise im System Schule

Die Angebote der Fachkräfte der Schulsozialarbeit an Schulen erfahren in Bund, Land, Kommune sowie in den Bereichen Schule und Jugendhilfe inzwischen eine hohe Anerkennung. Lehrkräfte fühlen sich durch die Angebote von Fachkräften der Schulsozialarbeit und deren „Jugendhilfe-Expertise" fachlich unterstützt.

Mit Blick auf die derzeitigen Reformbestrebungen in Schule ist Schulsozialarbeit als Jugendhilfe-Expertise als ein gleichrangiger und wichtiger Eckpfeiler neben der Expertise der Lehrkräfte geachtet. In den letzten Jahrzehnten hat sich Schulsozialarbeit mit ihren Prämissen, Aufgabenbeschreibungen und ihrem Selbstverständnis verändert.

Hollenstein, Iser und Nieslony (2012, S. 272ff.) beschreiben, dass sich Schulsozialarbeit in ihrem Selbstverständnis als „offensive Schulsozialarbeit" in Schule einbringt, um ein neues Bildungsverständnis und eine moderne Gestaltung von Bildungspartnerschaften zu gestalten. Eine offensive Schulsozialarbeit leistet präventive Lebensweltorientierung, um Kinder und Jugendliche bei der Lebensbewältigung gerade im Hinblick auf Probleme, Krisen und Schwierigkeiten zu begleiten. Schulsozialarbeit hinterfragt zudem auch Schule als „problemverursachende Einrichtung". Die fehlende Individualisierung in der Förderung sowie die Separation in verschiedene Schulformen werden von der Schulsozialarbeit als Profession, die für Integration und Inklusion steht, zur Diskussion gestellt. Die Prämissen fachpolitischer Organisationen (hier werden auch die Landesarbeitsgemeinschaften genannt) geben einer „offensiven Schulsozialarbeit" in ihrer Arbeit Orientierung.

> „Auf der Grundlage eines derartigen ‚offensiven' Verständnisses von Schulsozialarbeit ist Gleichrangigkeit im multidisziplinären Handeln in der Schule erst möglich." (ebd., S. 277)

Fachkräfte für Schulsozialarbeit zeigen in ihrer alltäglichen Praxis ihr „offensives Verständnis" ihrer Profession in vielfältiger Ausprägung. Sie verfügen über bedeutsame, zentrale Fähigkeiten, die auch als Führungs- bzw. Leitungskompetenzen eingestuft werden können:

1. Zielorientierung auf der Grundlage qualifizierter Konzeptentwicklung
2. Systemisches Denken und Handeln
3. Entscheidungsfähigkeit
4. Teamfähigkeit
5. Transparenz und Öffentlichkeitsarbeit
6. Kommunikation und Gesprächsführungskompetenz
7. Projektplanung, -entwicklung, -leitung
8. Selbstreflexion und Feedback

Qua Erlass verantworten die Fachkräfte der Schulsozialarbeit in NRW die Steuerung der Zusammenarbeit mit den externen Bildungs- und Kooperationspartnern. In vielen Schulen koordinieren sie die gesamte Beratungstätigkeit, in einigen Schulen sind sie bereits Mitglied eines erweiterten Schulleitungsteams. Zur (Weiter-)Entwicklung und Förderung von Qualitätsstandards in der Schulsozialarbeit haben sie sich in kommunalen und regionalen Arbeitskreisen vernetzt. In 14 von 16 Bundesländern sind die Fachkräfte für Schulsozialarbeit in Landesnetzwerken/-arbeitsgemeinschaft organisiert und bringen ihre Expertise in die politischen Debatten zur Entwicklung eines zukunftsfähigen, inklusiven Bildungssystems ein.

10 Schulsozialarbeit als Bestandteil von Schulentwicklung

Durch die Ganztagsentwicklung und den gesamtgesellschaftlichen Auftrag, Inklusion zu leben und Zuwanderung zu meistern, wird Schulsozialarbeit zur weiteren tragenden Säule in der Gestaltung von Bildungsprozessen in Schule. Die fachliche Expertise der Schulsozialarbeit kann als gleichrangig und gleichwürdig in der Schulentwicklung verankert werden, wenn bestimmte organisatorische Voraussetzungen in Schule geschaffen werden.

Eine offensive Schulsozialarbeit benötigt eine Verortung auf der Organisationsebene im System Schule. Eine offensive Schulsozialarbeit als Jugendhilfe-Expertise in Schule bedeutet, dass Fachkräfte der Schulsozialarbeit in allen schulischen Gremien und schulischen/administrativen Ebenen verlässlich verankert sind.

Ist Schulsozialarbeit als fakultativer Beitrag in einer interdisziplinären Schulentwicklung gewollt und anerkannt, bedarf es einer bildungspolitischen und strukturellen Umgestaltung der Organisation von Schule. (Vgl. Hollenstein u. a. 2012, S. 274)

Holtbrink und Kastirke (2013, S. 114/115) formulieren bezogen auf Schulsozialarbeit als nachhaltigen Beitrag zur Schulentwicklung bestimmte Voraussetzungen:

> „Damit Schulsozialarbeit ihren Beitrag zur Schulentwicklung überhaupt leisten kann und nachhaltige Verbesserungen der aktuellen Bildungslandschaft im Sinne ihrer Ziele/Leitgedanken/Prämissen mitgestalten kann, muss sie Einflussnahme in der Bildungspolitik erhalten. So dürfen die aktuellen bildungspolitischen Themen wie die Ganztagsentwicklung, die Gemeinschaftsschule, Inklusion oder Schulzeitverkürzungen nicht weiterhin in ‚zwei Lagern‘, entweder aus schulpädagogischer oder sozialpädagogischer Sicht, nahezu unabhängig voneinander diskutiert werden.“

Zudem, so Holtbrink und Kastirke, ist eine anerkannte und sichere Verortung von Schulsozialarbeit in Schule notwendig.

Fazit

Der fachliche Austausch von Lehrkräften und Fachkräften der Schulsozialarbeit ist folglich unabhängig von Machtverhältnissen und -strukturen notwendig. In den Schulen entwickelt sich in Multiprofessionalität ein synergetisches, gemeinsames Erziehungs- und Bildungsverständnis. Nach Spies und Pötter (2011, S. 32) entspricht eine Zusammenarbeit im Sinne einer „gemeinsamen Entwicklung und Umsetzung" der höchsten Niveaustufe einer möglichen Kooperation, denn hier ist die Intensität in der Kooperation besonders hoch.

Schulsozialarbeit hat ihr Image verändert. Galt sie früher als Makel an den Orten ihres Wirkens und als Zeichen für besonders intensive, auffällige Problemlagen sowie pädagogisch zweifelhaft agierende Schulen, so schreitet heute ihre Anerkennung als spezialisierte Expertise der sozialen Arbeit und qualifiziertes, pädagogisches Handlungsfeld in allen Schulen und an allen Schulformen voran. Schulsozialarbeit ist dort, wo sie fachlich qualifiziert und kontinuierlich zum Einsatz kommt, ein Qualitätsmerkmal für Schulen und nicht selten deren pädagogisches „Aushängeschild".

Schulsozialarbeit leistet einen unverzichtbaren Anteil an der individuellen Förderung der Kinder und Jugendlichen. Im Umgang mit (Lebens-)Krisen baut sie Brücken zwischen Schule, Familien sowie den externen Kooperationspartner*innen und Hilfsinstanzen und vernetzt unterschiedliche Professionen. Sie agiert dabei sowohl präventiv und als auch intervenierend.

Der erfolgreiche Auf- bzw. Ausbau systemischer Beratungsangebote und multiprofessioneller Zusammenarbeit vor Ort in den Schulen sowie eines inklusiven Bildungssystems insgesamt ist ohne Schulsozialarbeit nicht möglich. Inklusion ist der Einschluss aller Kinder und Jugendlicher in einem Schulsystem – auch in besonderen Lebenslagen und Krisen, deren Ursachen vielfältig sein können.

Schulsozialarbeit ist eine wichtige Säule der multiprofessionellen Kooperation, die in den beteiligten Bildungsinstanzen geleistet werden muss. Um ihren vollen Wirkungsgrad entfalten zu können, müssen Qualitätsstandards gesetzt werden:

- Die Verantwortungsgemeinschaft aller politischen Akteure muss eine grundlegende Auftragsklärung in einem gemeinsamen Rahmenkonzept vollziehen.
- Die Schulsozialarbeit muss kontinuierlich bis zu einer Relation ‚eine Fachkraft/Vollzeitstelle auf 150 Schüler*innen‘ an jeder Schule ausgebaut werden.
- Die Schulsozialarbeit benötigt hierzu eine verlässliche Finanzierung mit einem Budget von 1 Euro pro Tag pro Schüler*in pro Jahr.
- Als wichtiges Etappenziel zum Endausbau muss eine Sockelversorgung von mindestens einer Fachkraft pro Schule, an großen Systemen zwei Fachkräften pro Schule sichergestellt werden.
- An den Schulen müssen standortspezifische Konzepte erstellt und umgesetzt werden.

Der Auf- bzw. Ausbauprozess muss gezielt auf allen Ebenen gesteuert werden. Daran müssen erfahrene Fachkräfte für Schulsozialarbeit mit ihrer spezialisierten Expertise beteiligt werden.

Literatur

Bühler-Niederberger, D./Gräsel, C./Goglin, I./Prediger, S./Schuchart, C./Wild, E. (2016): Das Forschungsprogramm – „Chancengerechtigkeit und Teilhabe- Ein Überblick". In: BMBF: Chancengerechtigkeit und Teilhabe – Ergebnisse aus der Forschung, 2016, S. 4-7. URL: https://www.empirische-bildungsforschung-bmbf.de/media/content/BMBF_56_Chancen gerechtigkeit_und_Teilhabe_BARRIEREFREI.pdf, Zugriffsdatum: 05.03.2019.

Drewes, S./Klaus, S. (Hrsg.) (2012): Krisen im Schulalltag – Prävention, Management, Nachsorge. Stuttgart: Kohlhammer, S. 9-15.

Foltin, W./Wirtz, M. (2017): Multiprofessionalität in der Erziehungsberatung und – Erziehungsplanung an Schulen. Die kollegiale Erziehungsberatung und Erziehungsplanung in einem multiprofessionellen Team. In: Laux, S./Adelt, E. (Hrsg.): Inklusive Schulkultur: Miteinander. Leben. Gestalten. Münster: Waxmann, S. 151-172.

Foltin, W. (2015): Leitung, Koordinierung und Steuerung (in) der Schulsozialarbeit. Ein Plädoyer für Multiprofessionalität in der Leitungsverantwortung im Bildungssystem. In: Sozialmagazin (12), S. 90-97.

Herwig-Lempp, J./Kühling, L. (2012): Sozialarbeit ist anspruchsvoller als Therapie. In: Zeitschrift für Systemische Beratung und Therapie, Jg. 30(2), S. 51-56.

Hollenstein, E./Iser, A./Nieslony, F. (2012): Neue Entwicklungen im Schulsystem als Herausforderung für die Praxis der Schulsozialarbeit. In: Hollenstein, E./Nieslony, F. (Hrsg.): Handlungsfeld Schulsozialarbeit – Professionalität und Qualität. Baltmannsweiler: Schneider, S. 272-294.

Holtbrink, L./Kastirke, N. (2013): Schulsozialarbeit im Kontext von Schulentwicklung, In: Spies, A. (Hrsg.): Schulsozialarbeit in der Bildungslandschaft. Wiesbaden: VS Verlag, S. 99-116.

Hüther, G./Hauser, U. (2012): Jedes Kind ist hochbegabt: Die angeborenen Talente unserer Kinder und was wir aus ihnen machen. München: Knaus.

Mavroudis, A./Spogis, V. (2015): Ohne Kommunale Steuerung geht es nicht – Die Rolle der Jugendämter in der Schulsozialarbeit. In: Kastirke, N./Seibold, C./Eibeck, B. (Hrsg.): Schulsozialarbeit systematisch ausbauen und professionell etablieren – Beiträge zum Bundeskongress 2015 Dortmund, Düsseldorf: Servicelabel.

Rademacker, H. (2009): Schulsozialarbeit – Begriff und Entwicklung. In: Pötter, N./Segel, G. (Hrsg.): Profession Schulsozialarbeit – Beiträge zu Qualifikation und Praxis der sozialpädagogischen Arbeit an Schulen. Wiesbaden, VS Verlag, S. 13-32.

MSW-NRW – Ministerium für Arbeit Integration und Soziales des Landes NRW (2008): Beschäftigung von Fachkräften für Schulsozialarbeit in Nordrhein-Westfalen. BASS NRW Erlass 21-13 Nr. 6, 2008. URL: https://www.schulministerium.nrw.de/docs/Recht/Schulrecht/Erlasse/21-13Nr6-Schulsozialarbeit.pdf., Zugriffsdatum: 05.03.2019.

Forreiter, N./Gabler, A./Kotlenga, S./Mahnoli, F./Nägele, B./Pagels, N. (2017): Evaluation des Programms Soziale Arbeit an Schulen in Nordrhein-Westfalen Zomm. Göttingen: Gesellschaft für prospektive Entwicklung e.V. URL: https://www.mags.nrw/sites/default/files/asset/document/arbeit_evaluation_landesprogramm_soziale_arbeit_an_schulen.pdf., Zugriffsdatum: 05.03.2019.

MSW-NRW – Ministerium für Arbeit Integration und Soziales des Landes NRW (2015): Hinweise zur Förderung der sozialen Arbeit an Schulen. URL: https://www.jugendsozialarbeit-nrw.de/lagjsa_joomla3/images/attachments/F%c3%b6rdersteckbrief.pdf., Zugriffsdatum: 05.03.2019.

Ministerium für Schule und Weiterbildung NRW und der Unfallkasse NRW: „Notfallordner". URL: https://www.notfallordner.de, Zugriffsdatum: 05.03.2019.

Ministerium für Schule und Weiterbildung (2016): Multiprofessionelle Teams zur Integration durch Bildung für neu zugewanderte Schülerinnen und Schüler. Runderlass. URL: https://www.schulentwicklung.nrw.de/q/upload/Schule_und_Zuwanderung/Erlass_Multiprof._Teams pdf.pdf, Zugriffsdatum: 05.03.2019.

Spies, A./Pötter, N. (2011): Soziale Arbeit an Schulen – Einführung in das Handlungsfeld Schulsozialarbeit. Wiesbaden: VS Verlag.

Schlussbetrachtungen

Stephan Drucks und Dirk Bruland

Das Konzept des vorliegenden Sammelbandes ist es, familiale Krisenereignisse und damit zusammenhängende Herausforderungen für die Schule mehrperspektivisch zu beleuchten. Über die Beiträge hinweg sehen wir, wie Familienkonstellationen, institutionalisierte Familie-Schule-Verhältnisse und die schulische Situation eines Kindes je für sich zu analysieren, und aber auch in historisch-gesellschaftlichen Verhältnissen zusammenzudenken sind. Anschließend an die von Kürt Lüscher am Beispiel von Trennungsfamilien gefundene Kategorie „forcierter Ambivalenzen" (Lüscher/Pajung-Bilger 1998) kann man vielleicht von bei familialen Krisen *forcierten Dilemmata schulischen Handelns* sprechen. Ob Gerechtigkeitsfragen, ob das Stigmatisierungs-Ressourcen-Dilemma, Gleich- und Ungleichbehandlung, Prävention und Intervention, Datenschutz vs. Information, Bezeichnen vs. Individualisieren u. a. m. – überall verdeutlich und intensiviert der Faktor familiale Krisen Problemdruck und Uneindeutigkeit. Aus unserer Sicht ist der Ansatz der Mehrperspektivik durchaus erfolgreich hinsichtlich Informativität, Verstehen des Gegenstandes, Formulierung krisenassoziierter Herausforderungen sowie Lösungsperspektiven.

Wir schließen den Band ab mit einer Rekapitulation der je Beitrag gewählten Theoriebezüge und Methoden, zentralen Befunde und sich auftuenden Perspektiven (1), der Benennung beitragsübergreifend zentraler Aspekte familialer Krisen und schulischer Herausforderungen (2), und schließlich einer Bündelung der mit Problemlösungsorientierung gefundenen Ansätze (3).

1 Rekapitulation von Befunden und Perspektiven

Stephan Drucks und *Dirk Bruland* entfalten den Begriff kritische Lebensereignisse über akut empfundene Schicksalshaftigkeit und Außeralltäglichkeit von Ereignissen hinaus:

- Kritische Lebensereignisse sind im Lebenslauf vorgesehen und insofern normal.
- Ihre Krisenhaftigkeit variiert u. a. mit ihrem Verhältnis zu Normalitätsvorstellungen (z. B. Verlust älterer Angehöriger im Gegensatz zum Verlust eigener Kinder).

- Erkrankungen, Unfälle und Erwerbslosigkeit sind Gegenstand vorausschauender, ihrerseits normalisierter und institutionalisierter Strategien.
- Im Bildungssystem sind neben kritischen Übergängen auch Optionen scheiternder Bewältigung bzw. das Scheitern institutionalisiert.
- Ggf. folgendes Verfehlen von (milieuspezifischen) Laufbahnerwartungen ist wiederum ein gesellschaftlich vorgesehenes kritisches Lebensereignis.
- Schule hat strukturelle Ungleichheit als Krisenursache fest eingepreist, ist aber als Institution nicht verbindlich verantwortlich.

Petra Bollweg eröffnet, ausgehend vom Schulabsentismus, einen weiten Horizont auf Institution-Familie-Kinder-Konstellationen, die kritische Lebensereignisse rahmen:

- ‚Überblick' über Daten, Theoreme und Historie zu Institution und Familienformen schafft Distanz zu vordergründig selbstverständlichen Normalitätsvorstellungen.
- Devianz-Typologien verhindern das Verstehen des Sich-nicht-Einlassens auf Schule.
- Die Zweiseitigkeit von Passungsproblemen verlangt deren De-Individualisierung sowie De-Pathologisierung und De-Kriminalisierung absenter Kinder und ihrer Familien.
- Institutionenkritik macht Motive der Kinder verständlicher. Es gibt verständliche Gründe, der Schulpflichtnorm Geltung zu verweigern. Sie (re-) produziert soziale Ungleichheit und versperrt eine Bedingung der Möglichkeit von Arbeitsbündnissen.

Drucks und *Bruland* pointieren in ihrem zweiten Beitrag bildungssoziologische Befunde und die Erklärungskraft der Sozialraum- und Habitustheorie Bourdieu'scher Provenienz:

- Schule (re-)produziert soziale Bildungsungleichheit durch institutionelle Benachteiligung.
- Die gesellschaftliche Struktur lässt sich abbilden als historisch sich wandelndes, aber in Grundstrukturen penetrantes Gefüge von Beziehungen zwischen unterschiedlich ausgestatteten und ungleich definitionsmächtigen Milieus, denen je habitualisierte Weltsichten und handlungsgenerierende Strukturen entsprechen.
- Qua Habitus ist die Praxis von Lehrkräften korrumpiert von sozialen Positionskämpfen gegenüber Institution (berufliche Positionierung) und Klientel-Milieus (Distinktion).
- Sozioanalytische Reflexion macht diese Verstrickung professionell kontrollierbar.

Patricia Graf und *Albert Lenz* erschließen inhaltsanalytisch aus der Perspektive von Schüler*innen mit einem psychisch erkrankten Elternteil …

- die Schule als fordernden, aber auch von der Krankheitsthematik entlastenden Ort,
- Lehrkräfte als mitunter motivierend und/oder durch Defensivstrategien entlastend, nicht aber als Adressat*innen spezieller Erwartungen,
- das ‚Offenmachen‘ der Familienprobleme im Spannungsfeld zwischen potenziell nützlichem Informieren, Schutz des Privaten und Stigmavermeidung,
- reguläre Unterrichtsinhalte als hilfreicher denn problemspezifisches (Un-) Wissen der Lehrkräfte,
- Empfänglichkeit für Hilfe in schulischen Belangen, aber Reserviertheit gegenüber krisenbezogener Intervention.

Sandra Kirchhoff und Dirk Bruland finden qua Inhaltsanalyse bei Lehrkräften im Kontext kritischer Familienereignisse Unklarheiten und Unsicherheiten, betreffend …

- ihre Lehrer*innenrolle angesichts dynamischer familialer Lernvoraussetzungen,
- die Bewältigung zunehmender ‚Zusatzaufgaben‘,
- ihr Gewappnet-Sein für die Konfrontation mit Krisen, zumal angesichts großer Klassen,
- Informationen zu Familienkonstellationen (Datenschutz vs. Arbeit mit Mutmaßungen),
- ihre Interventions-Optionen und -Obligationen,
- ihre Wirksamkeit und Wirkungsreichweite,
- kollegiale, multiprofessionelle und jugendamtseitige Unterstützung.

Mai-Anh Boger und *Jun Christoph Störtländer* skizzieren in Verbindung von fallrekonstruktiver und professionstheoretischer Perspektive sowohl Handlungsorientierungen von Schüler*innen in familiären Lebenskrisen als auch Maßstäbe für gelingendes pädagogisches Handeln.

- Gründe der Schüler*innen zur Nicht-Thematisierung familialer Krisen in der Schule entstehen in der Spannung zwischen Entgrenzung der Institution (Vereinnahmung der Kinder über die Schüler*innenrolle hinaus) und Stigmamanagement der Kinder.
- Es sind womöglich milieuspezifische Praktiken der (De-)Thematisierung psychischer Krisen unterscheidbar.
- Haltungen zur Schule sind sowohl durch Krisen als auch durch das Milieu gefärbt.

- Der Fallvergleich konturiert Unterschiede unreflektiert situativ-egozentrischen Handelns zu fallreflexivem, Dilemmata professionell abwägendem Handeln.

Nina Bremm zeigt mit einer quantitativen Mehrebenenbefragung, wie Lehrer*innen und Klientele in ‚herausfordernden Lagen' ihre Beziehungen bewerten und wie Defizitperspektiven verteilt sind. Die Befunde bekommen Zusammenhang durch Macht-Asymmetrien, die in benachteiligten Lagen besonders ausgeprägt sind.

- Die Forschungslage zeigt in benachteiligten Lagen gesteigerte Kopplung des Bildungserfolgs an gute, selbstwirksame, an Ressourcen und Adaption orientierte Lehrkräfte.
- Defizitorientierungen äußern gerade Lehrkräfte besonders benachteiligter Schulen.
- Am stärksten benachteiligte Klientele werden von Lehrkräften am kritischsten besprochen. Sie äußern sich zugleich selbst am wenigsten unzufrieden mit dem Austausch.
- Erklärungskraft hat die machttheoretisch unterlegte These, tradierter struktureller Ungleichheit entsprächen lehrerseitig habituelle Ansprüche auf Distinktion und Definitionshoheit, bei Bildungsbenachteiligten habituelle Akzeptanz von Unterlegenheit.

Dorle Mesch und *Wolfgang Foltin* illustrieren – anhand von Rechtslage, Programmatiken und Erfahrungen – Schulsozialarbeit als …

- große Spannbreite präventiver, intervenierender und strukturbildender Angebote,
- zunehmend mit Anerkennung und Selbstbewusstsein, aber nicht mit Flächendeckung, adäquaten Ressourcen und eindeutigen Standards ausgestattet,
- Arbeit an der Verbesserung von Krisenprävention und -management in der Schule,
- auf Einbringen spezifischer (Vernetzungs-)Kompetenzen in multiprofessionelle Zusammenarbeit angelegte Profession,
- Triebfeder eines über Unterricht hinaus auf Beziehungen und informelles Lernen weisenden Bildungsverständnisses

2 Beitragsübergreifend zentrale Aspekte

Im Überblick über die Beiträge bestätigt sich: Schulische Herausforderungen im Zusammenhang mit familialen Krisen beschränken sich nicht auf (drohende) Überforderung. Die Fragen von Beteiligten und Beobachtenden gehen an jeder Stelle darüber hinaus: Unter welchen Umständen und ggf. wie ist zu intervenieren? Wie sind die Institutionen dazu disponiert, wie sind es die Lehrkräfte selbst, als Professionelle und als Person? Und was wollen eigentlich die Schüler*innen?

Immer wieder stoßen wir auf *gute Gründe*, sich als Schüler*in in der Schule *nicht offenzumachen*, sich auf Schule nicht einzulassen, sich ihr zumindest nicht als Person mit privaten Problemen anzuvertrauen. Diese guten Gründe finden wir abwechselnd in empirischem und in strukturtheoretischem Licht. Schon insofern liefert der vorliegende Band Material, um professionelles Relationieren von Theorie und Einzelfall zu veranschaulichen (zentral: Boger/Störtländer i. d. B.). Tatsächlich geht es immer wieder um *Professionalisierung*. Ein wesentlicher Gesichtspunkt ist dabei das Verstehen. Die Statistik zu Defizitorientierungen und negativen Klientelwahrnehmungen (Bremm i. d. B.) verweist auf die Wichtigkeit des Unternehmens, *Bewerten durch Verstehen zu ersetzen*. Wenn Lehrkräfte in den am meisten benachteiligten Lagen ihre Arbeit durch Passungsprobleme (Defizitperspektiven) und schwierige Eltern bestimmt sehen, so hat das immer seinen Teil Realismus, kollidiert aber doch strukturell mit Selbstwirksamkeit und Lösungsorientierung. Lehrkräfte werden insofern nicht gut angeleitet von Lehrmeinungen, die Kinder für normwidriges Verhalten mit pauschalen Motivunterstellungen kategorial pathologisieren und kriminalisieren (dazu Bollweg i. d. B.). Verstehen geht anders. Qualitative Studien sind ein probates Mittel zum *Verstehen von Schüler*innen*. Deren Handlungsmotive, Bedarfe und Wünsche an die Schule sind offenbar nicht von der Art eines kritischen Lebensereignisses abzuleiten, sondern sie entsprechen vieldimensionalen Konstellationen. Dazu gehören etwa milieubeeinflusste, habituelle Einstellungen zum Umgang mit Problemen, außerdem Bewältigungsressourcen sowie Selbstbewusstsein gegenüber der Schule, aber auch Vorstellungen davon, was für ein Ort die Schule ist und sein soll (s. Graf/Lenz i. d. B.), oder das Stigmamanagement der Familie.

Als wichtig erscheinen zudem ein Selbst-Verstehen von Lehrkräften und ein *Verstehen der Bedingungen der Möglichkeit, Schüler*innen und Eltern zu verstehen*. Da ist die Wahrnehmung eigener Überforderungen und Irritationen hinsichtlich der Aufgaben und Rollen als Lehrkraft (s. Kirchhoff/Bruland i. d. B.). Die hier verhandelten Theoriebezüge verweisen aber auch auf gesellschaftliche, habituelle und institutionelle Voraussetzungen des eigenen Wahrnehmens, Urteilens und Handelns (Drucks/Bruland i. d. B.). Machtverhältnisse sind nicht bloß Rahmenbedingung, sondern Strukturvariablen schulischen Handelns, weil sie die Akteure sozialisatorisch formen und ihnen berufliche Kompetenzen im Sinne von Zuständigkeiten (Kurtz/Pfadenhauer 2010) verleihen – auch für das Definieren und Durchsetzen geltender Normen und Ansprüche. Der doppelte Vorsprung an (Definitions-)Macht gegenüber strukturell benachteiligten Milieus kann das Verstehen erschweren, sofern er nicht professionell selbstreflexiv aufgearbeitet und im Handlungsvollzug kontrolliert wird. Habitussensibilität müsste ein Verstehen von Schüler*innen als in gesellschaftlichen Machtverhältnissen unterschiedlich positionierter Akteur*innen einschließen.

Ein weiterer wiederkehrender Punkt ist *Passung* bestimmter Schüler*innenklientele zu schulischen Erwartungshorizonten. Bewusstsein für Passungsprobleme ist notwendig, um entsprechende Benachteiligungen bearbeiten zu können. Es ist aber zugleich Teil des Problems, sofern es eine Defizitorientierung, also Abwertungen benachteiligter Klientele einschließt. Dies verschließt Verständnis für deren Handlungsorientierungen, und es blockiert Selbstwirksamkeit und Lösungsorientierung von Lehrkräften. Ein Ausweg bedarf professioneller Distanz zu Werturteilen, professioneller Kritik an den in Schule praktisch geltenden Normen und Normalitätsvorstellungen. Dies führt eigentlich unweigerlich dazu, Passungsprobleme nicht nur als einseitige Abweichung aufzufassen (und also zu individualisieren), sondern immer als zweiseitiges Missverhältnis, für das die Institution Verantwortung trägt. So gesehen hatte die Schule historisch immer schon Defizite bei der Adaption heterogener Lebenslagen und kritischer Lebensereignisse. Recht eigentlich stehen wiederum Schulpflicht, schulsystemische Gliederung und Selektionslogik in Frage. Die Selektionsregeln benachteiligen folgenreich, wo ein kritisches Lebensereignis – sei es eine Erkrankung, ein Verlust in der Familie oder ein Migrationsereignis – zum ungünstigen Zeitpunkt auftritt, etwa vor Klausuren oder einem Abschluss (z. B. Drucks u. a. 2011). Und sie bringen jährlich einen Teil der Schüler*innenschaft in relative, absolute oder extreme Bildungsarmut (Solga 2009) – jedes Mal ein unbedingt kritisches Ereignis! Kompetenzdefizite – oft im Kontext kritischer Ereignisse entstanden – führen qua sozialer Herkunft oft nicht zu Nachteilsausgleichen (z. B. bei sogenannter Legasthenie), sondern zu lebenslangem Defizitstigma (z. B. sogenannter funktionaler Analphabetismus) (Bittlingmayer u. a. 2010; Drucks u. a. 2019). Solche Fälle versinnbildlichen die Verstrickung schulischer Bewertungs- und Selektionspraxen in die strukturelle Reproduktion von Ungleichheiten. Hier wird – weit vor Kompetenz und Leistung – Passung zum entscheidenden Faktor.

Vor diesem Hintergrund stehen *Berufsbild und Berufsrolle* zur Disposition. Es ist schwierig, wenn Lehrkräfte mit einer Zunahme schwieriger Lagen ihrer Klientel „zusätzliche" Probleme und Aufgaben verbinden, als wichen diese vom eigentlichen Bildungsauftrag ab. Mit „offensiver Schulsozialarbeit" vertreten nun Mesch und Foltin am Ende unseres Bandes ein Bildungsverständnis, das eine viel weitere Zuständigkeit der Schule für Kinder, inklusive ihrer Lebensereignisse und Krisen einschließt. Diesen Impuls platzierte Bollweg schon am Beginn des Bandes. Er schließt theoretisch kritische Lebensereignisse vollständig ein, als schlechthin zum Leben gehörige, mehr oder weniger institutionalisierte Phasen der Irritation, Neuorientierung und gesteigerten Angewiesenheit, in die Kinder zu (ggf. un-)vorgesehenen und (ggf. un-)günstigen Zeiten eintreten, die ggf. kumulieren und zu deren Bewältigung ungleiche Ressourcen verfügbar sind. Bildung hieße insofern, Krisen bewältigen, mithilfe der Schule.

3 Handlungsansätze

Mit Blick auf Praxisrelevanz lesen wir aus den Beiträgen notwendige Perspektivenübernahmen und Entwicklungsansätze heraus, die die Ebenen Professionalisierung und Schulentwicklung, aber letztlich auch Schul-, Bildungs- und Gesellschaftspolitik betreffen:

- Herausforderungen der Schule sind zu entwickelnde Programmatiken. Sie entstehen nicht einfach aufgrund kritischer Lebensereignisse der Klientele. Herausforderungen werden für sich konstruiert, definiert und angenommen, oder eben auch abgelehnt.
- Die sozialen Seiten des Lebens gehören fest in das Bild der ‚eigentlichen‘ schulischen Aufgaben, Zuständigkeitsbereiche und Bildungsverständnisse.
- Bildungsprozesse anzustoßen heißt, Krisen auszulösen und deren Bearbeitung zu unterstützen. Professionalität bedeutet auch darüber hinaus, stellvertretend Krisen beschreiben und Lösungsansätze formulieren zu können.
- So bekommt Professionalisierung als Relationieren von Theorie und Praxis umfassend Bedeutung für den Umgang mit kritischen Lebensereignissen, der weder unmittelbar aus abstraktem Wissen noch aus Bauchgefühl abzuleiten ist.
- Zur Schließung der Lücke zwischen allgemeiner Resilienzförderung und fallspezifischer Krisenintervention wäre Schule so zu gestalten, dass alle Schüler*innen sie als gute Schule und als richtigen Ort zum „Offen-Machen" ihrer Probleme ansehen.
- Passung ist – ohne Defizitblick auf Schüler*innen betrachtet – ein zweiseitiges Verhältnis und immer eine die Schule herausfordernde Adaptionsaufgabe.
- Professionelle Selbstreflexion schließt idealiter den Habitus als Verstehens- und Bewertungsgrundlage ein. Mit solcherart theoretisch fundierter, selbsteinschließender Erfahrungsreflexion mag eine nichthierarchisierende Anerkennung der Diversität von Familien (zur gegenläufigen Umwandlung von Differenz in Hierarchie, siehe z. B. Grundmann u. a. 2004; Betz 2007) sowie Anerkennung staatlicher und schulischer Verantwortung für schulbezogene Funktionalität aller Familienkonstellationen ermöglichen.

150

- Sozioanalyse mag es erleichtern, bei allen Schüler*innen Selbstwirksamkeit zu stärken, umso mehr bei den darauf so angewiesen Schüler*innen in Krisenhaften Lagen.
- Multiprofessionalität ist ein zukunftsweisender Weg in die Bewältigung der Herausforderungen. Mit Schulsozialarbeit kann auch das erwähnte weite Bildungsverständnis in der Praxis besser etabliert werden.
- Über Einzelkämpfertum hinaus bedarf all dies der schulischen Ziel- und Strukturentwicklung, basierend auf Evidenzen und soziologischer Sensibilität.

Literatur

Betz, T. (2007): Formale Bildung als ‚Weiter-Bildung' oder ‚Dekulturation' familialer Bildung? – Übergänge von Kindern zwischen Familie und Schule. In: Alt, C. (Hrsg.): Kinderleben: Aufwachsen zwischen Familie, Freunden und Institutionen. 3. Ergebnisse aus der zweiten Welle. Wiesbaden: VS, S. 163-187.

Bittlingmayer, U. H./Drucks, S./Gerdes, J./Bauer, U. (2010): Die Wiederkehr des funktionalen Analphabetismus in Zeiten des wissensgesellschaftlichen Wandels. In: Quenzel, G./Hurrelmann, K. (Hrsg.): Bildungsverlierer. Neue Ungleichheiten. Wiesbaden: VS, S. 341-374.

Drucks, S./Bittlingmayer, U. H./Bauer, U./Gerdes, J. (2019): Gesellschaftspolitische Determinanten von Teilhabe am Beispiel des „funktionalen Analphabetismus". In: Quenzel, G./Hurrelmann, K. (Hrsg.) Handbuch Bildungsarmut. Wiesbaden: Springer VS, S. 77-118.

Drucks, S./Bauer, U./Hastaoglu, T. (2011): Wer ist bildungsarm? Zu einer Idealtypologie des funktionalen Analphabetismus. In: REPORT 3/2011 (34. Jg.), S. 48-58.

Kurtz, T./Pfadenhauer, M. (Hrsg.) (2010): Soziologie der Kompetenz. Wiesbaden: VS.

Grundmann, M./Bittlingmayer, U./Dravenau, D./Groh-Samberg, O. (2004): Die Umwandlung von Differenz in Hierarchie. Schule zwischen einfacher Reproduktion und eigenständiger Produktion sozialer Ungleichheit. In: Zeitschrift für Soziologie der Erziehung und Sozialisation 24, Nr. 2, S. 124-145.

Lüscher, K./Pajung-Bilger, B. (1998): Forcierte Ambivalenzen. Ehescheidung als Herausforderung an die Generationenbeziehungen unter Erwachsenen. Konstanz: UVK.

Solga, H. (2009): Bildungsarmut und Ausbildungslosigkeit in der Bildungs- und Wissensgesellschaft. Wiesbaden: VS.

Zu den Autor*innen

Dr. Julia Mai-Anh Boger, Universität Bielefeld, Fakultät für Erziehungswissenschaft, AG 4 Schulentwicklung und Schulforschung.

Petra Bollweg, Dr., Universität Bielefeld, Fakultät für Erziehungswissenschaft, AG 5 Schulpädagogik und Allgemeine Didaktik, Wissenschaftliche Mitarbeiterin, Forschungsthemen u. a.: Ganztagsbildung; Informelles Lernen; Schulabsentismus; Urban Gardening, Guerillia Knitting und Transition Town-Bewegungen im Kontext von Postwachstumsgesellschaft.

Dr. Nina Bremm, Universität Duisburg-Essen, Arbeitsgruppe Bildungsforschung, leitet Projekte im Bereich Schulentwicklung an der Fakultät für Bildungswissenschaften der Universität Duisburg-Essen. 2019 erhielt sie einen Ruf an die Universität Zürich.

Dr. Dirk Bruland, Fachhochschule Bielefeld, Institut für Bildungs- und Versorgungsforschung im Gesundheitsbereich.

Dr. Stephan Drucks, Universität Duisburg-Essen, Arbeitsgruppe Bildungsforschung, wissenschaftlicher Projektmitarbeiter an der Fakultät für Bildungswissenschaften der Universität Duisburg-Essen. Ab 2019 Lehrstuhlvertretung an der Universität Koblenz-Landau, Fakultät für Bildungswissenschaften.

Patricia Graf, Psychologin, M.Sc., Katholische Hochschule NRW, Institut für Gesundheitsforschung und Soziale Psychiatrie (IGSP)/Universität Bielefeld, Zentrum für Prävention und Intervention im Kindes- und Jugendalter (ZPI), Wissenschaftliche Mitarbeiterin, Forschungsthemen u. a.: Stigmatisierung psychischer Erkrankungen, psychische Gesundheitskompetenz, Kinder mit psychisch erkranktem Elternteil..

Dorle Mesch, Dipl.-Päd., LAG Schulsozialarbeit NRW e. V., ist im Landesdienst NRW am Geschwister-Scholl-Gymnasium in Pulheim tätig. Seit 2014 ist sie stellvertretende Vorsitzende der LAG Schulsozialarbeit NRW e. V. und seit 2017 gewählte Sprecherin für das Bundesnetzwerk Schulsozialarbeit.

Wolfgang Foltin, Dipl.-Soz.-Päd., LAG Schulsozialarbeit NRW e. V., ist seit 1995 Fachkraft für Schulsozialarbeit im Landesdienst NRW. Er arbeitet außerdem als Fachberater und Moderator für die Bezirksregierung Düsseldorf und ist Vorsitzender der LAG Schulsozialarbeit NRW.

Sandra Kirchhoff, M.A., Universität Bielefeld, Zentrum für Prävention und Intervention im Kindes- und Jugendalter.

Prof. Dr. Albert Lenz, Dipl.-Psychologe, Katholische Hochschule NRW, Institut für Gesundheitsforschung und Soziale Psychiatrie (IGSP).

Dr. Jan Christoph Störtländer wird im Rahmen der Qualitätsoffensive Lehrerbildung des Bundesministeriums für Bildung und Forschung gefördert, die Förderziffer sowie die URL des Projektes sind zu finden unter https://www.uni-bielefeld.de/biprofessional.